Theo Schreiber
Kompendium Didaktik
Geographie

W0035281

Zu diesem Band:
Einleitend thematisiert der Autor die Beziehungen der Geographiedidaktik zu ihrer wissenschaftlichen Bezugsdisziplin und zur Erziehungswissenschaft. Anschließend wird der Wandel in der Fachdidaktik
Geographie bis hin zum derzeitigen lernzielorientierten Konzept dargelegt und begründet. Weitere Schwerpunkte des Buches gelten den
fachspezifischen Ansätzen und Typen geographischer Unterrichtsinhalte; den Möglichkeiten und Problemen der Geographie im fächerübergreifenden Unterricht; der Funktion, Gewinnung und Aufbereitung von Lernzielen; der Konstruktion geographischer Lehrpläne/
Curricula; den fachspezifischen Lehr- und Lernverfahren sowie den
instrumentalen Lernzielen. Die Bedeutung der Medien im Geographieunterricht, Funktion und Verfahren der Lernkontrolle und Leistungsmessung sowie die Unterrichtsplanung und -analyse kommen in weiteren Kapiteln des Buches zur Sprache.

Kompendium
Didaktik
Ehrenwirth

Kompendium
Didaktik
Geographie

von Theo Schreiber

Ehrenwirth

CIP-Kurztitelaufnahme der Deutschen Bibliothek

Schreiber, Theo:
Kompendium Didaktik Geographie / von Theo Schreiber. – München : Ehren-
wirth, 1981. –
   (Kompendium Didaktik)
   ISBN 3-431-02307-X

ISBN 3-431-02307-X
© 1981 by Franz Ehrenwirth Verlag GmbH & Co. KG, München
Ohne ausdrückliche Genehmigung des Verlages ist es nicht gestattet, das Buch
oder Teile daraus auf irgendeinem Wege (fotomechanische Reproduktion, Foto-
kopie, Mikrokopie, Xerographie u. a.) zu vervielfältigen.
Einbandgestaltung: Walter Rupprecht-Freigang, München
Satz und Druck: W. Tutte Druckerei GmbH, Salzweg-Passau
Printed in Germany 1981

Inhalt

Vorwort

Der vorliegende Band erhebt als „Kompendium" nicht den Anspruch, den gesamten Umfang geographiedidaktischer Vorstellungen und Sachverhalte in voller Breite erschöpfend abzuhandeln. Durch das Erscheinen innerhalb einer Reihe, die sich der Didaktik der Schule, ihren Unterrichtsfächern und Lernbereichen zuwendet, sind vom Umfang her Grenzen vorgegeben; sie zwingen zur Straffung, zur Auswahl und Schwerpunktbildung.

Unter diesen Vorgaben wird ein Überblick vermittelt über die derzeit gültigen Zielvorstellungen zum lernzielorientierten Geographieunterricht, über dessen fachwissenschaftliche und allgemeindidaktische Grundlagen und über elementare Bedingungen und Möglichkeiten wie Probleme der Umsetzung in geographischen Unterricht.

Schwerpunkthaft hervorgehoben werden u. a.:

- die Ableitung fachlicher Ziele bzw. Aufgaben und deren Einordnung in ein geographisches bzw. umfassenderes allgemeines Curriculum aller aufeinander aufbauenden Schulstufen;
- die Auswahl, Ordnung und Formulierung von Lernzielen, welche die inhaltliche Entscheidung für bestimmte geographische Lerngegenstände und deren Aufbereitung für den Unterricht entscheidend mitsteuern;
- die Voraussetzungen und Möglichkeiten, welche in individuellen Lernbedingungen der Schüler begründet sind und sich u. a. in Entscheidungen für daran angepaßte Sozial- und Aktionsformen des zu planenden Unterrichts sowie deren gegenseitiger Verknüpfung unter Beachtung der fachlichen Inhalte und Ziele äußern;
- die Medien, ohne deren Einbeziehung in den Unterricht jegliche Vermittlung fachlicher Inhalte, jedes Erreichen vorgegebener Lernziele schlechterdings undenkbar ist;
- die allgemeinen und fachspezifischen Arbeitstechniken (instrumentalen Lernziele) als auch in Zukunft relevante Verfahren zum Erwerb, zur Kontrolle wie zur Korrektur (Aktualisierung) fachlichen Wissens und fachbezogener Erkenntnisse, welche dem Schüler vermittelt und von ihm zunehmend selbständig und gezielt angewendet werden sollen.

Die knappe Darstellung vermittelt folglich Grundinformationen, von denen Anregungen zum vertiefenden Studium spezieller Teilfragen ausgehen sollten. Dies erhält eine erste Unterstützung durch zahlreiche Hinweise auf grundlegende, oft spezielle, weiterführende Veröffentlichungen, die mit Hilfe der bibliographischen Angaben leichter aufzufinden sind.

Schließlich enthebt der Band den Benutzer nicht von der Notwendigkeit, den Fortgang der fachdidaktischen Diskussion in der einschlägigen

Literatur fortlaufend zu verfolgen, nicht zuletzt, weil die Didaktik der Geographie nicht als abgeschlossenes Feld betrachtet werden darf, sondern einer ständigen kritischen Reflexion und Fortentwicklung unterzogen werden muß.

Aachen, im Herbst 1980   *Theo Schreiber*

1 Geographische Wissenschaft – Didaktik der Geographie

Als wissenschaftliches Arbeitsfeld eigener Prägung kann die Didaktik der Geographie ihre Rolle,»gleichsam vermittelnd zwischen der Wissenschaft und der Gesellschaft bzw. der Schule als der von der Gesellschaft eingerichteten Lerninstitution« (BAUER, 1976, S. 4), nicht in ausschließlicher Rückbindung an die geographische Disziplin erfüllen. Der Fachdidaktiker kann die ihm übertragenen Aufgaben nur sowohl als Fachgeograph als auch als Erziehungswissenschaftler angehen. Es besteht mithin eine ebenso unauflösbare Beziehung zu erziehungswissenschaftlichen Disziplinen.

1.1 Geographische Wissenschaft

Der Geographieunterricht entnimmt – wie jeglicher Fachunterricht – seine Inhalte aus der (bzw. den) zugehörigen Wissenschaftsdisziplin(en). Damit eröffnet sich die Frage nach den Forschungsaufgaben der geographischen Wissenschaft.

1.1.1 Das Forschungsfeld wissenschaftlicher Geographie

Der Erdraum (oder Ausschnitte daraus) samt den dort vorfindlichen Erscheinungen ist nicht das ausschließliche Betätigungsfeld von Geographen (vgl. u. a. WEIGT, 1972, S. 31). Dies wird einsehbar bei einer Betrachtung der Teildisziplinen der Allgemeinen Geographie. In Teilbereichen der Physischen Geographie (u. a. Geomorphologie, Hydrogeographie, Klimageographie, Bodengeographie, Vegetationsgeographie, . . .) befassen sich Geographen unter zwar geographischen Zielsetzungen mit Gegenständen – oft auch Arbeitsverfahren –, die von anderen Naturwissenschaften – unter deren spezifischen Fragestellungen – oft mit teils gleichen Methoden untersucht werden (z. B. Methoden der Physik, Chemie, Biologie). Die Allgemeine Anthropogeographie (Kulturgeographie, Geographie des Menschen) richtet ihre spezifischen Fragestellungen ähnlich in den Teilgebieten der Bevölkerungs-, Siedlungs-, Agrar-, Industrie-, Verkehrsgeographie (u. a.) an die gleichen räumlichen Erscheinungen, die mit wiederum anderer Zielsetzung ebenso Untersuchungsgegenstand weiterer »Kultur-« bzw. »Gesellschaftswissenschaften« sind. Auch dabei werden häufig (z. T.) vergleichbare (auch identische) Arbeitsverfahren zur Erkenntnisgewinnung angewendet.

Geographie betrachtet sich heute überwiegend als *Raumwissenschaft.* Der räumliche Ansatz ist somit die Forschungsperspektive, unter der die Geographie den Erdraum betrachtet. Innerhalb der Geographie bestehen allerdings beträchtliche Unterschiede bezüglich des *Raumbegriffs,* der diesem Ansatz zugrunde liegt (z. B.: 1. Raum = »Landschaft« als »Wahrnehmungseinheit« in für die Geographie klassischer Formulierung; 2. Raum = »zweidimensionales Modell eines Ausschnittes aus der Erdoberfläche« mit vorfindlichen Standorten, Raumansprüchen, Distanzen; 3. Raum = »Umwelt« als Teil des begrifflichen Gegensatzpaares Mensch – Natur; 4. Raum = »Ökosystem« als Modell eines strukturell-funktionalen Geofaktorengefüges; 5. Raum = »soziales Interaktionsgefüge« als Netz von Verflechtungen zwischen gesellschaftlichen Gruppen mit deren gleichen oder unterschiedlichen Merkmalen; vgl. BARTELS/HARD, 1974, S. 18).

1.1.2 Geographische Forschungsansätze

Das breite Spektrum inhaltlicher Füllungen des Raum-Begriffes mag als Indiz für die Vielfalt damit verbundener geographischer Forschungsansätze herangezogen werden. Diese sind u. a. bei BAUER (vgl. 1976, S. 40 – 41) aufgelistet (ausführlicher: BARTELS/HARD, 1974, S. 61 – 73). Sie umfassen sowohl differenzierende als auch integrierende Betrachtungsweisen. In der noch nicht abgeklärten wissenschaftstheoretischen innerfachlichen Kontroverse über Folgerungen aus der Vielfalt geographischer Forschungsansätze stehen einander Geographen gegenüber, die weiterhin von der Einheit der Disziplin – unter Anerkennung notwendiger Spezialisierung – ausgehen und dabei die »ganzheitliche Erdhülle als Geosphäre als zentralen Forschungsgegenstand« bezeichnen (RICHTER, 1977, S. 122; vgl. u. a. BOBEK, 1970, S. 438 – 443; NEEF, 1969, S. 453 – 459; SCHMITHÜSEN, 1970, S. 431 – 437; WEICHHART, 1975, S. 45 ff.; WEIGT, 1972, S. 13; WIRTH, 1970, S. 444 – 450) oder die Trennung in eine naturwissenschaftliche und eine sozialwissenschaftlich orientierte Disziplin befürworten (vgl. BARTELS, 1968 b, S. 129; HARD, 1973, S. 35).

Derzeit wird für die Zukunft folgenden Forschungsansätzen die größte Bedeutung beigemessen (vgl. u. a. HAGGETT, 1972, S. 453; RICHTER, 1977, S. 122):

– Der *raumwissenschaftliche (chorologische) Ansatz* hat das Ziel der Erklärung von Standorten, räumlichen Strukturen und Prozessen. Als »standorttheoretischer Ansatz« bildet er das herausragende Feld einer sozial- und wirtschaftswissenschaftlich orientierten Geographie.

– Der *landschaftsökologische Ansatz* »untersucht Art und Verbreitung der verschiedenen Landschaftsbildner und die zwischen ihnen beste-

henden Wechselbeziehungen« (KLINK, 1966, S. 12; vgl. auch OTREM-BA, 1961, S. 130–135).
- Die *Analyse regionaler Komplexe,* »in der u.a. die Resultate der räumlichen und der ökologischen Analyse« (BIRKENHAUER, 1975, Teil 1, S. 89), d.h. des raumwissenschaftlichen und des landschafts-ökologischen Ansatzes, miteinander verknüpft werden, bildet folglich eine plausible Ergänzung der beiden erstgenannten Forschungsansätze.

1.1.3 Allgemeine Ziele geographischer Forschung

Der Versuch einer Annäherung an das »Spezifische« der Geographie über deren Forschungsansätze führt zu allgemeinen spezifisch-geographischen Fragestellungen. Diese umfassen – unbeschadet mit ihnen fallweise verbundener spezieller Präzisierungen – vor allem:
- die Erforschung räumlicher Verbreitungen und/oder Verteilungen von Erscheinungen (einschließlich deren Raumansprüchen, Distanzen, ...),
- die Erforschung von zwischen den erfaßten Erscheinungen bestehenden raumwirksamen Beziehungen (als horizontale und vertikale Verflechtungen),
- die Erforschung daraus resultierender raumwandelnder Prozesse.
Erforschung meint dabei die Ermittlung und Beschreibung sowie Erklärung/Deutung, darüber hinaus auch die Bewertung vorfindlicher räumlicher Verhältnisse.

Bei der *Analyse eines Raumes* werden – abhängig vom speziellen Forschungsziel – physisch-geographische und/oder anthropogeographische Tatbestände ermittelt. Zwischen physisch-geographischen Tatbeständen bestehen Beziehungen, aus denen solche Prozesse herrühren, die naturgesetzlichen, kausalen Regelhaftigkeiten unterliegen. Zwischen anthropogenen Erscheinungen können hingegen funktionale Verflechtungen vorliegen. Letztere beruhen auf situationsbedingt variablen menschlichen Bewertungen, Entscheidungen und daraus folgenden finalen menschlichen Aktivitäten. In Verflechtungen physisch-geographischer und anthropo-geographischer Sachverhalte treffen in komplexer Weise sowohl funktionale als auch kausale Zusammenhänge mit wechselnden Anteilen aufeinander (vgl. BIRKENHAUER, 1975, Teil 1, S. 87), ohne daß deren restlose Unterscheidung stets säuberlich möglich wäre (vgl. NEEF, 1967, S. 57, 60). Unabhängig von den verschiedenen Kausalitätsbeziehungen gilt es, die jeweils vorhandenen Ursachen und Wirkungen aufzudecken und zu erklären. Dabei bedarf es der Hinzuziehung geeigneter natur- bzw. gesellschaftswissenschaftlicher Erkenntnisse und Verfahren über typische geographische Untersuchungstechniken hinaus.

Die *Bewertung vorfindlicher räumlicher Verhältnisse* bildet als modellhaft-prognostische Analyse einer vorfindlichen Raumstruktur und darin ablaufender raumwandelnder Prozesse die Grundlage für verantwortbare raumbezogene Planung. Sie ist deshalb eine Vorbedingung für raumverantwortliche Entscheidungen schlechthin. Zukünftig erwartbare Folgen geplanter Eingriffe des Menschen in ein räumliches Gefüge müssen rechtzeitig dargelegt werden, damit ein Vergleich zwischen erreichbarem Nutzen und ebenso weiteren abschätzbaren unvermeidlichen Folgen möglich wird, die teils ebenfalls wünschenswert, teils als »neutral«, teils aber bereits im voraus als unerwünscht oder gar schädlich (nachteilig) beurteilbar sind. Da menschliche Eingriffe in bestehende räumliche Gefüge insgesamt unerläßlich sind, kann der Weg über sorgfältige Prognosen zukünftiger Entwicklungen als Folge solcher Eingriffe dazu beitragen, unerwünschte, aber unausweichliche »Nebenfolgen« auf das niedrigstmögliche Ausmaß zu begrenzen.

1.2 Didaktik der Geographie und ihre Bezugswissenschaften

Während der Geographieunterricht seine Fachinhalte vorwiegend der zugehörigen Wissenschaftsdisziplin entnimmt, erhält er zugleich seine allgemeinen Ziele – die wiederum auf die speziellen fachlichen Anliegen weiterwirken – durch gesellschaftliche Vorgaben, die z. B. in Form kultusministerieller Richtlinien und Lehrpläne erlassen werden. Sie beschreiben damit den von der Gesellschaft durch dazu legitimierte staatliche Behörden vorgegebenen Rahmen und Auftrag, dem der Geographieunterricht unterworfen ist.

1.2.1 Hauptaufgaben der Didaktik der Geographie

Die Didaktik der Geographie befaßt sich mit der Konstruktion, der kritischen Überprüfung und der Fortentwicklung geographischer Curricula. Sie kann kein endgültig abgeschlossenes System vorstellen, sondern muß zu ständiger Kontrolle und Korrektur bereit sein (vgl. BIRKENHAUER, 1975, Teil 1, S. 11). Ihre Hauptaufgabe ist die begründete Bereitstellung geographischen Lehrpotentials. Deshalb ist sie »die Disziplin, die sich vorzugsweise mit jenem Ineinander von Fragen beschäftigt, das durch die Absicht . . . konstituiert ist, bestimmte Fachinhalte zu lehren« (OTTO, 1970, S. 210f.). Daher obliegt ihr
– die Auswahl von für den Geographieunterricht geeigneten Inhalten aus dem Gesamtpotential der geographischen Wissenschaft (d.h. geographische Kenntnisse/Erkenntnisse, Betrachtungsweisen, Denkmodelle, Theorien, Arbeitsweisen/Methoden),
– die Darlegung der durch eben deren Vermittlung an bestimmte

Adressaten angestrebten (kurz- und langfristigen) Ziele bzw. Wirkungen (samt möglicher Folgen),

— der Hinweis auf Lernverfahren (Unterrichtsmethoden, Arbeitstechniken allgemeiner und fachspezifischer Art) und -medien, die aus der Sicht der besonderen Lernfähigkeit der jeweiligen Adressaten, der ausgewählten Lerninhalte und der über die Lernprozesse angestrebten Lernziele (Wirkungen des Lernens) als (besonders) erfolgversprechend beurteilt werden.

Die Elemente des Unterrichts müssen gesammelt und für den Lehrplan (bzw. als Curriculum) strukturiert werden. Dies bedeutet vor allem die Festlegung einer nach Komplexität bzw. Schwierigkeitsgraden abgestuften Anordnung der zu vermittelnden fachlichen Objekte, Arbeitstechniken/Methoden sowie der dabei zu verwendenden Hilfsmittel und deren Zuweisung an bestimmte Schulstufen und Lernjahrgänge bzw. -jahrgangsgruppen. In diesem Zusammenhang muß betont werden, daß die Didaktik der Geographie stets als Ganzes entwickelt werden muß. »Sonderfragen, die bestimmte Altersstufen, Schularten oder Situationen betreffen, sind den allgemeinen Fragen unter- und nachzuordnen« (SPERLING, 1969, S. 81).

1.2.2 Didaktik der Geographie und geographische Wissenschaft

Zur Ermittlung von für den Geographieunterricht geeigneten Fachinhalten durchmustert die Geographiedidaktik das gesamte Potential der Bezugswissenschaft (vgl. SPERLING, 1969, S. 81). Diese Aufgabe bedeutet nicht eine »Reduktion der Fülle, sondern ... Extraktion des Wesentlichen« (OTTO, 1970, S. 225). Mit der Auswahl »repräsentativer Elemente« entsteht für den Unterricht keineswegs zwingend ein fachinhaltliches Spiegelbild der Bezugsdisziplin in verkleinertem Maßstab. Ungeachtet der »materiellen Anleihen« bei der Bezugsdisziplin, welche stets der Absicht einer »gesellschaftlichen Anwendung geographischen Lehrguts« (SPERLING, 1969, S. 81) dient, muß die Auswahl durch den Fachdidaktiker in zweifacher Rolle vollzogen werden: als Fachwissenschaftler und zugleich als Erziehungswissenschaftler (vgl. EBINGER, 1976, S. 49), weil die Fachdidaktik mit den »gleichen Methoden wie die Erziehungswissenschaft« arbeitet (SPERLING, 1969, S. 81).

Der Fachdidaktiker bedarf der Qualifikation als Fachgeograph nicht nur zur Auswahl geeigneter Inhalte für den Geographieunterricht aus dem Gesamtpotential der Bezugswissenschaft. Er muß ebenso ständig deren Innovationen beobachten, um zu prüfen, ob darin neues, für den Unterricht geeignetes Lehrgut auftritt. Nur so kann vermieden werden, daß zwischen dem — über die vermittelten fachlichen Inhalte — im Geographieunterricht aufgebauten Vorstellungsbild vom Aufgabenfeld der geographischen Disziplin und deren tatsächlichem Forschungsstand ein wachsendes Mißverhältnis entsteht. Dies zu verhindern liegt auch im wohlverstandenen ureigensten Interesse der Geographie. Darin offenbart sich eine Wechselseitigkeit der Beziehungen zwischen der Bezugsdisziplin und der Didaktik der Geographie (vgl. EBINGER, 1976, S. 48). Innerhalb der umfassenderen Verflechtung zwischen geographischer Forschung und Geographieunterricht erfüllt die Didaktik der Geographie mithin ebenso eine vermittelnde wie zugleich eine »filternde« Rolle.

Die unauflösbaren Wechselbeziehungen zwischen der Didaktik der Geographie und ihrer Bezugsdisziplin schließen ein sinnvolles Studium der Geographiedidaktik ohne gründliches wissenschaftliches Studium der Geographie aus. Vielmehr bilden fundierte Fachkenntnisse eine unverzichtbare Vorbedingung für ein sachgerechtes fachdidaktisches Studium.

1.2.3 Didaktik der Geographie und ihre erziehungswissenschaftlichen Bezugsdisziplinen

Soweit die Blickrichtung der Fachdidaktik auf Geographieunterricht in der Schule geht, bestehen enge Verbindungen vor allem zu solchen erziehungswissenschaftlichen Bereichen, deren Arbeitsgebiete ebenfalls auf Schulunterricht orientiert sind. Von ihnen bezieht die Didaktik der Geographie erziehungswissenschaftlich plausibel begründete allgemeine Vorgaben. Sie sind Such-, Auswahl- und Prüfinstrumente für die Ermittlung von für den Geographieunterricht geeigneten Fachinhalten und als solche unverzichtbar für die fachdidaktische Lernplanung (Curriculum- bzw. Lehrplankonstruktion, -revision), Lernorganisation (Unterrichtsplanung, -durchführung, -beurteilung) und Lernkontrolle (vgl. u. a. EBINGER, 1976, S. 22).

Grundsätzlich umfaßt das Arbeitsgebiet der Didaktik der Geographie sämtliche Fragestellungen, die mit der Vermittlung geographischer Inhalte verbunden sind, unabhängig von einem speziellen Adressatenkreis. Es erstreckt sich über alle Sektoren des gesamten »Bildungswesens« mit dessen sämtlichen – wie auch immer gearteten speziellen – Zielen. In solchem Rahmen ist die Allgemeine Didaktik die entsprechende erziehungswissenschaftliche Bezugsdisziplin, deren Aufgabenfeld jegliche Bildungsvermittlung mit allen Möglichkeiten und Formen des individuellen und kollektiven Bildungserwerbes einschließt (vgl. u. a. WILLMANN, 1968, S. 63; DOLCH, 1965, S. 45). Greift man indessen aus dem Arbeitsfeld der Didaktik der Geographie jenen Sektor heraus, der auf das allgemeinbildende Schulwesen orientiert ist, dann folgt daraus eine engere Verbindung hin zur *Schuldidaktik*.

Sie zeichnet sich als spezieller Zweig der Allgemeinen Didaktik aus durch ihre »Rückbindung an die Schule in ihren vielfältigen Ausbildungsformen« (SCHOLZ, 1974, S. 248), in denen in der Form des Unterrichts gelehrt und gelernt wird (vgl. WILHELM, 1968, S. 263). Sie liefert der Didaktik der Geographie für deren auf den Schulunterricht ausgerichtete Arbeit allgemeine Grundlagen, welche in die fachdidaktische Reflexion einbezogen werden müssen. Dazu zählen u. a.:

— die Einpassung der Ziele des Geographieunterrichts in die allgemein jeglichem Unterricht vorgegebenen obersten Ziele/Aufgaben;

— die Anpassung geographischen Unterrichts an allgemeine Voraussetzungen schulischen Unterrichts, die als komplexe Gefüge personaler Verhältnisse der Schüler wie der Lehrer vorliegen sowie als institutionale Rahmenbedingungen, welche insgesamt auf jeglichen Unterricht rückwirken (vgl. SCHOLZ/BIELEFELDT, 1978, S. 46–54);

— die Abstimmung fachlicher Lernverfahren und -medien mit dem allgemein-methodischen Forschungsstand;

— die Heranziehung allgemein-geeigneter Möglichkeiten zur Sicherung, Messung und Bewertung des Lernerfolges;

— die Beachtung von als allgemein zweckmäßig aufgezeigten Verfahren zur Unterrichtsplanung und -analyse und deren Anwendung auf spezielle Absichten des Geographieunterrichts.

A. SCHMIDT (1976, S. 1) betont, daß eine »autonome Didaktik« der Geographie nur innerhalb eines *Spannungsfeldes zwischen der fachlichen Bezugsdisziplin und dem breiten Spektrum erziehungs- bzw. gesellschaftswissenschaftlicher Disziplinen* begründet werden könne. Über die engere gegenseitige Beziehung zwischen der Didaktik der Geographie zur geographischen Wissenschaft sowie zur Allgemeinen Didaktik und speziell zur Schuldidaktik hinaus ist fachdidaktische Forschung »nur in Kooperation mit der Psychologie, der Soziologie, der Politologie und der Philosophie möglich« (EBINGER, 1976, S. 43; vgl. auch BIRKENHAUER, 1975, Teil 1, S. 65).

Da jeder Lernvorgang als geistiger Akt individuell vollzogen werden muß, zwingen die damit verknüpften Bedingungen des Lernens zum Rückgriff auf einschlägige Ergebnisse der *Psychologie.* Einige Teilbereiche verdienen besondere Beachtung:

— Die »*Entwicklungspsychologie*« lehnt die vormals übliche starre Unterscheidung von »Entwicklungsstufen« derzeit ab. Sie bestreitet nicht, daß eine geistige Entwicklung abläuft (vgl. OERTER, 1969), weist aber darauf hin, daß weiterführendes Lernen vor allem von voraufgegangenen Lernprozessen abhängt (vgl. ROTH, 1969, S. 27). Die Fachdidaktik gewinnt daraus Hilfen für die Zuweisung von Lerninhalten und -prozessen an bestimmte Adressaten(gruppen).

— Die »*Lernpsychologie*« liefert Grundlagen zur Konstruktion von Lernschrittfolgen für bestimmte Adressaten(gruppen) einschließlich der allgemeinen Bedingungen für die Motivation, vertiefende Fortführung von Lernabläufen samt Bedingungen für den Transfer (u. a.).

– Die »*Sozialpsychologie*« bemüht sich um die Aufdeckung fördernder wie hemmender zwischenmenschlicher Einflüsse auf Lernprozesse (u. a.).

– Die »*Testpsychologie*« zielt besonders auf die Erfassung und Diagnostizierung von Fähigkeiten.

Wenngleich in fachdidaktischen Veröffentlichungen häufig psychologische Fragen des Geographieunterrichts aufgegriffen werden, so bleiben doch zahlreiche grundlegende Probleme bislang wenig geklärt (vgl. u. a. BAUER, 1976, S. 142; BIRKENHAUER, 1976c, S. 103–125), weil sich allgemeine Befunde der Psychologie in der Regel nicht »rezepthaft« zur Lösung geographiedidaktischer Probleme anwenden lassen. Dennoch ergeben sich daraus nützliche Reflexions-, Entscheidungs- und Instruktionshilfen (vgl. KIRCHBERG, 1977d, S. 98).

Einen detaillierten Überblick über die wichtigsten Beziehungen zwischen Feldern der Psychologie und Fragestellungen der Geographiedidaktik gibt G. KIRCHBERG (1977d, S. 97–115). Beispiele für die Befassung mit speziellen Problemen sind u. a.: Bedingungen der Fähigkeit zur Raumerfassung bei Schülern (vgl. z. B. FICHTINGER u. a., 1974; KOSMELLA, 1979, PIAGET/INHELDER, 1971; SCHÄFER, 1980; SCHRETTENBRUNNER, 1979, S. 32–34; STÜCKRATH, 1968), zur Entwicklung geographischer Fragestellungen (vgl. SLATER, 1976 u. a.). Dem Problem der Motivation und des Einstiegs in den Unterricht wenden sich u. a. BAUER (1976, S. 140–142), BAYER (1970, S. 244–246), BIRKENHAUER (1975, Teil 1, S. 165–169), EBINGER (1976, S. 161–165) und NEWIG (1972, S. 63–65) zu und zeigen ebenso deren entscheidende Rolle wie darin auftretende Schwierigkeiten bzw. Möglichkeiten auf. (Für die Geographiedidaktik bedeutsame Grundlagen der Psychologie können hier nur durch Verweis auf eine bescheidene Auswahl angedeutet werden, u. a.: BRUNER, 1970; GAGNÉ, 1970; MÖLLER, 1973, 1974; OERTER, 1969; ROTH, 1969, 1962; SCHRÖDER, 1974; VENESS, 1972; WEINERT, 1976).

Grundsätzlich arbeitet die Didaktik der Geographie bei der Bewältigung ihres Forschungsfeldes

»– logisch erkenntnistheoretisch, wenn sie über das Zustandekommen von Wissen in ihrem Gegenstandsgebiet reflektiert,

– empirisch im Sinne der experimentellen Humanforschung, wenn sie Lernprozesse unter kontrollierten Bedingungen in ihrem Verlauf und ihrem Ergebnis untersucht,

– empirisch im Sinne von Sozialforschung, wenn sie Gegebenheiten des schulischen Gesamtfeldes ermittelt,

– hermeneutisch, wo immer sie Aussagen über den Sinn des unterrichtlichen Tuns erhebt,

– ideologiekritisch, wo sie diese auf ihre Vermischung mit Gruppeninteressen hin untersucht,

– normenkritisch, wo sie die Geltung von Wertaussagen überprüft,

– mit den Methoden der jeweiligen Fachwissenschaft, wenn von einzelnen Sachverhalten und der Systematik ihres Gegenstandsgebietes die Rede ist,

– hypothetisch-konstruktiv immer dann, wenn sie bei der Erstellung von Curricula und Unterrichtsentwürfen einen planenden Vorwurf in die Zukunft wagt« (GLÖCKEL, 1976, S. 154).

1.3 Wandlungen geographiedidaktischer Vorstellungen seit den 50er Jahren

Ein Vergleich der Ziele geographischer Fachdidaktik, vor allem ihrer unterrichtlichen Verwirklichung während der letzten ca. 30 Jahre, offenbart tiefgreifende Veränderungen (vgl. als umfassende Darstellungen u.a.: ENGEL, 1976; GERLACH, 1977, S. 34–38; SCHULTZE, 1976).

1.3.1 Die fachdidaktische Grundvorstellung in der Mitte der 50er Jahre: der länderkundlich orientierte Geographieunterricht

Der länderkundliche Geographieunterricht verfolgte das Ziel, den Schülern ein umfassend geordnetes »Bild unserer Erde zu vermitteln und zu einem Verständnis fremder Völker und unserer eigenen Nation hinzuführen« und dabei »die Natur und die Menschen in ihren wechselseitigen Beziehungen« (KNÜBEL, 1952, S. 724–726) einsichtig zu machen. Dabei ging man davon aus, daß
– im Unterricht alle Länder der Erde flächendeckend zu behandeln seien (vgl. u.a. WOCKE, 1966; S. 335–356), und zwar
– in einer Stoff-Anordnungsfolge »vom Nahen zum Fernen«.

Folglich wurde – wenn auch mit geringen Abweichungen – in der Regel den 3. und 4. Schuljahren der Volksschule der räumliche Rahmen »vom Vaterhaus zum Heimatkreis« mit dem nachfolgenden Überblick über das jeweilige Bundesland zugewiesen. Es folgte die Behandlung Deutschlands im 5. Schuljahr, Europas im 6. Schuljahr und nachfolgend der übrigen Erdteile. Mit dieser Stoff-Anordnung glaubte man eine elementare pädagogische Forderung zu erfüllen, weil als gesichert galt, daß räumlich nahe Inhalte von größerem Interesse (d.h. motivierender) und deshalb auch leichter erlernbar seien als räumlich weiter entfernte Lerngegenstände, zu deren Erfassung es einer hinreichenden Vorbereitung durch Lernen an »nahen« Gegenständen bedürfe.

Zunehmend unerträglich, geradezu frustrierend wirkte sich für den Lehrer die in der Regel nicht zu bewältigende Stoffülle aus. Sie rührte aus dem Zwang zur flächendeckenden Behandlung her, die meist nach dem »Hettner'schen Schema« auf »Totalität der Raumerfassung« ausgerichtet sein sollte. In der Unterrichtspraxis kam es oft zur Entartung als »Kopf-Schwanz-Methode« (SCHULTZE, 1970, S. 6). Je entfernter im Unterrichtsverlauf die Räume lagen, um so flächenhaft ausgedehnter waren deren Areale. Verfügte man für die Behandlung Deutschlands über ein volles Schuljahr, so blieb für das übrige Europa wiederum eine

Jahresspanne. Geradezu grotesk stellte sich das Flächen-Zeit-Verhältnis im 7. und 8. Schuljahr für die übrigen Erdteile dar, zu denen noch ein obligatorischer Überblick über die Erde als Ganzes hinzukam. Eine ehrliche Analyse des im Unterricht wirklich Leistbaren konnte nicht verhehlen, daß dieser zunehmend zur »Erwähnungs-Geographie« entarten mußte (Schultze, 1970, S. 7).

Auch die Hinwendung zum »länderkundlichen Unterricht nach dominanten Faktoren« räumte die enzyklopädische Grundtendenz nicht aus. Dabei berief man sich auf H. Spethmann (1928) (u.a.) und strebte nun eine »problemorientierte Erdkunde« an. Sie sollte das ermüdende, nerventötende Aufzählen von Einzelheiten in einem Raumausschnitt in der Ordnung des länderkundlichen Schemas ablösen. Die Hervorhebung vorfindlicher, besonders charakteristischer Tatbestände und damit verbundener räumlicher Probleme (unter Verzicht auf Vollständigkeit) war sicherlich eine begrüßenswerte Absicht. Diese Absicht, Schüler zum Problembewußtsein zu führen, bestand allerdings schon zuvor. Die Begründung dafür, welcher Faktor (welches Faktorenbündel) jeweils als dominant einzustufen sei, erwies sich indessen als äußerst problematisch (vgl. Birkenhauer, 1975, Teil 1, S. 78–85). Der Zwang zur Flächendeckung blieb bestehen. In der Unterrichtspraxis resultierte meist eine erhebliche Vergröberung, wie folgende Beispiele belegen: Statt vormals »Norwegen« hieß es nun »Land der Fjorde und Fjelle«, statt »Finnland« nun »Land der Wälder und Seen«, und aus »Island« wurde die »Insel aus Feuer und Eis« etc. Der rasche Durchgang durch das inhaltlich ungekürzte Stoff-Pensum unter Hervorhebung bestimmter geographischer Faktoren führte statt zu Einsichten eher zu aus eben solcher Einseitigkeit bedingten Fehlvorstellungen. Zumindest blieb die Oberflächlichkeit. Das Unterrichtsergebnis war meist auf abfragbares Wissen beschränkt. Der Lernstoff-Umfang samt der Anordnung vom Nahen zum Fernen erwies sich als ausgesprochen motivationsarm für die Schüler (vgl. Hendinger, 1970, S. 10–11), zwang zur »Stoffhuberei« und führte zur Einstufung der Geographie als »Fleißfach«, das damit an Bedeutung in der allgemeinen Beurteilung zurückfiel. Unbeantwortbar blieb die Frage, weshalb Geographie überhaupt gelernt werden müsse.

1.3.2 Geographiedidaktische Wandlungen bis etwa 1969

Die Bemühungen um praktikablere und plausiblere Lösungen anstelle der vormaligen flächendeckenden Länderkunde lösten beachtliche Wandlungen fachdidaktischer Vorstellungen aus. In grober Annäherung zeichnen sich als – teils aufeinander folgende, teils zeitlich miteinander verzahnte – Teilschritte ab:
– die exemplarische Auswahl von Ländern bzw. Landschaften,
– die exemplarische Auswahl von Typenlandschaften,

- die allgemeingeographisch orientierte Stoffauswahl,
- die sozialgeographisch akzentuierte Auswahl der Unterrichtsinhalte.

Weitere damit einhergehende, nicht unbedeutendere Veränderungen entsprangen teils spezifisch geographiedidaktischen Wurzeln oder wurden durch den Kontakt mit der gleichzeitigen allgemeindidaktischen Diskussion ausgelöst. Vor allem sind zu nennen:
- die Abwendung vom Prinzip der flächendeckenden Vollständigkeit,
- das Verlassen des Anordnungs-Prinzips »vom Nahen zum Fernen«,
- wachsende Bewertungs-Rückstufung abfragbaren Wissens, vor allem, soweit dies ausschließlich singulären Charakter trägt,
- zunehmende Hinwendung zu bewußter Vermittlung fachlicher Arbeitstechniken als Verfahren zur Erkenntnisgewinnung durch die Schüler,
- zunehmend bevorzugte Auswahl solcher Raumbeispiele, aus denen Zusammenhänge zwischen menschlicher Daseinsentfaltung und räumlichen Faktoren abgeleitet werden können.

Bei allen Unterschieden zwischen den einander ablösenden Konzepten, die in der Unterrichtspraxis nicht selten als »Mischform« verwirklicht wurden, entspringt die Argumentation – auch hinsichtlich der unterrichtlichen Eignung bestimmter Stoffe – den Fachwissenschaften als »Zulieferern« für den Unterricht. Deshalb ist die Bedeutung eines Stoffes für das Fach in der Regel ausschlaggebend für dessen Aufnahme in den Stoffkanon für den Geographieunterricht (unter Berücksichtigung der vom Schüler erwartbaren Lernfähigkeit). Ein zweites Merkmal fällt auf: Stets geht die Diskussion um den zu vermittelnden Stoff – unabhängig davon, nach welchen besonderen Grundvorstellungen dessen Auswahl vollzogen werden soll. Darin offenbart sich die tiefste Wurzelvorstellung: daß der Umgang mit – weshalb auch immer geeigneten – »Stoffen« (d.h. Fachinhalten) zwingend zu den davon erwarteten Wirkungen beim Schüler führen werde (vgl. HAUSMANN, 1977, S. 58).

1.3.2.1 *Länderkunde in exemplarischer Auswahl*
H. KNÜBEL (vgl. 1957, S. 56–61) schlug vor, statt flächendeckender Länderkunde für den länderkundlichen Unterricht Räume »exemplarisch« auszuwählen. Im Sinne eines »pars pro toto« sollten solche Länder ausgewählt werden, welche wegen darin auftretender, zugleich aber über deren Grenzen hinausreichender wesentlicher Erscheinungen zur »Abdeckung« weiterer Länder innerhalb einer größeren Region geeignet sind. Am Beginn stand etwa die Vorstellung, es könne genügen, z. B. für »Skandinavien als Ganzes« ein bestimmtes skandinavisches Land oder für den mediterranen Gesamtraum (zumindest für einen großen Ausschnitt daraus) ein als repräsentativen Stellvertreter geeignetes Land ausfindig zu machen. Keineswegs sollten nur singuläre, das ausge-

wählte Land betreffende, sondern vornehmlich transferierbare Inhalte vermittelt werden.

So bemerkenswert schnell, wie dieser Vorschlag in der Unterrichtspraxis aufgegriffen wurde, so bald wurden auch gravierende Einwände erhoben. Sie konnten nicht ausbleiben, fußte der didaktische Ansatz doch auf der Bedeutung der Länderkunde. Diese aber hatte stets die Individualität jedes einzelnen Raumes betont und mußte sich deshalb diesem Vorschlag entschieden widersetzen. A. SCHULTZE (vgl. 1959, S. 492–500) begründet diese Ablehnung z. B. damit, daß »Typisches« in einem Raum nicht »Übereinstimmung im Ganzen«, sondern nur »Übereinstimmung einzelner Züge« bedeute. »Die Individualität bleibt voll erhalten und geht im Typischen nicht auf.« Er bezeichnet das Verfahren als »pseudoexemplarisch«, welches nicht mehr darstelle als einen Kunstgriff zur Reduzierung jener Stoff-Überfüllung, die sich geradezu als die Krankheit länderkundlich orientierten Geographieunterrichts erwiesen habe. Diesem Vorwurf wird man zustimmen, wenn man einige Beispiele diskutiert. Es ist nicht möglich, mit der unterrichtlichen Behandlung von Norwegen die übrigen skandinavischen Länder »abzudecken«. Fjorde als »typische Erscheinung« sind auf Norwegen begrenzt. Ebensowenig läßt sich der skandinavische Gesamtraum über die Behandlung von Schweden oder Finnland oder gar Dänemark stellvertretend erarbeiten. Das Verfahren erweckt zudem beim Schüler die Vorstellung, mit der Kenntnisnahme eines ausgewählten skandinavischen Staates »kenne« er ganz Skandinavien. Neben nur wenigen, für diesen Raum insgesamt zutreffenden Erscheinungen transferiert er deshalb auch individuelle Erscheinungen auf den Gesamtraum und baut dabei eine generell mehr falsche als zutreffende Vorstellung auf. Wegen dieser Gefahr, neben zutreffenden Kenntnissen auch gefährliche Fehlvorstellungen anzubahnen, erwies sich das für die exemplarische Länderkunde aus dem naturwissenschaftlichen Unterricht entlehnte »exemplarische Prinzip« (vgl. WAGENSCHEIN, 1956, S. 129–153) immer deutlicher als untauglich zur Lösung drängender Schwierigkeiten des länderkundlichen Geographieunterrichts. Es gelang nicht, ein schlüssiges Ordnungsraster für die Auswahl der Unterrichtsstoffe zu entwikkeln.

Die Ablehnung des ausschließlich oder letztlich länderkundlich orientierten Geographieunterrichts bedeutet indes keine Ablehnung jeglicher Länderkunde bzw. »regionalen Geographie«. Unter Voransetzung eines bestimmten Problems fällt ihr vielmehr die Aufgabe zu, ein räumliches Faktorengeflecht (oder Teile desselben) umfassender aufzudekken. Dadurch besitzt sie u. a. einen hohen methodischen Wert (vgl. u. a. BIRKENHAUER, 1975, Teil 1, S. 79–85). In knapper Übersicht wurde die Kontroverse um die »Länderkunde« von KOSMELLA (vgl. 1979, S. 12–15) dargelegt. A. SCHULTZE (1976, S. 21) bemerkt dazu: »Auch

allgemeingeographisch orientierte Didaktiker wollen erreichen, daß die
Schüler sich selbständig über Länder und andere Regionen informieren
können . . . Eine neu erkannte Aufgabe ist der Kampf gegen falsche und
einseitige Länder-Images . . . Staaten und Staatengruppen sind wichtige
Akteure auf der weltpolitischen und weltwirtschaftlichen Bühne; auch
Entwicklungsprobleme und Entwicklungshilfe treten meist im staatlichen Rahmen auf.« Er betont aber zugleich, daß auf derartige Inhalte
bzw. Fragenkreise ausgerichtetes Lernen – trotz der räumlichen Bindung an »Länder« (o. ä. politisch abgegrenzte Regionen) – nicht mit der
Praxis vormaligen »länderkundlichen Unterrichts« auf die gleiche Stufe
gestellt werden dürfe.

1.3.2.2 *Exemplarische Auswahl von »Raumtypen« – Bindeglied im*
Übergang von der Länderkunde zur Allgemeinen Geographie
Aus der kritischen Beurteilung der »Länderkunde in exemplarischer
Auswahl« resultierte ein abgewandelter Lösungsansatz. E. SCHWEGLER
(vgl. 1969, S. 470) wies darauf hin, daß ein ausgewählter Raum als
Raum-Individuum zwar kein anderes Raum-Individuum vertreten kön-
ne, daß exemplarische Auswahl unter solcher Absicht also verfehlt sei.
Indessen könne ein ausgewähltes Raumbeispiel eine exemplarische
Funktion übernehmen, wenn es dazu genutzt wird, daß Schüler daran als
»Übungsgelände« Fähigkeiten und Einsichten zu im Beispielraum vorhandenen Erscheinungen gewinnen. Am Beispiel eines generell beliebig
ausgewählten Ausschnittes aus dem Wattenmeer – wo immer dieser
auch gelegen ist – können grundlegende Erscheinungsformen und Vorgänge gewonnen werden, die für das Watt allgemein typisch sind. Am
grundsätzlich beliebig auswählbaren Beispiel eines Vulkans – sofern
dieses für Vulkanismus typische Erscheinungen einschließt – können
diese dem Schüler vermittelt werden.

Nach diesem didaktischen Ansatz wird mithin solches Wissen (vorrangig) vermittelt, das nicht ausschließlich dem gewählten Objekt an-
haftet; der Schüler erwirbt statt dessen vorrangig solches Wissen, das auf
andere, vergleichbare Tatbestände in anderen Räumen übertragbar ist.
Wird einem geographischen Tatbestand eine derartige Rolle übertragen, dann tritt er selber im Unterricht nur noch als »Aufhänger« in Erscheinung. Die Hauptrolle fällt dem an ihm dem Schüler vermittelbaren
Wissen zu. Der geographische Gegenstand bleibt allerdings auch in seiner Rolle als »Vehikel« für den beabsichtigten Lernvorgang unverzichtbar. Die Auswahl der Raumtypen ist indessen nicht länger an die vormals zwingende Anordnung »vom Nahen zum Fernen« gebunden, die
als Prinzip nun abgelöst wird. Als Begründung dient die Erfahrung, daß
räumlich Nahes weder leichter zu erlernen noch für Schüler eines bestimmten Alters zwingend interessanter ist. Deren Interesse richtet sich
hingegen häufig auf räumlich ausgesprochen entfernte Objekte stärker

als auf »naheliegende« (vgl. u. a. SCHWEGLER, 1968, S. 6; ferner GROTE-LÜSCHEN, 1965, S. 366–370 und das von GROTELÜSCHEN und SCHÜTTLER seit 1968 herausgegebene Erdkunde-Schulwerk »Dreimal um die Erde«).

1.3.2.3 Der allgemeingeographische Ansatz

In konsequenter Fortführung der SCHWEGLERschen Gedanken schlug A. SCHULTZE (vgl. 1970, S. 1–10) vor, die Länderkunde in der Schule grundsätzlich durch einen »allgemeingeographischen Unterricht« zu ersetzen. Damit wurde den dafür auszuwählenden Raum-Beispielen eindeutig die neue Rolle als »Träger ganz bestimmter geographischer Informationen« zugewiesen, welche die Schüler entschlüsseln sollen: An der Stelle oft singulärer Kenntnisse über einen Raumausschnitt werden allgemeingültige fachliche Kenntnisse und Einsichten zum Hauptgegenstand geographischen Unterrichts erhoben. Kriterium für die konkrete Objektauswahl soll dessen »Typizität« für eine bestimmte Erscheinungsform oder -formengruppe sein, welche die Einzelerscheinung zu repräsentieren vermag. Hingegen ist die jeweilige räumliche Verteilung und Anordnung ausgewählter Beispiele nicht länger ausschlaggebend.

Nach A. SCHULTZE (vgl. 1970, S. 3–4) sollen innerhalb der unterrichtlichen Abfolge eingangs »Naturstrukturen« (z. B. geomorphologische Strukturen, zonale Anordnung von Klimabereichen) bearbeitet werden, gefolgt von »Mensch-Natur-Strukturen« (Naturbewältigung mit Rückschlägen; vgl. dazu einschränkend: ERNST, 1970, S. 190), weiterhin »funktionale Einheiten« (darin u. a.: Arbeitsteilung zwischen Erdräumen) und schließlich »gesellschaftlich bedingte Strukturen«. Bedeutsam ist die damit verknüpfte Abkehr vom traditionellen Vorrang abfragbaren Wissens. Ein weiteres erklärtes Ziel ist die Beschränkung des Umfanges geographischer Lehrstoffe. Dafür wird Wert gelegt auf die Vermittlung fachbezogener Einsichten, die vom Schüler über die Vermittlung und Anwendung fachlicher Arbeitstechniken (»Qualifikationen«) erworben werden sollen.

Der Vorschlag zur allgemeingeographischen Neuorientierung des Geographieunterrichts griff eine Forderung auf, die 1969 auf dem Geographentag in Kiel erhoben worden war und dort erhebliche Zustimmung gefunden hatte. In der »exemplarischen Geographie« zeichnete sich inzwischen ein Trend zu bevorzugter Auswahl markanter Beispiele für »Mensch-Raum-Korrelationen« ab. Damit war eine Annäherung an ein Auswahlraster grundgelegt, welches offenbar raumrelevante Geo- und/oder Anthropofaktoren bevorzugte und damit – wenngleich noch verdeckt – weithin unter allgemeingeographischen Gesichtspunkten die Beispiel-Auswahl beeinflußte. Der von A. SCHULTZE (1970) eingeleitete Schritt war eine überfällige, notwendige Konsequenz aus der Einsicht, daß flächendeckender länderkundlicher Unterricht undurchführbar und die exemplarischen länderkundlichen Ansätze bislang ohne überzeugende Auswahlkriterien verblieben waren. Nun wurde die Aussicht eröffnet auf die Vermittlung eines möglichst lückenlosen Überblicks über die raumwirksamen Kräfte, die insgesamt im Ordnungsgefüge der Allgemeinen Geographie systematisiert sind und mit deren Hilfe räumliche Erscheinungen aller Art erklärend erfaßt und beschrieben werden können.

Allerdings kann auch dieser Ansatz nicht von Kritik ausgenommen werden. Zwar scheint er geeignet, ein umfassendes Bild geographischer Wissenschaft zu vermitteln, doch ist nicht einsichtig, weshalb dies überhaupt erforderlich bzw. sinnvoll sein könnte. Letztlich eröffnet sich in verändertem Gewande das Bestreben um neue Vollständigkeit, die diesmal aus fachwissenschaftlichen Überlegungen und Ansprüchen hervorkommt. Als wesentliche Schwäche dieses Ansatzes erkennen wir aus heutiger Sicht die Beibehaltung des Ausgangs vom Stoff (hier besonders in Gestalt des wissenschaftlichen Ordnungsrasters der Allgemeinen Geographie), der von der Fachwissenschaft bereitgestellt wird, anstatt von Lernzielen, zu deren Vermittlung die ausgewählten Erscheinungen nach heutiger Beurteilung dienen sollten (vgl. HAUSMANN/RICHTER, 1976, S. 17–19). Wie früher der »exemplarischen Geographie« (vgl. KNÜBEL, 1957), so wird nun auch dem allgemeingeographischen Ansatz vorgeworfen, er führe letztlich nur zu einer Art »Tupfengeographie« (vgl. NEWE, 1961, S. 50), weil das Kontinuum der Erde vernachlässigt werde (vgl. VÖLKEL, 1961, S. 141). Zwar wird es für durchaus möglich gehalten, auf diesem Wege Kenntnisse von geographischen Erscheinungen und, nach den Vorstellungen von SCHULTZE und SCHWEGLER, auch Einsichten in Wirkungsgefüge zu vermitteln. Ein anderes Element der Geographie indessen werde sträflich vernachlässigt: die Einsicht in zonale Ordnungen. Zur Abhilfe wird vorgeschlagen, daß allgemeingeographische Themen von einer »orientierenden Länderkunde« begleitet sein sollen (vgl. dazu EBINGER, 1976, S. 127–128). Ist auch die damit verfolgte Absicht plausibel, so bleibt doch der mit ihr geschaffene Begriff samt seiner inhaltlichen Abgrenzung unpräzise und folglich wenig hilfreich.

1.3.2.4 *Der sozialgeographische Ansatz*

Der »sozialgeographische Ansatz« (vgl. RUPPERT/SCHAFFER, 1969, S. 205–214) hebt aus der Fülle aller prinzipiell als Unterrichtsgegenstand denkbaren allgemeingeographischen Erscheinungen den Bereich menschlicher Gesellschaften und deren Gliederung in »Soziale Gruppen« heraus. Sie werden in das Zentrum des fachdidaktischen Interesses gerückt, weil sie Träger raumwirksamer Entscheidungen und Aktivitäten sind. Unter dem Einfluß menschlicher Aktivitäten erfährt der jeweilige Lebensraum Veränderungen, die aus den Wünschen eben dieser

Gruppen herrühren und deren Ziele – auch – die ablaufenden räumlichen Veränderungen darstellen. Damit ist der Raum ein Prozeßfeld, an dessen anthropogenen Veränderungen darin wirksame menschliche Aktivitäten ablesbar sind.

Dem Ansatz liegt als Arbeitsdefinition zugrunde: »Die Sozialgeographie ist die Wissenschaft von den räumlichen Organisationsformen und raumbildenden Prozessen der Grunddaseinsfunktionen menschlicher Gruppen und Gesellschaften« (SCHAFFER, 1968, S. 205). Sie bezieht die von PARTZSCH (vgl. 1964, S. 3–10) formulierten »Grunddaseinsfunktionen« (inzwischen meist als »Daseinsgrundfunktionen« bezeichnet) ein: »1. Sich fortpflanzen und in (...) Gemeinschaften leben, 2. Wohnen, 3. Arbeiten, 4. Sich versorgen und konsumieren, 5. Sich bilden, 6. Sich erholen, 7. Verkehrsteilnahme«. Den vorstehenden kategorialen Daseinsgrundfunktionen entsprechen innerhalb jeglichen Raumes u. a. verortete Einrichtungen, die – in welcher Qualität auch immer – der Verwirklichung je einer oder mehrerer dieser Grundfunktionen dienen (z. B. als Stätten/Flächen des Arbeitens, des Sicherholens etc.). Im Raum als Prozeßfeld der darin raumwirksamen gesellschaftlichen Gruppen entwickelt sich ein Gefüge von Teilflächen, deren jede einer oder mehreren, sich räumlich überdeckenden (»Mischflächen«) Daseinsgrundfunktion(en) in je spezifischer Weise dient.

Der Vorzug dieses Ansatzes liegt in der deutlichen Betonung der Rolle des Menschen als Wirkfaktor innerhalb seiner Lebensräume bei der »Auseinandersetzung der Gesellschaft mit dem verfügbaren Raum« (BOBEK, 1948, zit. n. ENGEL, 1976, S. 49). Darin steht der Mensch als Wirkfaktor auch in gegenseitiger Wechselbeziehung zu vorfindlichen physisch-geographischen Kräften. Deshalb kann aus dem sozialgeographischen Ansatz heraus auch ein umfassenderes, komplexes und dynamisches räumliches Gefüge erschlossen werden. Die Hervorhebung der Rolle menschlicher Entscheidungen und Aktivitäten als Ausdruck gezielter Bestrebungen bei der Daseinsentfaltung ist überdies geeignet, den Schüler vor der Entwicklung vorschneller wie einseitiger – und folglich falscher – geodeterministischer Vorstellungen zu bewahren. Letztere bilden eine – zumindest latente – Gefahr bei bevorzugter Auswahl physisch-geographischer Erscheinungen und Abläufe, die zwingend naturgesetzlichen Regelhaftigkeiten folgen müssen (vgl. dazu: »Naturstrukturen« nach SCHULTZE, 1970; Abschnitt 1.3.2.3). Weil der Schüler eher bereit ist, sich mit Menschen und deren Problemen zu identifizieren, kann bei der Auswahl sozialgeographisch akzentuierter Inhalte auf eine verstärkte Lernmotivation gehofft werden. Dies gilt vor allem dann, wenn er sich von einem bestimmten Inhalt unmittelbar oder potentiell betroffen erkennt. Endlich kann dieser didaktische Ansatz dazu beitragen, den Schüler auf sein zukünftiges Leben vorzubereiten, weil daraus vermittelte Kenntnisse, Fähigkeiten, Einsichten, ... auf (gegenwärtige oder zukünftige) konkrete Daseinssituationen anwendbar sind. Damit wird eine Bedingung erfüllt, aus welcher dem sozialgeographischen Ansatz das Merkmal allgemeingesellschaftlicher Bedeutung zukommt.

Wird Geographieunterricht im strengen Sinne ausschließlich sozialgeographisch zentriert angelegt, dann schließt er alle jene Erscheinungen aus, in denen kein offenkundiger Bezug zu menschlicher Daseinsentfaltung aufgedeckt werden kann. Er muß aber um eines zuverlässigen Weltbildes willen vermeiden, beim Schüler ein ausschließlich anthropo-zentriertes Vorstellungsgefüge anzubahnen. Geographieunterricht darf nicht bloße soziale Umweltlehre werden, darf Naturstrukturen nicht völlig ausschließen, muß Mensch-Natur-Strukturen einen angemessenen Anteil zuweisen und sollte sich vor der Überbewertung soziologischer wie statistischer Methoden als Basis zur Gewinnung von Aussagen hüten (vgl. SCHULTZE, 1976, S. 43). Generell dürften die seinerzeit von SCHMIDT (vgl. 1976, S. 105–107) genannten »Schwierigkeiten« für den sozialgeographischen Ansatz des Geographieunterrichts keine entscheidende Rolle mehr innerhalb der fachdidaktischen Diskussion spielen, weil Sozialgeographie nicht als neues Teilgebiet der Schulgeographie auftritt, »sondern als unterrichtlicher Ansatz mit veränderter Blickrichtung: der Mensch nicht als ›Produkt‹ des Raumes, sondern als dessen Gestalter« (HAUSMANN, 1977, S. 54).

1.3.3 Geographiedidaktik unter dem Einfluß der jüngeren curricularen Diskussion

Die zuvor umrissenen Wandlungen geographischer Fachdidaktik waren nachhaltig seitens der Allgemeinen Didaktik beeinflußt worden, vor allem durch den »bildungstheoretischen Ansatz« (vgl. u. a. WENIGER, 1965; KLAFKI, 1958, 1959, 1968), welcher bestrebt war, die Bildungsgehalte von Lerninhalten zu ermitteln und daraus Entscheidungen für deren Aufnahme in die Lehrpläne zu begründen. Der »lerntheoretische Ansatz« (vgl. u. a. HEIMANN/OTTO/SCHULZ, 1970) bildete dazu eine geradezu notwendige Ergänzung. Er verfolgte die Absicht, festzustellen, unter welchen Bedingungen und auf welchen Lernwegen ein bestimmter Inhalt als Lerngegenstand für bestimmte Schüler geeignet sei. Dadurch sollten ebenfalls Grundlagen für eine Entscheidung darüber gewonnen werden, wie Lerninhalte innerhalb eines Lehrplanes am günstigsten einander zugeordnet werden könnten. Wieweit überdies der »kybernetische (informationstheoretische) Ansatz« (vgl. CUBE, 1968, 1971; FRANK, 1969) bereits einen Einfluß ausübte (z. B. durch die Einbeziehung von Lernprogrammen), mag dahingestellt bleiben. In der Unterrichtspraxis spielte die programmierte Unterweisung jedenfalls damals allenfalls eine bescheidene Rolle.

Die allgemeindidaktische Forderung nach einer grundlegenden »*Revision des Curriculum*« aller Fächer und Schularten (ROBINSOHN, 1967) erfuhr seitens der Geographiedidaktik etwa zur gleichen Zeit schnell steigende Aufmerksamkeit, als auch der aus der Fachwissenschaft kommende »sozialgeographische Ansatz« (vgl. RUPPERT/SCHAFFER, 1969) z.T. geradezu stürmische Zustimmung fand. Unter weiteren, etwa gleichzeitigen Impulsen soll vor allem das »*High School Geography Project (HSGP)*« aus den USA erwähnt werden (vgl. KÖCK, 1977b, S. 27; STEINLEIN/KREIBICH, 1969, S. 221–226).

Die lebhafte anschließende Diskussion innerhalb der Fachdidaktik wie zwischen dieser, der Fachwissenschaft und der Allgemeinen Didaktik schlug sich in der Fülle von Einzelbeiträgen und Berichten nieder, die besonders in der Geographischen Rundschau zwischen ca. 1969 und ca. 1975 genauer verfolgt werden können. Ziel aller Bemühungen war eine bessere Anpassung des Geographieunterrichts an seine ureigene Verpflichtung: die Bewältigung von Lebenssituationen durch die Schüler. Der Weg dazu wurde gesucht in:

– der Erfassung von räumlichen Situationen der Daseinsentfaltung,
– der Vermittlung von Qualifikationen zu deren Bewältigung,
– der Ermittlung und Auswahl solcher räumlicher Beispiele als Inhalte des Unterrichts, die dazu als Bildungsinhalte (»curriculare Elemente«) geeignet sein müßten (vgl. BAUER, 1969, S. 460–467).

Als Zwischenergebnis läßt sich feststellen: »Der Innovationsschub, der von Robinsohn und seinen Mitarbeitern auf die Didaktik allgemein und die Geographiedidaktik im besonderen ausging, ist in seiner Bedeutung kaum zu überschätzen.« Er »hat ein großes geographiedidaktisches Potential freigesetzt, das in vielen Lernzielkatalogen und Lehrplanentwürfen seinen Niederschlag fand« (SCHRAND, 1978, S. 87). Bislang fehlt jedoch ein wissenschaftliches Instrumentarium, »mit dem kurz- bzw. mittelfristig ein kritikfestes Curriculum bei voller Transparenz der Entscheidungsprozesse entwickelt werden könnte« (ebd.).

1.3.3.1 *Der »lernzielorientierte Geographieunterricht«*
Der »lernzielorientierte Geographieunterricht« ist die konsequente Weiterführung bereits vorher einsetzender fachdidaktischer Erneuerungsbestrebungen unter gezielter Anpassung an Bemühungen der allgemeindidaktischen Curriculum-Revision. Er erweitert den sozialgeographischen Ansatz mit dessen zunächst einseitig auf gesellschaftsbezogene Situations- und Problemfelder ausgerichteten Inhalten seit etwa 1972 planmäßig um geoökologische Fragestellungen (vgl. 1.3.3.2). Ein entscheidendes Element bildet die bewußte Ein- (bzw. Unter-)ordnung unter »allgemeine oberste Lernziele« des Unterrichts, die der Schule als Ganzes – und damit allen Teilgebieten ihres Fächerkanons – vorgegeben sind. Dadurch steht der Geographieunterricht nun vorrangig im

Dienst einer allgemeinen Leitidee, zu der er seine fachlich spezialisierten Beiträge leistet (sei es innerhalb des Fachunterrichts, sei es innerhalb fächerübergreifender Lernprozesse). Die »allgemeinen obersten Ziele« des gesamten Unterrichts rühren von der Gesellschaft als Auftraggeberin her und müssen deshalb dem gesellschaftlichen Anspruch an die Schule entsprechen (vgl. KNAB, 1971 b, S. 163–165). Wenn dies generell auch nichts Neues ist, so liegt hier doch ein wesentliches Gewicht auf dem von der Gesellschaft der Schule gegenüber erhobenen Anspruch. Dieser richtet sich nicht mehr auf die Bildungsvermittlung schlechthin, wobei der Bildungswert der Einzelinhalte wie auch immer in mehr allgemeiner Hinsicht begründet werden könnte. Vielmehr ist nun auszugehen von zukünftig zu meisternden Lebenssituationen.

Es mangelt nicht an Versuchen, diesen gesellschaftlichen Anspruch im Sinne »allgemeiner oberster Lernziele« zu entwickeln. Ein allgemein zufriedenstellendes Konzept konnte indessen bislang dafür noch nicht vorgelegt werden (vgl. u. a. FRIESE, 1976, S. 5; HAUSMANN, 1977, S. 58). Immerhin besteht ein Konsens darüber, daß es um die »Ausstattung zur Bewältigung von Lebenssituationen« geht (vgl. ROBINSOHN, 1972, S. 45) und dazu um die Anbahnung bzw. Veränderung von »Verhaltensdispositionen«. Dies erfordert die Vermittlung von Fähigkeiten, »gesellschaftliche Zusammenhänge zu analysieren, Anpassungsvorgänge kritisch zu hinterfragen, Konflikten rational zu begegnen und das eigene Selbstverständnis richtig einzuordnen« (ERNST, 1970, S. 189). Als mögliche Beiträge seitens der Geographie dazu nennt HENDINGER (1970, S. 13) in einer ersten, an HENTIG orientierten Aufstellung:
»Verhaltensdispositionen
1. zur Auseinandersetzung mit den von der Natur gegebenen Möglichkeiten
2. in einer rationalisierten, wirtschaftsbestimmten Welt,
3. als soziales Wesen in gesellschaftlichen Gruppierungen,
4. in der arbeitsteiligen Welt,
5. in der Konsumgesellschaft,
6. in einer sich beschleunigt verändernden Welt,
7. in der durch Verflechtung von Wirtschaft, Gesellschaft und Politik gekennzeichneten ›einen Welt‹«.
Aus dem Begriff »*Lernzielorientierung*« darf nicht mißverständlich geschlossen werden, daß der Geographieunterricht zuvor keine definierten Ziele verfolgt hätte. Der grundlegende Unterschied besteht in Folgendem: Vormals wurden in Lehrplänen fachliche Inhalte (»Stoffe«) festgelegt, die im Unterricht – je nach herrschender Vorstellung – als zu vermittelndes Wissen bereits unmittelbar Unterrichtsziele waren oder aus denen der Schüler als eigentliche Ziele bestimmte Kenntnisse bzw. Einsichten gewinnen sollte. Die »Stoffe« bestimmten über die dem Schüler zu vermittelnden Ziele. Im »lernzielorientierten Geographieun-

terricht« wird ausgegangen von »Qualifikationen« (im Unterschied zu »Wissen« schlechthin), »Fähigkeiten«, »Fertigkeiten«, »Verhaltensdispositionen«, ..., die insgesamt dazu dienen sollen, Lebenssituationen zu meistern. Erst danach können für konkreten Unterricht jene Fachinhalte ausgewählt werden, die zur Vermittlung der vorgegebenen Qualifikationen an die Schüler geeignet sind. Unter der Bedingung gleicher Eignung für beabsichtigte Lernprozesse sind die Fachinhalte deshalb gegeneinander austauschbar. Sie haben nun die Rolle von »Vehikeln« für die Vermittlung der Lernziele, sind dadurch aber keineswegs überflüssig. Für den Geographieunterricht wurde damit zugleich der Wechsel vom »Fleiß-« zum »Leistungsfach« vollzogen (vgl. HAUSMANN/RICHTER, 1976, S. 19).

Seit der Grundsatzentscheidung für den lernzielorientierten Geographieunterricht wurden in rascher Folge Vorschläge entwickelt, deren jeder die Anzahl und Breite der Intentionen erweiterte, von denen aber jeder in der einen oder anderen Weise problematisch blieb, weil nach Meinung der Kritiker wichtige fachliche Belange in irgendeiner Hinsicht zuwenig berücksichtigt wurden (vgl. HOFFMANN, 1978, S. 46−55). Wichtige Entwicklungsstufen zeichnen sich in den Verlautbarungen des VERBANDES DEUTSCHER SCHULGEOGRAPHEN ab (vgl. 1973, S. 122−123; ders. 1975, S. 350−355). Inzwischen besteht über die Lehrplanentwicklung ein hinreichend breiter Konsens. Er fand in den Richtlinien von Bundesländern wie in neueren Schulbüchern seinen Niederschlag.

1.3.3.2 Der »landschaftsökologische Ansatz«

Der »landschaftsökologische Ansatz« im lernzielorientierten Geographieunterricht untersucht zunächst physisch-geographische Kräfte (u. a. geomorphologische, klimatische, vegetationsgeographische Erscheinungen), um deren Raumwirksamkeit und darin erkennbare Regelhaftigkeiten zu erklären. Damit wird die Grundlage für die eigentlichen Probleme der Landschaftsökologie vermittelt. Deren spezifischer Ansatz zielt auf das Gesamtfeld des »Stoffwechsels zwischen Gesellschaft und Natur« (vgl. NEEF, 1969, S. 453−459). Es umfaßt solche räumliche Gefüge, in denen physisch-geographische Faktoren nicht nur untereinander, sondern überdies mit wechselnden anthropogenen Kräften in vielseitiger Wechselwirkung verflochten sind.

Unter diesen Ansatz fallen Themen zu den Stichworten »Umweltgefährdung«, »Umweltschutz«, und »Umweltgestaltung«, deren hoher didaktischer Rang durch breite öffentliche Aufmerksamkeit und Wertschätzung abgesichert ist. Die enge Verflechtung mit sozialgeographischen Fragestellungen macht den umfassenderen Zusammenhang plausibel. Von daher darf auch eine motivierende Beeinflussung der Schüler erwartet werden. Als vordringliche Teilfelder sollten im Unterricht − an ausgewählten räumlichen Beispielen − bearbeitet werden:

- Einsichten in regelhaftes Zusammenwirken zwischen beteiligten Geofaktoren beim Zustandekommen geoökologischer Gleichgewichte,
- Nachweise von Regelprozessen zur Aufrechterhaltung solcher Gleichgewichte,
- Einsicht in die Labilität – ausgewählter – geoökologischer Gefüge,
- Kenntnis von Gefahren (Störfaktoren und deren Wirkungen), die von menschlichen Eingriffen herrühren (können),
- Entwicklung der Fähigkeit, mögliche zukünftige Auswirkungen geplanter Eingriffe in bestehende Gefüge im voraus abzuschätzen und zu bewerten,
- Auffinden von Möglichkeiten, vorhandene Störungen geoökologischer Gleichgewichte zu mindern oder zu beheben,
- Anbahnung der Fähigkeit und Bereitschaft zu raumverantwortlichem Entscheiden und Handeln mit dem Ziel, zukünftige Störungen geoökologischer Gleichgewichte möglichst zu vermeiden oder so gering wie unvermeidbar zu halten.

Damit ist ein äußerst komplexes Problemfeld umschrieben, das vom Schüler zu befriedigender Bearbeitung die Einbeziehung umfassenden Wissens und entsprechender Arbeitstechniken über die Grenzen des Faches hinaus verlangt (vgl. u. a. HENDINGER, 1978, S. 148–154; grundlegende Literatur: u. a. BIRKENHAUER, 1974b, S. 28–43; ders. 1976b, S. 35–49; HAGEL, 1972, S. 20–29; HENDINGER, 1977b; KLINK, 1972, S. 7–19; LESER, 1976; Hinweise auf unterrichtliche Umsetzung u. a. in HABRICH, 1972, S. 30–33; ders. 1975; SPÄTH, 1976; PULS, 1971; ders. 1975, a, b).

1.3.3.3 Das »Raumwissenschaftliche Curriculumforschungsprojekt« (RCFP)

Ein Impuls für das deutsche RCFP leitet sich vom amerikanischen »High School Geography Project (HSGP)« (vgl. ASSOCIATION of AMERICAN GEOGRAPHERS, 1970) her. Dieses betont die Vermittlung von Fähigkeiten und Einstellungen gegenüber der räumlichen Umwelt. Die Wahl der einzelnen Methoden ist weniger bedeutend, sofern diese nur dazu führen, daß der Schüler gezielt beobachtet, logisch denkend räumlich ordnet und einordnet und auf geographische Kategorien zielend zu denken lernt. Der Informationsentnahme dienen vor allem geeignete Medien, die ihrerseits zur Anwendung je spezifischer Arbeitstechniken zwingen, bevor mit den dabei gewonnenen Basisinformationen zielorientiert operiert werden kann. Die räumlichen Beispielmuster werden dem Bereich städtischer Gefüge entnommen. Weil dabei andere wichtige Inhalte der Geographie weitgehend ausgeschlossen bleiben, kann das HSGP in den lernzielorientierten Geographieunterricht nicht einfach übernommen werden, obwohl es manche übereinstimmenden Ansätze gibt. Hingegen konnte das HSGP beispielhafte Anregungen bieten (vgl. u.a. ENGEL, 1972, S. 170–180; STEINLEIN/KREIBICH, 1969, S. 221–226).

Das nach 1970 in Angriff genommene »*Raumwissenschaftliche Curriculumforschungsprojekt (RCFP)*« orientiert sich an folgenden Leitlinien:

»1. Die Aufgaben der ›Angewandten Geographie‹, die sich in raumgestaltenden Zielrichtungen verschiedener Hochschuldisziplinen finden, stärker in den Mittelpunkt geographischen Schulunterrichts zu rücken.

2. Methodenbewußtsein und ›Leistungswissen‹ bewußt einen höheren Rang einzuräumen als dem Faktenwissen, mit dem Ziel, daß die Schüler als Planungsbetroffene zu kritischer Mitwirkung fähig sind.

3. Neue Unterrichtsstrategien zu entwickeln, bei denen räumliche Prozeßabläufe in einem prozessualen Unterrichtsverfahren abgebildet werden und Entscheidungsverhalten praktisch geübt wird« (HOFFMANN, 1974b, S. 153; vgl. auch GEIPEL, 1974).

Von beteiligten Projektgruppen werden Muster-Lerneinheiten an definierten Inhalten im Zusammenwirken zwischen Schulpraktikern, Fachdidaktikern und Fachwissenschaftlern der jeweils betroffenen Disziplinen entwickelt. Im Gegensatz zum HSGP, das für bestimmte Zielgruppen als Jahreskurs konzipiert wurde, sollen die Beispiel-Einheiten des RCFP nicht als allgemeinverbindliche Lerninhalte, sondern als Angebot und Muster mit der Möglichkeit der Auswahl und standörtlich begründeten Abwandlung den Geographieunterricht befruchten. Vor allem wird davon ein Beitrag zur weiteren Entwicklung des fachlichen Curriculums erwartet (vgl. u.a. GEIPEL, 1978, S. 56–62).

2 Geographie als Unterrichtsfach

Geographie ist seit Jahrzehnten ein fester Bestandteil des Kanons der Unterrichtsinhalte, sei es als Fachunterricht im engeren Sinne, sei es als Teil fächerübergreifender Lernbereiche (z. B. Sachunterricht der Grundschule, Gemeinschaftskunde o. ä. der Sekundarstufe), unbeschadet selbst tiefgreifender Wandlungen seiner jeweiligen Ziele und der folglich seitens der Geographie in den Unterricht einzubringenden fachlichen Inhalte.

2.1 Zur Legitimation des Geographieunterrichts

Ein verhängnisvoller Irrtum für das Fach wäre es, daraus zu schließen, daß inzwischen dem Geographieunterricht bereits ein aus dieser Tradition begründbarer Rang innerhalb des unterrichtlichen Gesamtgefüges zustünde. Vielmehr bedarf der Geographieunterricht – wie jeglicher Fachunterricht – der jederzeitigen plausiblen Begründung. Auch in der Vergangenheit betrieb die Fachdidaktik diesbezügliche Reflexionen vor dem Hintergrund der jeweiligen allgemeinen Absichten von Schule und Unterricht (vgl. u.a. ADELMANN, 1962, S. 44–50; EBINGER, 1966, S. 20–28; GEIPEL, 1960, S. 7–8; MEYER-WILLUDA, 1953, S. 8–9; SCHNASS, 1957, S. 39–40; VERBAND DEUTSCHER SCHULGEOGRAPHEN, 1959, S. 30–32; VÖLKEL, 1961, S. 32; WAGNER, 1955, S. 10–11; WOKKE, 1969, S. 30–39; alle auszugsweise wiedergegeben in SCHMIDT, 1970b, S. 15–18; vgl. ferner BIRKENHAUER, 1975, Teil 1, S. 14–17).

Manche vormals zusammengetragenen Argumente befriedigen allerdings derzeit nicht mehr – nicht, weil sie »falsch« wären, sondern eher, weil sie »vom Fach her« konstruiert wurden und damit unterstellen, daß durch das Gewicht einer Disziplin als »Autorität eo ipso« auch dem daraus abgeleiteten Fachunterricht dessen Bedeutung verliehen werde. Fußend auf dem zeitgenössischen Bildungsbegriff, blieben allgemeingesellschaftliche Ziele weitgehend ausgespart. Der sozioökonomische Rahmen der Schule wurde (fast) gar nicht bedacht.

Gegenwärtig kann indessen kein Zweifel daran bestehen, daß zur zustimmungsfähigen Begründung (d.h. zur »Legitimierung«) des Geographieunterrichts überzeugend dargelegt werden muß, in welcher Hinsicht daraus für das Individuum bzw. die Gesellschaft ein Nutzen gestiftet werden kann. Dazu sind zwei Teilschritte denkbar:

– der Nachweis der allgemeingesellschaftlichen Relevanz wesentlicher geographischer Forschungsfelder und

— der Nachweis der didaktischen Relevanz spezifischer Ziele, die vom
Geographieunterricht über dessen fachliche Inhalte zum Gesamtgefüge des Unterrichts beigesteuert werden können.

2.1.1 Zur allgemeingesellschaftlichen Relevanz der Geographie

Eine allgemeine Relevanz muß auf eine demokratisch verfaßte Gesellschaft bezogen werden. Von dieser fordert der politische Alltag ständig
Entscheidungen, die u. a. auf die Erhaltung und Entwicklung ihrer Existenz ausgerichtet sind. Letztere ist nun ebenso in den (örtlichen, regionalen, staatlichen, globalen, . . .) Rahmen gesellschaftlicher, zeitlicher
(historischer) wie räumlicher Erscheinungen unter vielseitigen und verschiedenartigen Wechselbeziehungen eingebettet.

Aus dem Forschungsfeld der Geographie wird der Gesellschaft ein
Potential an Wissen bereitgestellt, mit dessen Hilfe Verflechtungen von
Erscheinungen menschlichen Lebens mit deren räumlichen Bedingungen beschrieben und erklärt werden können. Daraus erwachsen Qualifikationen von weiterreichender Bedeutung. Diese bieten z. B. Hilfen
bei der Planung von Eingriffen in bestehende Mensch-Raum-Beziehun-
gen, die auf verbessernde Veränderung vorfindlicher Lebensformen ab-
zielen. Zugleich erlauben sie – wenngleich mit gewissen Einschränkungen – mit geplanten Eingriffen untrennbar verknüpfte weitere Folge-
wirkungen im voraus abzuschätzen und deshalb das Gesamt-Bündel er-
wartbarer möglicher Veränderungen als insgesamt wünschenswert oder
unerwünscht bzw. gar schädlich zu beurteilen. Aus solcher Sicht bereitet
geographische Forschung Grundlagen für raumverantwortliches Planen
und Handeln. Allerdings bedarf es dazu auch der Kooperation mit weiteren Disziplinen. Grundsätzlich trägt die Geographie dazu bei, »Gegenwart und Zukunft besser zu verstehen und menschlich zu meistern«
(KLAFKI, 1970b, S. 103).

Nach BARTELS (1970, S. 40) ist das Forschungsfeld der Wirtschafts-
und Sozialgeographie »fast identisch mit einer Grundlagenwissenschaft
für die räumliche Planung«. »Sozioökonomische Planungen erfordern
wegen des . . . Raumbezuges die Mitarbeit der Geographen« (EBINGER,
1976, S. 90). »Es gibt keine andere Wissenschaft, die . . . seit langem . . .
systematisch die räumlich komplexen Wirkungsgefüge von naturräumli-
cher Anlage und anthropogenen Zwecksetzungen und Nutzungen er-
forscht hat« (PFEIFER, 1969, S. 297). Seitens der Physischen Geographie
werden mit deren Untersuchungen zum »Stoffwechsel zwischen Gesellschaft und Natur« (NEEF, 1969, S. 453–459) entscheidende Bausteine
beigesteuert.

Gerade wegen ihrer möglichen Rolle ist der Geographie eine gesellschaftliche Verantwortung übertragen. Sie muß »ihre Erkenntnisse für
eine optimale Gestaltung des Lebensraumes« bereitstellen (WEICH-

HART, 1975, S. 126). Mit den folgenden stichwortartigen Aufzählungen sollen nur wenige Problemfelder erwähnt werden, die in den Bereich raumbezogener gesellschaftlicher Aufgaben fallen:

- Standortwahl und -optimierung von Siedlungen, Betrieben, tertiären Einrichtungen;
- Erweiterung und/oder räumlich-strukturelle Veränderung vorhandener Siedlungen/Siedlungsteile (incl. Sanierung, Entkernung, Strukturverbesserung);
- Verbesserung von Besitzstrukturen in agraren Gebieten (Flurbereinigung, Aussiedlung, Bodenreform, agrare Binnenkolonisation, . . .);
- größerräumige Siedlungs-, Wirtschafts-, Verkehrserschließungen unter Ausnutzung bislang nicht oder kaum beachteter natürlicher Faktoren in »peripheren« Räumen innerhalb von Staaten, Kontinenten, . . .;
- Raumordnungsaufgaben in Problemregionen (z. B. Verdichtungsräume, Grenzgebiete, sonstige, hinter die allgemeine Entwicklung zurückgefallene »ländliche« Räume; Entwicklungssteuerung durch steuerliche bzw. finanzielle Anreize, Infrastrukturmaßnahmen, . . .);
- Ausbau grenzübergreifender Wirtschafts-(Handels-)beziehungen zwischen verschiedenen Staaten im Sinne besserer gegenseitiger ökonomischer Ergänzung und damit vorausschauender Zukunftssicherung (arbeitsteilige, gegenseitige Abstimmung von Rohstoffproduktion, industrieller Veredlung, Dienstleistungen, . . .);
- »Hilfe zur Selbsthilfe« seitens hochindustrialisierter Gesellschaften gegenüber Bewohnern der »dritten und vierten Welt« (Entwicklungshilfeproblematik);
- regionale (örtliche) wie allgemeine Probleme des Umweltschutzes (auch Fragestellungen im Zusammenhang mit der Erhaltung bzw. Störung geoökologischer Gleichgewichte).
(Vgl. dazu u. a. BIRKENHAUER, 1975, Teil 1, S. 17–21; EBINGER, 1976, S. 88–94; RICHTER, 1977, S. 64–65.)

Neben unmittelbar oder mittelbar von der Geographie zur Lösung gesellschaftlicher Probleme abrufbarem Wissen darf der Anspruch auf sachliche Informationen zur Entwicklung und Korrektur eines möglichst objektiven Weltbildes nicht übersehen werden. Dazu zählt auch die Möglichkeit, die auf den Bürger eindringende Vielfalt von Informationen kritisch auf deren Zuverlässigkeit zu prüfen (vgl. EBINGER, 1976, S. 89; PFEIFER, 1969, S. 239). Dabei spielen – wie im Rahmen der Anbahnung sachlich fundierter Einstellungen zur Entwicklungshilfeproblematik – regionalgeographische Informationen eine unentbehrliche Rolle, bieten sie doch ansonsten nicht zugängliche, umfassende und zugleich detaillierte, wissenschaftlich abgesicherte Daten an (vgl. u. a. OTREMBA, 1970, S. 15). Auf mögliche Beiträge zur Verhütung bzw. Lösung politischer, wirtschaftlicher wie sozialer Konflikte weisen ABLER/ADAMS/GOULD (vgl. 1972, S. 560–561) hin.

2.1.2 Zur didaktischen Relevanz des Geographieunterrichts

Selbst der noch so plausible Nachweis allgemein-gesellschaftlicher Bedeutung der Geographie vermag nicht bereits auch deren »didaktische Relevanz« darzulegen. Die Begründung der Notwendigkeit geographischen Unterrichts bedarf dazu ergänzend der Offenlegung solcher fundamentaler Beiträge zum Unterricht insgesamt, die ausschließlich (oder zumindest unter günstigeren Bedingungen im Vergleich mit anderen Fächern) von diesem Fachunterricht an Schüler vermittelt werden können (vgl. EBINGER, 1976, S. 95–96, S. 115; GEIPEL, 1968, S. 42–45).

Unter Beachtung der Forderungen der allgemeinen curricularen Revision muß der fachliche Beitrag auf solche »Qualifikationen« ausgerichtet sein, welche zur besseren Meisterung des Lebens in gegenwärtigen und zukünftigen Daseinssituationen verhelfen. Greifen wir darauf zurück, daß Lebensentfaltung – auch – raumgebunden erfolgen muß, dann vermag der Geographieunterricht dazu durchaus notwendige Qualifikationen beizutragen. Dies sollen die nachfolgenden Beispiele – ohne Anspruch auf Vollständigkeit seitens der fachlichen Möglichkeiten – einsichtig machen.

2.1.2.1 Die »*Fähigkeit, raumbezogen zu denken*«, bildet eine Bedingung für die »*Fähigkeit, Raum-Mensch-Beziehungen (Korrelationen) zu erfassen*«, und unterstützt die »*Fähigkeit, raumverantwortlich zu handeln*«.
Schritte auf diese komplexen Qualifikationen hin sind – u.a. –:
– die Vermittlung der Kenntnis wichtiger natürlicher und anthropogener raumwirksamer Kräfte innerhalb von Raumausschnitten;
– die Anbahnung von Einsichten in gegenseitige Verflechtungen zwischen solchen Wirkfaktoren und von Einsichten in dadurch ausgelöste raumwirksame Prozesse;
– die Erkenntnis, daß der Mensch nicht nur Glied seiner jeweiligen Gesellschaft ist, sondern zwangsläufig zugleich Teil eines umfassenden »Naturhaushaltes« (d.h., eines geoökologischen Gefüges; vgl. NEEF, 1969, S. 453–459);
– die Erkenntnis, daß Naturfaktoren (Naturkräfte) bestimmten Formen menschlicher Daseinsentfaltung förderlich, hinderlich oder gar gefährlich sein können;
– die Erkenntnis, daß mit menschlicher Daseinsentfaltung – oft – unmittelbar wirksame Eingriffe in bestehende geoökologische Gleichgewichte verbunden sind, welche dadurch zwangsläufig angetastet (gestört) und u.U. zerstört werden;

– die Einsicht, daß nur zuvor sorgfältig auf ihre Folgen hin durchdachte menschliche Eingriffe uns davor bewahren können, unerwünschte (gefährliche) Veränderungen (Störungen) eines geoökologischen Kräftegefüges auszulösen bzw. nicht auf das unumgängliche Minimum zu begrenzen.

2.1.2.2 Die »*Fähigkeit, räumliche Verteilungen und Verknüpfungsmuster von zur Daseinsentfaltung benötigten/nützlichen Erscheinungen zu erkennen und zu bewerten*«, wird angebahnt durch die Vermittlung von
– Einsichten in räumliche Verteilungs- und Verknüpfungsmuster aller zur Daseinsentfaltung erforderlichen bzw. angebotenen Erscheinungen (auch: »Einrichtungen«, d.h. die Erfassung von Verteilungs- und Verknüpfungsmustern vorfindlicher »funktionierender Stätten« als »sichtbaren Raumstrukturen«; vgl. RUPPERT/SCHAFFER, 1969, S. 210; BOBEK, 1963);
– Einsicht in Folgen, die aus bestimmten Verteilungen vorfindlicher Erscheinungen für die Daseinsentfaltung von Menschen herrühren;
– Fähigkeit zur Bewertung von Gunst- bzw. Ungunst bestehender räumlicher Verteilungsmuster und zur Entwicklung von Plänen für die Herbeiführung von als günstiger beurteilbaren räumlichen Verteilungen.

2.1.2.3 Grundlegende Qualifikationen zur *Förderung des Weltverständnisses* sind z.B.:
– die »*Fähigkeit zur Aufnahme und Verarbeitung geographischer Informationen*« (u.a. selbständige Gewinnung »originaler« Informationen am Ort durch fachspezifische Arbeitstechniken – »Geländearbeit« –; Auswertung geographischer Informationen zum Zweck der Erreichung persönlicher Ziele, u.a. Urlaubsgestaltung, ...);
– die »*Fähigkeit zum direkten und indirekten Orientieren*« (»direktes Orientieren«: unmittelbar beobachtendes Orientieren im Gelände; »indirektes Orientieren«: Orientieren über einen fremden Raum unter Anwendung verfügbarer Hilfsmittel, z.B. Karte/Atlas, Bild, ...; es ist bezogen auf die Ermittlung von »Standorten« und die Erfassung gegenseitiger räumlicher Zuordnungen nach Positionen, Distanzen, Richtungen, ... und schließt die Beurteilung von Gunst bzw. Ungunst vorfindlicher räumlicher Verteilungsmuster ein);
– die »*Fähigkeit zu kritischer Informationsverarbeitung*« (Überprüfung des Wahrheitsgehaltes vielfältig einströmender, ungeordneter Informationen in willkürlicher Auswahl – z.B. durch Massenmedien –, vor allem »länderkundlicher« – regionalgeographischer – Art mit Hilfe bereits erworbenen Wissens, besonders unter Anwendung geeigneter – fachspezifischer – Qualifikationen wie: Benutzung verfügbarer Hilfsmittel, z.B. Atlas, ...).

Seitens des Geographieunterrichts vermittelbare Qualifikationen stehen nicht ausschließlich im Dienst möglicher pragmatischer Anwendungen bei der Lösung konkreter raumbezogener Alltagsprobleme. Sie dienen nicht minder der Entwicklung des Selbst- und Weltverständnisses und können bei der Aufstellung ethischer Normen eine Rolle spielen. Auf Anwendung angelegte Qualifikationen in Verbindung mit auf Sachwissen gestützten Wertvorstellungen bilden insgesamt – individuell wie gesellschaftlich – bedeutsame Entscheidungshilfen, nicht hingegen Entscheidungsvorgaben (vgl. dazu u. a. BIRKENHAUER, 1975, Teil 1, S. 122–123; EBINGER, 1976, S. 115–116; RICHTER, 1977, S. 64).

2.2 »Grundmuster« geographischen Unterrichts

Auf der Basis der zahlreichen fachdidaktischen Entwürfe, die in ihrer historischen Abfolge und Entwicklung vorab skizziert wurden (vgl. 1.3), sind spezifische Ansätze für den Geographieunterricht entstanden. Sie haben – jeder für sich genommen – gleichsam den Charakter von Unterrichtstypen, stellen Grundmuster geographischen Unterrichts dar. Aber erst ihre Zusammenschau läßt die zwischen ihnen bestehenden wechselseitigen Bezüge sichtbar werden und macht die Komplexität geographiedidaktischer Vorstellungen samt deren Konsequenzen für einen angemessenen Geographieunterricht deutlich.

2.2.1 Der idiographische Ansatz

Der idiographische Ansatz zielt auf die Erfassung und Darstellung eines Raumausschnittes in seiner Individualität ab (vgl. u. a. BIRKENHAUER, 1975, Teil 1, S. 79; EBINGER, 1976, S. 82). Ihm entsprechen in der Schulgeographie vor allem das Einzelbild (Fallstudie), der Reisebericht und ferner der topographische Überblick (vgl. HAUBRICH, 1977, S. 184).

In diesem Sinn verfuhr auch der länderkundliche Geographieunterricht. In enger Anlehnung an die wissenschaftliche Länderkunde bediente er sich dazu häufig des »Länderkundlichen Schemas« (vgl. HETTNER, 1932, S. 1–6), mit dessen Hilfe im Raumausschnitt vorfindliche Einzelerscheinungen nach deren Aussagefähigkeit zu Lage, Grenzen, Größe, Relief, Gewässersystem, Klima, Bodenschätzen, Vegetation, Bevölkerung, Besiedlung, Wirtschaft, Verkehr, politischen Strukturen u. a. m. aneinanderreihend geordnet wurden. War die Orientierung am *länderkundlichen Schema* zunächst als Absicherung gedacht, um keine wesentlichen Teilinhalte zu übersehen, die nachfolgend miteinander in kausale/funktionale Beziehungen gebracht werden sollten, so entfaltete es zunehmend einen formalen Charakter. Als Richtlinie für das unterrichtliche Verfahren wird es wegen seiner Starrheit strikt abgelehnt (vgl.

u. a. HAUBRICH, 1977, S. 184; WOCKE, 1968, S. 29). Besonders bei strenger Anwendung wirkt es beim Schüler motivationshemmend. Vor allem aber eignet es sich nicht dazu, den Unterrichtsablauf gezielt auf bestimmte Probleme auszurichten. Dennoch: Vom idiographischen Ansatz her können die Kräfte und von ihnen ausgehende Prozesse durchaus aufgedeckt werden, die innerhalb eines räumlichen Individuums vorliegen. Dabei darf jedoch die Heraushebung der räumlichen Individualität nicht ausschließlich betont werden. Vielmehr müssen die anfänglich aufreihend ermittelten Einzelfaktoren als wirksames Beziehungsgeflecht ins Bewußtsein gehoben werden (vgl. EBINGER, 1976, S. 123; KNÜBEL, 1952, S. 724–726; WOCKE, 1968, S. 122).

2.2.2 Der nomothetische Ansatz

Der nomothetische Ansatz ist auf die »Erkenntnis gesetzmäßiger Zusammenhänge bezogen« (BIRKENHAUER, 1975, Teil 1, S. 79; vgl. auch EBINGER, 1976, S. 82; HAUBRICH, 1977, S. 184). Unter solcher Zielsetzung steht – auch bei der Untersuchung eines prinzipiell einmaligen Raumausschnittes – eben nicht die Herausarbeitung der »Einmaligkeit« (Individualität) im Vordergrund. Hingegen bietet das Einzelbeispiel eines Raumausschnittes Möglichkeiten zur Gewinnung geographischer Grundkenntnisse von umfassenderer Geltung (u. a. Begriffe, wirksame Kräfte, Regelhaftigkeiten ihres Wirkens samt deren Abläufen und Folgen). Mit der Ausrichtung auf die Gewinnung allgemein gültiger Erkenntnisse bereitet der nomothetische Ansatz Grundlagen für den nachfolgenden Transfer und unterscheidet sich damit zugleich scharf gegenüber dem idiographischen Ansatz. Dem räumlichen Untersuchungsobjekt fällt dabei die Rolle des »Übungsgeländes zum Erwerb transferierbarer Fähigkeiten und Fertigkeiten« zu (vgl. SCHWEGLER, 1969, S. 470; ferner EBINGER, 1976, S. 125–126). Indes: Allgemeine Regelhaftigkeit kann nicht gewonnen werden aus der Kenntnis, die an einem einzigen – singulären – Fallbeispiel abgeleitet wurde. Ob und welche generellen Erscheinungen bzw. Regelhaftigkeiten im Einzelbeispiel überhaupt vorliegen, läßt sich erst beim Vergleich mit weiteren ähnlichen oder unterschiedlichen Erscheinungen feststellen, die an anderen Einzelbeispielen gewonnen wurden. Auf den hohen Wert von Vergleichen und daraus ableitbarer Typenbildung weist auch BARTELS (1968) hin. Im Interesse didaktischer Effektivität verschließen sich allerdings ausgedehnte, komplex ausgestattete Regionen solchem Verfahren. Es muß auf engere Fragestellungen begrenzt werden. »Das vergleichende Denken setzt ein beachtliches Abstraktionsvermögen voraus, es dringt jedoch zum Wesentlichen, zum Elementaren, . . . zur Theorie vor« (HAUBRICH, 1977, S. 186).
Für den Geographieunterricht wird – wie bereits ausgeführt – eine

Beschränkung ausschließlich auf den idiographischen Ansatz (d.h. »nur« Länderkunde bzw. regionale Geographie) derzeit allgemein abgelehnt (vgl. u.a. HENDINGER, 1970, S. 15). Die Vermittlung notwendigen Arbeitswissens zwingt indessen ebenso zur Zurückweisung der Bestrebungen, jegliche Länderkunde (bzw. regionale Geographie) aus dem Unterricht zu verbannen. Für deren Beibehaltung zur Vermittlung ausgewählter Inhalte sprechen lerntheoretische und lernpsychologische Argumente. Weiterhin spielen politisch umgrenzte Räume als »statistische Erhebungsregionen und wirtschaftliche Machtfaktoren und Entscheidungsträger eine erhebliche Rolle« (FRIESE, 1976, S. 9; ferner u.a. HENDINGER, 1970, S. 15). Ein Rückgriff auf ausgewählte Raumausschnitte ist z.B. für die Erschließung von Erscheinungen der Entwicklungsländer-Problematik unausweichlich. Dies gilt ferner für geographische Beiträge zur politischen Bildung (vgl. u.a. EBINGER, 1976, S. 97–98). In der Praxis des Geographieunterrichts wird häufig der (anfangs) idiographische Ansatz eine zwingende Erweiterung um nomothetische Ziele erfahren müssen (vgl. u.a. EBINGER, 1976, S. 94; WEICHHART, 1975, S. 20f.). Bei jeder Aufdeckung, Erklärung und Bewertung vorfindlicher Mensch-Raum-Verflechtungen, die von einem konkreten Raumbeispiel ausgehen, werden zunächst darin enthaltene anthropologische, soziologische, räumlich-soziale, räumlich-strukturelle, räumlich-funktionale, räumlich-distanzielle und sozialräumlich-prozessuale Tatbestände ermittelt. Das – zunächst mosaikhaft zusammengetragene – Faktorenbündel ermöglicht eine darauf begründete raumdiagnostische Bewertung und raumprognostische Vorstellungsbildung. Bewertung und Prognose müssen sich indessen an allgemeineren Vorstellungsnormen bzw. an Kenntnissen über Regelhaftigkeiten orientieren und zeichnen sich durch modellhaften Charakter aus (vgl. HAUBRICH, 1977, S. 186–187). Damit zeichnet sich in der Schrittfolge von der Raumanalyse zur Raumdiagnose und Raumprognose auch die Verbindung von (zunächst) idiographischem und (nachfolgend) nomothetischem Ansatz ab. Letzterer kann allerdings zumindest vorwiegend als die »eigentliche Zielsetzung« gelten.

2.2.3 Der exemplarische Ansatz

Der exemplarische Ansatz beabsichtigt, an einem Beispiel (»exemplum«) grundlegende Kenntnisse bzw. Einsichten zu vermitteln, die »auf andere Sachverhalte anwendbar und zu deren Erschließung dadurch geeignet sind« (vgl. u.a. EBINGER, 1976, S. 123). Das aus einem Exemplum ableitbare »Allgemeine« kann eine geographische Fähigkeit oder Fertigkeit, ein allgemeiner Begriff, ein (dominanter) Geofaktor und dessen regelhafte Wirksamkeit, aber ebenso ein »Landschaftstyp«

sein (vgl. u.a. EBINGER, 1976, S. 124). Dementsprechend unterscheidet
BAUER (1976, S. 147–148):
– das »*ausgewählte Beispiel*« zur Aufschließung wesentlicher Strukturelemente und/oder Kräfte bzw. zur Vermittlung instrumentaler Qualifikationen (Arbeitstechniken);
– das »*Paradigma*« als Beispiel für einen Begriff, eine Regel, einen
Vorgang;
– das »*gezielt ausgewählte Raumbeispiel*« zur verallgemeinernd-abstra-
hierenden und vergleichend-ordnenden Herausarbeitung eines
Raumtyps in dessen allgemein gültiger, struktureller Regelhaftigkeit;
– das »*Exemplum als exemplarische Begegnung*« im Sinne einer bis in
den affektiven Bereich vorstoßenden In-Beziehung-Setzung des Lernenden mit dem Raumbeispiel zur Einsicht in die existentielle Einbindung menschlicher Daseinsentfaltung in räumliche Gefüge (im
Sinne geoökologischer Gleichgewichte und deren Störanfälligkeit unter der Auswirkung menschlicher Aktivitäten), um raumverantwortliches Bewußtsein und Handeln anzubahnen.
(Vgl. auch: STENZEL, 1972, S. 60–61.)
Wird ein geographisches Objekt unter dem exemplarischen Ansatz
für den Unterricht ausgewählt, dann ist es damit auch auf die Erreichung
nomothetischer Ziele festgelegt. Die Komplexität fachlicher Inhalte und
Ziele verbietet die ausschließliche Anwendung des exemplarischen Ansatzes. Aus standort-theoretischer Zielsetzung werden am Exemplum
darin vorliegende Faktoren und zwischen ihnen bestehende Verflechtungen aufgedeckt und erklärt. Während fraglich ist, ob auch die Untersuchung und Erklärung der raum-zeitlichen Individualität des Beispiels
für die Geographie eine besondere Rolle spielen, sind die Ermittlung
und Erklärung zonaler und globaler Verbreitungs- und Verknüpfungsmuster der an Exempla gewonnenen Faktoren/Faktorengefüge unverzichtbar. Diese können indessen nicht ausschließlich mit Hilfe dieser
Beispiele erfolgen (vgl. 2.4.4).
Mit stärker allgemeingeographischer Akzentuierung können solche
Exempla unterrichtlich ausgewertet werden, an denen als »Fällen« Einsichten in geographische Strukturen vermittelt werden können, besonders im Sinne von »Naturstrukturen, Mensch-Raum-Korrelationen,
funktionalen und sozio-kulturellen Strukturen« (vgl. SCHULTZE, 1970,
S. 3–4). Dahinter steht keineswegs die Absicht, eine vermeintliche Un-
vollständigkeit (bez. einer »Raum-Ganzheit«) geschickt zu übertün-
chen. Ziel ist vielmehr die Vermittlung grundlegender Fachinhalte.
Durch Problematisierung in präzisen Zielangaben werden sie in einen
den Schüler motivierenden Lernzusammenhang eingeordnet. Damit
vergleichbar ist das Ziel, elementare fachliche Arbeitsweisen und
Denkverfahren an dazu besonders geeigneten Objekten zu vermitteln
bzw. übend anzuwenden (vgl. BIRKENHAUER, 1975, Teil 2, S. 48–49; als

ergänzende Literatur auch: GERNER, 1970; SCHEUERL, 1958a; WIL-HELM, 1966; WAGENSCHEIN, 1956, S. 129–153).

2.2.4 Der orientierende Ansatz

Der orientierende Ansatz soll »im Kurzverfahren eine Übersicht geben, Lücken füllen, Umwege ersparen, Zusammenhänge herstellen« und zielt auf »ein Lernen durch Umgang und Gebrauch . . . im Zuhören und Nachvollziehen« ab (BAUER, 1976, S.148; vgl. auch ROTH, 1962, S.183f.). Der orientierende Ansatz ist eine unverzichtbare Ergänzung zum exemplarischen Ansatz, weil aus letzterem die Schüler weder die »Erkenntnis von Weltproblemen und ihres komplizierten Charakters« gewinnen können, noch das unerläßliche »Orientierungswissen für die Einordnung aktuellen Geschehens in den verschiedenen Regionen der Erde« (HENDINGER, 1970, S. 15; vgl. auch u.a. EBINGER, 1976, S. 116). Dazu ist die Vermittlung eines topographischen Orientierungsrasters unverzichtbar (vgl. u.a. SCHULTZE, 1959, S. 492–500, ferner: 3.1.2). Die Absichten des orientierenden Ansatzes können im Einzelfall den Intentionen des idiographischen Ansatzes nahekommen. Doch kann weder eine generell eindeutige Identität noch eine zwingend ausschließ-liche Verknüpfung beider Ansätze gefolgert werden.

2.3 Fachübergreifende Ansätze und Probleme

Unterrichtsinhalte werden vorwiegend nach Schulfächern geordnet, die wiederum an einer (oder mehreren) Bezugswissenschaft(en) orientiert sind. Deshalb bringen solche Schulfächer bevorzugt oder ausschließlich ihre spezifischen fachlichen Gegenstände, Fragestellungen und Lö-sungsverfahren in den Unterricht ein. Die plausible Folge ist eine meist strikte Beschränkung der Fächer bei ihrer Betätigung innerhalb des un-terrichtlichen Gesamtgefüges auf aus ihrer fachlichen Blickrichtung re-levante und umfassend beherrschbare Einzelerscheinungen. Begründet wird dies mit der fachspezifischen Ausbildung der Lehrenden und der Gefahr unwissenschaftlichen Dilettierens beim Übergreifen in die Be-reiche anderer Disziplinen.

Sicherlich spricht nichts gegen fachinhaltliche und -methodische Exaktheit. Sie wird vielmehr auch mit dem Hinweis auf die notwendige Orientierung des Unterrichts an den Ergebnissen der Wissenschaft als einer generellen Grundforderung gestützt. Aber angesichts neuer Pro-bleme des Unterrichts in der Gegenwart und für die Zukunft muß ge-fragt werden, ob eine ausschließliche Gliederung der Unterrichtsinhalte nach traditionellen Fächern – vor allem die strikte Anbindung an bestimmte wissenschaftliche Disziplinen – weiterhin sachdienlich ist, ob dies für die Zukunft überhaupt vertretbar bleibt.

2.3.1 Für und wider fachübergreifende Integrationsbereiche im Unterricht

Die Beantwortung dieser Frage ist um so dringlicher, je stärker gefordert wird, daß der Unterricht den Schüler auf das Leben in seiner zukünftigen Daseinssphäre vorbereiten, daß er ihn dafür rechtzeitig ausstatten soll, während gleichzeitig immer deutlicher wird, daß der Unterricht gerade wegen seiner traditionellen Fächergliederung in manchen Fällen diesem Anspruch nicht gerecht werden kann (vgl. SCHRAND, 1978, S. 17). Besonders im gesellschaftlichen Bereich, darunter u. a. in der Entwicklungsländerproblematik, weiterhin, auf naturwissenschaftliche Gebiete übergreifend, in der Landschaftsökologie (Umweltschutz) lassen sich drängende, daseinswesentliche neue Inhalte erkennen, die von einzelnen traditionellen Unterrichtsfächern allein nicht oder allenfalls unzureichend für die Schüler aufbereitet werden können. Dazu bedarf es statt dessen einer redlichen Kooperation zwischen mehreren der traditionellen Fächer (vgl. SCHRAND, 1978, S. 14).

»Daß der Lehrplan gegliedert werden muß und die Fächerung ein notwendiges Strukturprinzip ist, wird nicht mehr in Frage gestellt. Zur Diskussion steht aber nach wie vor,
– ob der traditionelle, historisch gewachsene Fächerkanon noch leistungsfähig und der heutigen Zeit angemessen ist,
– ob das Prinzip der ›Fächerung‹ nicht durch das Prinzip des ›Übergreifens‹ ergänzt werden muß und
– welche neuen Organisationsmöglichkeiten es gibt« (SCHRAND, 1978, S. 14).

Einige erkennbare Lücken zwischen traditionellen Unterrichtsfächern wurden zwischenzeitlich durch die Aufnahme neuer Fächer in den Unterricht geschlossen (z. B. im gesellschaftswissenschaftlichen Bereich: Politik). Weitere melden ihre Ansprüche auf Aufnahme in den Kanon der Unterrichtsfächer an. Jede derartige Hinzunahme neuer Fächer und ihrer Inhalte kompliziert indessen eine generell entgegengesetzte Problematik: das Bemühen um Entlastung des Unterrichts von überflüssigen Inhalten. Diese ist keineswegs weniger dringlich. Aus mehreren Beweggründen müssen die gegenwärtigen Unterrichtsinhalte auf ihre Notwendigkeit hin überprüft und erforderlichenfalls neu bedacht werden hinsichtlich
– der Aufnahme neuer, an wissenschaftlichen Disziplinen orientierter Unterrichtsfächer, welche bislang nicht vertretene, aber daseinsbedeutsame Inhalte dem Schüler fachspezifisch vermitteln können und sollen;

– der Bildung fächerübergreifender Integrationsbereiche, aus denen heraus von Einzelfächern alleine nicht zu bewältigende, aber nicht minder grundlegende Erscheinungen und Zusammenhänge dem Schüler vermittelt werden müssen, deren Behandlung im Unterricht bislang vor allem an der traditionellen fachlichen Aufgliederung scheiterte;

– des Zwanges, den Unterricht von traditionellen Lerninhalten spürbar zu entlasten.

Außerhalb der Geographie wird ein Integrationsbereich »Gesellschaftslehre« vor allem aus den Ansprüchen der Gesellschaftswissenschaften gefordert. In der Diskussion darüber vermengen sich – ähnlich wie bei vergleichbaren Anlässen – Forderungen, die aus der Sicht der Schule und ihrer Aufgaben durchaus begründet sind, mit Ansprüchen, die wohl eher auf Interessen der beteiligten Fächer beruhen. Letztere deuten typische Merkmale eines Verteilungskampfes an, bei dem es unter Hintansetzung schulbezogener Argumente um Aufwertungsbestrebungen bzw. Angst vor der Abwertung eines Faches geht. Vorgetragen wird u.a.,

– daß die Politikwissenschaft Fundament und Bezugsrahmen der angestrebten politischen Bildung sei (weshalb die Frage nach einzubringenden fachlichen Inhalten letztendlich nicht von anderen zu beteiligenden Fächern entschieden werden könne) und

– daß den Schülern deren Umwelt (einschließlich deren gesellschaftlicher Erscheinungen) in konkreter Einbettung in ganz bestimmte erfahrbare Lebenssituationen entgegentritt, nicht dagegen in nach Schulfächern isolierten Sachverhalten.

Dies verbiete jegliche Inhaltsvermittlung in fachlich geordneter Trennung. Folglich habe die Politikwissenschaft die allgemeinen Ziele vorzugeben und sodann von den beteiligten Fächern deren sachdienliche Beiträge abzurufen. Durch dieses Vorgehen soll der Unterricht dazu befähigt werden, dem Schüler »die Realität vermittels verschiedener Wissenschaften« zu erschließen (RICHTER, 1977b, S. 66). Richtig ist, daß u.a. durch die Sozialwissenschaften befruchtende Impulse auf die Geographie eingewirkt haben und entscheidende geographiedidaktische Innovationen dadurch längerfristig mit herbeigeführt wurden, die ihrerseits über die Grenzen dieses Faches hinaus Beachtung und Anerkennung fanden (vgl. dazu: 1.3.2.4: Der sozialgeographische Ansatz). Daraus kann jedoch kein allgemeiner Führungsanspruch der Sozialwissenschaften für die gesamte Curriculum-Entwicklung abgeleitet werden (vgl. SUTOR, 1974, S. 13). Bedingungslose Unterordnung der Geographie hätte zur Folge, daß deren erheblich breiteres Angebot gesellschaftsrelevanter Inhalte z.B. deshalb vernachlässigt würde, weil darin die »Interessen der Sozialisation« nicht (vorrangig) vertreten sind. Beispiele hierfür sind u.a.: die räumlichen Dimensionen (vgl. RICHTER,

1977b, S. 66–73) und ebenso der gesamte landschaftsökologische Bereich (vgl. JONAS, 1973, S. 156f). Solcher Fehlentwicklung und Fehlbeurteilung muß sich die Geographie nicht nur mit Hinweis auf die Bedeutung ihrer Fachanliegen innerhalb des unterrichtlichen Gesamtgefüges und für die Schüler widersetzen (vgl.: 2.1 Zur Legitimation des Geographieunterrichts). Ebenso muß die Anbahnung eines einseitigen und deshalb falschen Weltbildes beim Schüler verhindert werden. Dessen zukünftige Beurteilungs- und Handlungsfähigkeit in Daseinssituationen erfordert eine breitere, nicht nur auf allgemeiner Sozialisationsfähigkeit beruhende Grundlegung. Wenn indessen aus schulpolitischen Entscheidungen und unterrichtlichen Gründen die Schaffung überfachlicher Integrationsbereiche unausweichlich ist, zeichnet sich der Zwang zur sachlichen Diskussion zwischen den beteiligten Fächern über die inhaltliche Ausfüllung des Curriculums ab. Um einer Verständigung willen sollte dabei von keiner Seite a priori ein Führungsanspruch erhoben werden. Deshalb schlägt SCHRAND vor, daß die Geographie ihren traditionell geäußerten Anspruch auf eine Brückenfunktion zwischen mehreren Integrationsbereichen (Gesellschaftswissenschaften und Naturwissenschaften) aufgeben, sich »für eine sozialwissenschaftlich orientierte Geographie des Menschen als Bezugsdisziplin« innerhalb des gesellschaftswissenschaftlichen Integrationsfeldes entscheiden und deutlich ihre »Fähigkeit und Bereitschaft zur Integration« nachweisen solle (1978, S. 64), weil gerade aus dieser Bereitschaft der zukünftige Stellenwert jeder Disziplin innerhalb eines Fächerverbandes beurteilt werde (vgl. 1978, S. 63). Aus einer solchen Position heraus wird erwartet, daß die Geographie auch als Teil eines Integrationsbereiches »Gesellschaftslehre«/»Gemeinschaftskunde« (o. ä.) ihre spezifischen Inhalte weiterhin im Unterricht fruchtbar machen kann, soweit deren gesellschaftliche Relevanz allgemein zustimmungsfähig dargelegt werden kann. Wird dabei vorrangig von der unbezweifelbaren Bedeutung des sozialgeographischen Ansatzes ausgegangen, so darf daraus nicht mißverstanden werden, daß der Physischen Geographie im Unterricht keine Bedeutung zukäme. Vielmehr haben deren Erscheinungen und Prozesse bei der Erklärung mancher sozialgeographischer Tatbestände – wenngleich eben in stützender Funktion – eine unverzichtbare Stellung. Daß darüber hinaus dem landschaftsökologischen Ansatz eine grundsätzliche didaktische Rolle zukommt, ist ebenfalls unbestreitbar. Ungeklärt bleibt derzeit allerdings, welche Möglichkeiten der Integration aus diesem Arbeitsgebiet – und damit für didaktisch relevante physisch-geographische Anliegen insgesamt – etwa zukünftig innerhalb eines naturwissenschaftlichen Lernbereiches sich auftun könnten (vgl. SCHRAND, 1978, S. 78–79).

2.3.2 Ansatzpunkte für fachübergreifende Kooperation

Bereits vor dem Einsetzen der jüngeren Diskussion um eine allgemeine Revision des Curriculums zeichnen sich in der Geographiedidaktik manche Ansätze zu fachübergreifender Kooperation ab. Sie entwickeln sich z. B. aus der Absicht, »Probleme der modernen Großstadt, des Verkehrs, der Industrie und auch der heutigen Agrarlandschaft« auf »deren besondere Eignung als fachübergreifende Unterrichtsgegenstände möglichst genau herauszuarbeiten« (GERLACH, 1977, S. 36; Belege dafür finden sich u. a. bei ERNST, 1967; FICK, 1974; FRIESE, 1963; GEIPEL, 1969; GERLACH, 1967). Berücksichtigt man, daß im Geographieunterricht auch eine Fülle komplexer Erscheinungen und Prozesse der Physischen Geographie ihren Platz hat, dann erscheint eine enge Kooperation mit den entsprechenden Naturwissenschaften ebenso geboten, wie dies zuvor für den gesellschaftswissenschaftlichen Bereich verlangt wurde. Erst durch geeignete Experimente (u. a.) kann die Schwelle vom verbalen Nennen und Beschreiben zur exakt überprüften, nachgewiesenen und dadurch gesicherten Einsicht in naturwissenschaftliche regelhafte Verflechtungen bzw. gegenseitige Abhängigkeiten überschritten werden (vgl. u. a. HENDINGER, 1972, S. 47; SALZMANN/BROSOWSKI, 1977, S. 217–220; als Beispiele vgl. u. a. MÜNZINGER, 1979, S. 108–114; SCHWESER, 1976, S. 259–261).

Die Geographiedidaktik kann aus einem weiteren Grund nicht auf einem ausschließlich an Fächern orientierten und danach abzugrenzenden Unterricht bestehen. Ein sinnvoll auf Weltbild-Bildung und Hilfe zur Daseinsentfaltung der Schüler ausgerichteter Unterricht bedarf vielmehr in manchen Fällen Fachgrenzen überschreitender Kooperation, wie die bereits genannten Beispiele erhärten. Weitere Problemfelder werden gegenwärtig aus plausiblen Gründen für bedeutsam gehalten und deshalb als Unterrichtsinhalte gefordert, z. B. Umweltschutz, Stadtplanung, -sanierung, Bodenspekulation, Entwicklungshilfe, Freizeitgestaltung. Jedes umschließt auch geographisch relevante Teilinhalte. Keines davon kann ausschließlich durch die Geographie in seiner vollen, zum Verständnis jedoch erforderlichen Komplexität redlich erschlossen werden. Ebenso können der »sozialgeographische Ansatz« oder der »landschaftsökologische Ansatz« nur in Zusammenarbeit mit anderen Fächern zufriedenstellend entfaltet werden (vgl. u. a. ERNST, 1970, S. 186; SCHMIDT, 1976, S. 124–125; SCHRAND, 1978, S. 17). Vor allem offen strukturierte Planspiele (vgl. 4.2.2.3), die im Geographieunterricht wachsende Bedeutung gewinnen, entziehen sich strenger fachlicher Zuordnung. Sie sind grundsätzlich interdisziplinär angelegt (vgl. EBINGER, 1976, S. 190). Gleiches gilt noch entschiedener für Projekte (vgl. 4.2.1.3), in deren Absicht es liegt, »die Trennung von Schule und Lebenswirklichkeit aufzuheben« (vgl. HAUBRICH, 1975, S. 6).

Die Notwendigkeit fächerübergreifender Kooperation ist für den Geographieunterricht nicht zu übersehen. Die jeweils beteiligten Fächer hätten dabei ihre spezifischen Fragestellungen und Lösungswege einzubringen (vgl. SCHRAND, 1978, S. 14). Im Rahmen solcher Kooperation sollte die Geographie jedoch »bestehen auf dem engen Bezug zwischen Erdkunde in der Schule und Problemen des Alltags bzw. dem Lebensraum der Schüler« unter dem vorrangigen fachdidaktischen Ziel, »zur politischen Bildung beizutragen und insbesondere für die kritische Auseinandersetzung mit den Raumproblemen zu qualifizieren« (BLECHSCHMIDT u. a., 1977, S. 387). »Die teilweise negativen Erfahrungen mit dem ›Kollektivfach‹ Gemeinschaftskunde entlassen uns nicht aus der Notwendigkeit der Zusammenarbeit mit anderen Fächern... Wenn der gemeinschaftskundliche Unterricht scheitert, so nicht an einer grundsätzlichen Zielvorstellung, sondern an mangelnder Bereitschaft zur Team-Arbeit, an fehlenden organisatorischen Voraussetzungen und an dem Versuch der völligen Integration der Fächer Erdkunde, Sozialkunde und Geschichte, was entweder zur Vorherrschaft eines ›Faches‹ führte oder zu dilettantischen Bemerkungen von Nichtfachleuten. Fächerübergreifendes Arbeiten kann nur in fachlich fundierter enger Kooperation Erfolg haben, die ›Integration‹ sollte sich in den Köpfen der Schüler ereignen« (ERNST, 1970, S. 186–187).

2.3.3 Geographieunterricht als Anteil fachübergreifender Integrationsbereiche

Aus der länderkundlichen Forschung der Geographie, der an ihren Ergebnissen orientierten Länderkunde als Geographieunterricht und der vormaligen Einschätzung der Geographie als Unterrichtsfach seit HERBART (vgl. u. a. STÖCKER, 1961, S. 169) deuten Stichworte wie »überfachliche Struktur« (NEWE, 1962, S. 108), »assoziierende Wissenschaft« oder »Brücke zwischen Natur- und Geisteswissenschaft« (SCHMIDT, 1968, S. 61) eine Selbsteinschätzung des Geographieunterrichts an, der diesem – wenn nicht gar die Rolle als Integrationsfach – zumindest eine besondere Qualität zur Herstellung von Verknüpfungen zwischen verschiedenen Fächern und deren spezifischen Lerninhalten zuordnet (vgl. u. a. BILDUNGSPLÄNE HESSEN, Teil B, 1957, S. 188; RICHTLINIEN UND STOFFPLÄNE FÜR DIE VOLKSSCHULE/Nordrhein-Westfalen, 1963, S. 24; WAGNER, 1955, S. 14–15).

Eine solche Rolle als »Überfach« wird seit ca. 1968 zunehmend und ständig rückhaltloser abgelehnt. A. SCHMIDT (vgl. 1968, S. 2) sieht im Ableiten in Inhalte anderer Fächer und im Übersehen der eigenen fachlichen Aufgaben eine mögliche Folge derart falscher Rolleneinschätzung. W. SPERLING (vgl. 1969, S. 84) nennt Beispiele für Entartungen, die aus dem Versuch enger Anpassung an wechselnde politische Systeme und Situationen auftraten (für die geographische Wissenschaft vgl. dazu u. a. BARTELS, 1968, S. 129). Die derzeitige Geographiedidaktik ist von einer solchen Vorstellung ausdrücklich abgerückt. Unter Bezugnahme auf die Definition ihrer wichtigsten Bezugsdisziplin als »Raumwissenschaft« beschränkt sie sich inhaltlich auf Räume, deren Strukturen und damit verflochtene raumstrukturelle Prozesse, die nicht von ihrem zeitlichen Aspekt abtrennbar sind. Deshalb ist eine Zuordnung in der Weise, daß z. B. der »Raum« das Objekt der Geographie, die »Zeit« hingegen das Objekt der Geschichte sein solle, zurückzuweisen (vgl. dazu SCHULTZE, 1976, S. 23). Hinzu kommt allerdings zumindest teilweise die Furcht, daß unter den derzeitigen Rahmenbedingungen für ein »Superfach« keine Zukunftschancen erwartet werden können.

Dies bedeutet nun wiederum nicht, daß in der Schule der Geographieunterricht ein Spiegelbild des Arbeitsfeldes der geographischen Wissenschaft sei oder sein müsse (vgl. ROBINSOHN, 1967, S. 46). Vielmehr ist dem Geographieunterricht in der Schule immer noch ein Arbeitsfeld übertragen, das Aufgaben miterfüllt, denen sich in der Regel kein Geograph als Forscher unterzieht (u. a. Inhalte der Meteorologie, der Geologie, . . .; vgl. SPERLING, 1969, S. 83).

2.3.3.1 *Geographie im Sachunterricht der Primarstufe/Grundschule*
In der Primarstufe/Grundschule hat der »Sachunterricht« als »eigenständiger Bereich« die vormalige »Heimatkunde« samt deren Funktion als Grundlage bzw. Zentrierungsfach des gesamten Unterrichts seit ca. 1969 abgelöst. In einigen Bundesländern (Bayern ab 1974; Schleswig-Holstein ab 1978) wird die Benennung »Heimat- und Sachkunde« bzw. »Heimat- und Sachunterricht« verwendet. Eine vergleichende Gegenüberstellung der wesentlichen Merkmale und Gegensätze geben u. a. BAUER (vgl. 1976, S. 56–57) und MARAS (vgl. 1975, S. 675–680).
Hauptaufgaben des Sachunterrichts sind:
– Aufgreifen, Klären und Ordnen vorschulischer Umwelterfahrung zur Herstellung einer gemeinsamen Basis für den Unterricht.
– »Zielgerechte Erschließung der Umwelt für das Kind, deren Ergebnis ein zunehmend bewußteres Auffassen von Erscheinungen und Vorgängen« ist (Natur, Zusammenleben von Menschen in Familie u. a. Gruppierungen, Wirtschaft, Arbeit und Technik, von Menschen früher und gegenwärtig gestalteter Raum, Beziehungen zum eigenen Körper, Hygiene). Diese Erschließung geht von der Phänomen-Ebene aus, führt zu geistiger Erfassung, Einordnung in Beziehungsgefüge und Versuchen erster Theoriebildung, stets angepaßt an die Lernfähigkeit der Schüler.
– Grundlegung – nicht Vorwegnahme – später darauf aufbauenden Fachunterrichts durch Vermittlung fachlichen Grundwissens und ge-

eigneter (fachlicher) Arbeitstechniken. Nicht bereits abgeschlossenes Wissen, sondern Motivierung für den späteren Fachunterricht, verbunden mit der Befähigung zu wachsend selbständiger, bewußter Umwelterschließung, hat den Vorrang (vgl. RICHTLINIEN UND LEHRPLÄNE FÜR DIE GRUNDSCHULE IN NORDRHEIN-WESTFALEN, 1973, S. SU/2).

Dazu greift der Sachunterricht auf Inhalte zurück, die den Fächern (hier »Lernbereiche« genannt) Physik/Wetterkunde, Chemie, Technik, Biologie, Geschlechtererziehung, Soziale Studien, Haushaltslehre, Geographie und Verkehrserziehung entnommen werden. Die Nennung von »Fächern« in den Lehrplänen, deren Beiträge zur Umwelterschließung bei Bedarf abgerufen werden müssen, führte zu dem verbreiteten Mißverständnis, daß ein »gefächerter Sachunterricht« (BAUER, 1976, S. 57) zu erteilen sei. Dazu trugen nicht minder manche Ausbildungsmodalitäten der Lehrer bei. Übersehen wird dabei indessen, daß der Sachunterricht

- vom Bedürfnis des Kindes nach Umwelterschließung ausgeht, wobei dem Kind jegliche (künstliche) Trennung nach wissenschaftlichen Disziplinen fremd ist (die ja erst erfunden werden mußte, um der wachsenden Flut wissenschaftlicher Erkenntnisse durch spezialisierende Ordnung zu begegnen);
- das Lernvermögen der Schüler beachten muß und
- dergestalt an den Ergebnissen der Wissenschaft orientiert sein muß, daß bei der Umwelterschließung dem Kinde angemessene, fachlich exakte Arbeitstechniken angewendet werden und daß dabei gewonnene Ergebnisse nicht im Widerspruch zum Erkenntnisstand der Wissenschaft stehen.

Umwelterschließung, die derart auf die Bedürfnisse des Schülers bezogen wird, darf nicht ausschließlich (oder bevorzugt) auf fachliche Propädeutik angelegt sein. Die Komplexität der erfahrbaren Umwelt erfordert, daß deren Erscheinungen »häufig nicht nur unter verschiedenen Aspekten eines fachlichen Bereiches« behandelt werden, »sondern auch in übergreifenden Zusammenhängen« (RICHTLINIEN UND LEHRPLÄNE f. d. GRUNDSCHULE IN BAYERN, 1975, S. 1902). Gerade mit der Errichtung unnötiger fachlicher Schranken würde dem Schüler innerhalb des Sachunterrichts der Weg zu einer seinen Bedürfnissen und Möglichkeiten angepaßten Umwelterschließung eher verstellt (vgl. u. a. SCHREIBER, 1972, S. 3–12). Jüngere Richtlinien für den Sachunterricht (bzw. Heimat- und Sachkunde) versuchen deshalb, der vorauf erläuterten Mißdeutungsmöglichkeit dadurch Rechnung zu tragen, daß sie die Lernfelder des Sachunterrichts in anderer Weise beschreiben, z. B.: Baden-Württemberg (vgl. 1975):

»Erfahrungsbereiche«: vorwiegend Inhalte/Erfahrungsfelder der natürlichen/naturwissenschaftlichen Umwelt;

»Handlungsfelder«: vorwiegend Inhalte/Erfahrungsfelder der gesellschaftlich-räumlich-zeitlichen Umwelt;

Niedersachsen (vgl. 1975):
»Lernfelder«: »Zusammenleben der Menschen«, »Mensch und Raum«, »Sicherung und Gefährdung menschlicher Existenz«, »Naturphänomene und deren Zusammenhänge«, »Mensch und Technik«;

Schleswig-Holstein (vgl. 1978):
»Lerneinheiten« in den *»Teilbereichen«:*
»Gesellschaft«: zwischenmenschliche, zeitliche/historische und räumliche Erscheinungen und Verflechtungen;
»Natur«: naturwissenschaftliche Erscheinungen der biologischen, chemisch-physikalischen und technischen Umwelt und deren Zusammenhänge.

Wird bedacht, daß die Umwelt des Kindes zugleich der Erfahrungsraum ist, in dem es mit anderen Menschen zusammenlebt, in dem bzw. aus dem es alles zu seiner Existenz Notwendige erhält, so kann daraus in zulässiger, unter Rücksicht auf die Lernbedürfnisse und Erfahrungsweisen des Kindes jedoch sinnvoller Generalisierung eine Reduktion auf lediglich zwei Bereiche vorgenommen werden:
»Menschen müssen miteinander leben« und
»Menschen müssen sich versorgen«.

Darin sind alle Grunderfahrungen des Kindes in seiner Umwelt eingeschlossen und können daraus wiederum entfaltet werden (vgl. HALFEN/KUROWSKI/SCHREIBER, 1978, S. 3).

Seit der Einführung des Sachunterrichts ist die kontroverse Diskussion über dessen eigentliches »Wesen« bislang keineswegs abgeklärt. Als besonders schwierig zeichnet sich noch immer die Frage danach ab, welche Möglichkeiten bestehen, drei elementare Bedingungen bzw. Forderungen zueinander in das optimale gegenseitige Verhältnis zu bringen:
— die Forderung nach kindgemäßer Sachbegegnung,
— die Forderung nach heimatorientierter Sachkunde,
— die Forderung nach wissenschaftsorientiertem Sachunterricht.

Wenngleich sich zunehmend dahin ein Konsens abzuzeichnen scheint, daß eine Kombination zwischen diesen Grundforderungen anzustreben ist, so bleibt doch weitgehend ungeklärt, welche Folgerungen gezogen werden müssen für die inhaltliche Auswahl und die Festlegung der als geeignet einzustufenden Arbeitstechniken im Sachunterricht, damit allen plausiblen Ansprüchen (des Kindes, der Umwelt, der Sache) entsprochen werden kann (vgl. BÄUML-ROSSNAGL, 1979, S. 11–15). Die Pluralität der »Lernfeld«-Beschreibungen, wie diese in den unterschiedlichen Richtlinien auftreten, ist ebenso ein Zeugnis derzeit noch ungelöster Fragen des Sachunterrichts wie der intensiven Anstrengungen, geeignete Lösungen zu finden.

2.3.3.2 *Geographieunterricht im* »*Lernbereich Gesellschaftslehre*« *der Sekundarstufe I*
Die Richtlinien und Lehrpläne treffen dazu von Bundesland zu Bundesland, z. T. auch zwischen verschiedenen Schulformen unterschiedliche Bestimmungen.
Der curriculare Lehrplan für Hauptschulen und Gymnasien (5./6. Schuljahr) in *Bayern* (1976) sieht ausschließlich Fachunterricht vor.
Für Realschulen in *Nordrhein-Westfalen* wird zwar von den »Arbeitsschwerpunkten« »Geschichte, Politik und Erdkunde« innerhalb des »Lernbereiches Gesellschaftslehre« gesprochen, doch zeichnen sich die Lehrpläne durch eine Orientierung am Fachunterricht aus. Lediglich mit Hinweisen auf inhaltliche Überschneidungen in manchen Fällen wird auf die Möglichkeit verwiesen, derartige Inhalte in fächerübergreifender Kooperation im Unterricht aufzugreifen (vgl. RICHTLINIEN u. LEHRPLÄNE f. d. REALSCHULE, ERDKUNDE – NORDRHEIN-WESTFALEN 1978). Für die Hauptschulen erfolgt im gleichen Bundesland ebenfalls die formale Zusammenfassung der genannten Fächer zu einem »Lernbereich«. Dabei tritt neben den weitgehend fachlich gegliederten Unterricht die fächerübergreifende Behandlung der Themen »Die Stadt« (6. Schuljahr) und »Die BRD und die DDR – zwei deutsche Staaten in unterschiedlichen gesellschaftlichen Systemen« (8. Schuljahr), ferner als Angebot die fächerübergreifende Kooperation bei den Themen »Planung einer Urlaubsreise« und »Planung eines Naherholungsraumes im Umkreis einer Stadt/Gemeinde« (vgl. RICHTLINIEN u. LEHRPLÄNE f. d. HAUPTSCHULE IN NORDRHEIN-WESTFALEN, 1973).
Die »Rahmenrichtlinien Gesellschaftslehre Sekundarstufe I« für *Hessen* (1972, 1973) fassen »Sozialkunde, Geschichte und Geographie« derart im Lernbereich »Gesellschaftslehre« zusammen, daß deren Inhalte auf das Ziel der »Befähigung zur Selbst- und Mitbestimmung« ausgerichtet sind. Sie werden in die »Lernfelder« »Sozialisation«, »Wirtschaft«, »Öffentliche Aufgaben« und »Intergesellschaftliche Konflikte« geordnet. Darin wird den Fächern die Rolle von »Arbeitsschwerpunkten« zugewiesen, von denen fachliche Beiträge abgerufen werden. Eine bemerkenswert umfängliche Auflistung geographischer »Kriterien«, deren Vermittlung zur Erreichung des obersten Zieles als unverzichtbar erklärt wird, mag mitverursacht haben, daß sich zunächst Zustimmung zu diesem Konzept abzeichnete (vgl. ERNST/SCHRADER, 1972, S. 477–483). Die Absicht, im Unterricht die als Widerspruch empfundene Fächerung aufzuheben, ist ein – mindest anfänglich – bestechender Ansatz. Aber in der Unterrichtspraxis folgen aus dem in Hessen gewählten Vorgehen Probleme, die bis in geographiedidaktische

Grundfragen hineinreichen: Es ist unvertretbar, daß – auch beim generellen Zugeständnis eines breiten, von der Geographie einbringbaren fachlichen Qualifikationsfächers – der fachliche Beitrag ausschließlich unter Steuerung durch die Themen bzw. Lernfelder abgerufen wird. Dieses Verfahren kann – aus geographiedidaktischer Sicht – lediglich zur Vermittlung isolierten Wissens, einzelner Arbeitstechniken u.a. führen. Es schließt nämlich von vornherein einen planmäßigen Aufbau der Lernprobleme aus fachlicher Sicht aus. Der Hinweis auf u.U. erforderliche »fachliche Kurse« bietet keinen Ausweg, weil solche stets beschränkt sein sollen auf jene fachlichen Inhalte, die zum Verständnis eines vorgegebenen Themas unverzichtbar sind. Elementare Probleme resultieren für die Geographiedidaktik aus dem grundlegenden Ansatz, der sich als ausschließlich aus soziologisch-gesellschaftsbezogener Sicht entwickelt erweist. Die Vereinbarkeit mit Zielen z.B. der Sozialgeographie ist nur scheinbar vorhanden. Während die sozialwissenschaftlichen Ansätze als solche zweifellos ihre Berechtigung haben, werden geographische Ansätze völlig mißverstanden oder unterdrückt. Im Raum verteilte Tatbestände, räumliche Funktionsgefüge, deren Zusammenwirken nach Ursachen und Folgen und daraus ableitbare Probleme (z.B. eine bessere Nutzung von Räumen durch den Menschen) sind einerseits sicherlich für eine optimale Daseinsentfaltung in freier Selbst- und Mitbestimmung unabdingbare Lerninhalte. Sie haben indessen weder mit »Sozialisation« noch mit »intergesellschaftlichen Konflikten« zu tun. Diese wesentlichen spezifischen Beiträge der Geographie kommen unter den Rahmenbedingungen der Gesellschaftslehre nach hessischem Vorbild zu kurz (vgl. u.a. BAUER, 1976, S. 86–89; JONAS, 1973, S. 156–159). Außerdem ermöglicht der hessische Ansatz nicht die Vermittlung eines räumlichen Ordnungs- und Orientierungsrasters.

Als »Welt- und Umweltkunde« werden für die schulformunabhängige Orientierungsstufe in *Niedersachsen* die Fächer Erdkunde, Geschichte und Sozialkunde zusammengefaßt. Von Regionalkonferenzen – abwandelbar durch die Fachkonferenzen – werden Themen vorgegeben, deren unterrichtliche Behandlung (im Sinne »mehrperspektivischen Unterrichts«) jeweils unter geographischen, historischen und sozialkundlichen Aspekten gefordert wird. Dadurch soll der fachgrenzenübergreifende Bezug innerhalb dieser Themen aufgedeckt werden. Die Folge ist eine Themenauswahl, die sich ausschließlich an fächerübergreifenden Arbeitsmöglichkeiten im Unterricht orientiert. Wie auch immer daraus hervorgehende Themen anschließend einander vor- oder nachgeordnet werden mögen, so resultiert daraus in der Regel für kaum eines der beteiligten Fächer die Möglichkeit, nach Lernschwierigkeiten abgestufte Lernsequenzen zu konstruieren. Dies gilt auch für die Entwicklung eines sachlogischen Aufbaus des fachlichen Anteils am Lehrplan für diese Konzeption der Welt- und Umweltkunde. Die Folge davon ist, daß die zur Vermittlung der eigentlichen Beiträge der Geographie zu einem Thema benötigten fachlichen Voraussetzungen – prinzipiell zu häufig – in der Form mehr oder weniger aufwendiger »Kurse« vermittelt werden. Damit besteht wiederum die Gefahr, daß den Schülern der Blick auf die mit den vorgegebenen Themen verbundenen Probleme bzw. Ziele getrübt, wenn nicht gar völlig verstellt wird. Erfahrungen lassen erkennen, daß über diesen Ansatz den Schülern zwar fachliche Arbeitstechniken vermittelt werden können, daß hingegen bereits zwischen diesen bestehende Zusammenhänge weniger deutlich aufgedeckt werden. Vermittelbares Wissen (Grundkenntnisse, Einsichten) bleibt relativ isoliert; fachliche Verknüpfungsmöglichkeiten wie Regelhaftigkeiten können allenfalls randlich berührt werden. Endlich scheitert dieser Ansatz gegenüber der Notwendigkeit, dem Schüler das aus geographischer Sicht unverzichtbare – globale – Orientierungs- und Ordnungsgerüst zu vermitteln (vgl. u.a. HAUS, 1978, S.390–394, S.399–401).

2.3.3.3 Geographieunterricht im »gesellschaftswissenschaftlichen Aufgabenfeld« der Sekundarstufe II

Der vormals übliche Klassenunterricht wurde in der gymnasialen Oberstufe auf der Basis der Vereinbarung der Kultusministerkonferenz vom 7. Juli 1972 (vgl. STÄNDIGE KONFERENZ DER KULTUSMINISTER DER LÄNDER DER BUNDESREPUBLIK DEUTSCHLAND, 1972) durch ein Kurssystem ersetzt. Damit wird beabsichtigt, die drückende Fülle der Pflichtfächer zu überwinden und zugleich dem Schüler Möglichkeiten zu eröffnen, nach individuellen Gesichtspunkten – innerhalb vorgegebener Rahmenbedingungen – durch Wahlmöglichkeiten Schwerpunkte zu setzen. Über bislang vorwiegend positive Schüler-Einschätzungen dieses Verfahrens berichtet (u.a.) W.v. ALT-STUTTERHEIM (vgl. 1975, S. 336–338).

Unterschieden wird generell zwischen dem »Pflicht-« und dem »Wahlbereich«, ferner zwischen »Grund-« und »Leistungskursen«. Für den Pflichtbereich ist die Geographie dem »gesellschaftswissenschaftlichen Aufgabenfeld« (»Gemeinschaftskunde«, . . .) zugewiesen worden. Darin »werden gesellschaftliche Sachverhalte in struktureller und historischer Sicht erkennbar gemacht. Durch geeignete fächerübergreifende Themenwahl sollen Einsichten in historische, politische, soziale, geographische, wirtschaftliche und rechtliche Sachverhalte sowie insbesondere in den gesellschaftlichen Wandel seit dem industriellen Zeitalter und in den gegenwärtigen internationalen Beziehungen und deren Voraussetzungen vermittelt werden« (STÄNDIGE KONFERENZ DER KULTUSMINISTER DER LÄNDER DER BUNDESREPUBLIK DEUTSCHLAND, 1972, S. 15). Für die Zuordnung zum übergreifenden Aufgabenfeld zeichnen sich derzeit länderspezifische Unterschiede ab, von der völligen Integration (z. B. Baden-Württemberg, 1973) bis zur additiven, ggf. epochalen Reihung fachunterrichtlicher Kurse (vgl. Bayern, 1974/1975). Unterschiedlich sind ferner die teils freien, teils teilgebundenen Wahlmöglichkeiten im »Pflichtbereich«. In der Regel kann Geographie als »Fach« im Wahlbereich als »Grund-« wie als »Leistungskurs« angeboten werden. Mit gewissen Unterschieden, je nach Bundesland, kann deshalb die Geographie in der Sekundarstufe II auftreten: »Als Grundkurs im gesellschaftswissenschaftlichen Aufgabenfeld (mit dem besonderen Ziel der politischen Bildung), als Grundkurs im Wahlbereich und als Leistungskurs Geographie« (KNÜBEL, 1979, S. 255).

Kontrovers diskutiert wird derzeit die Frage »Integration« oder »Kooperation«, die noch zukünftiger Klärung bedarf. Einerseits wird betont, daß der geographische Fachunterricht besondere Fähigkeiten beim Schüler zu entfalten vermag – vor allem, wenn er in der Form der Feldarbeit/Schülerexkursion durchgeführt wird –, die ansonsten kaum herausgefordert werden (u. a. Organisationstalent, Kontaktfähigkeit, Umsicht, Hilfsbereitschaft, . . .; vgl. BÖRSCH/LORENZ, 1977, S. 103–104). Ebenso überzeugend tritt aber z. B. BAUER (vgl. 1976, S. 103–104) für die Durchführung fächerübergreifender Projekte ein, verweist auf die Notwendigkeit häufiger Absprachen zwischen den am Lernfeld Gemeinschaftskunde beteiligten Fachlehrern mit dem Ziel, fachliche Beiträge aufeinander abzustimmen und gegenseitig abzugrenzen, und hebt den Nutzen gemeinsamer »Kolloquien« im Unterricht hervor. »Die Einschaltung eines integrierten Semester-Lehrgangs« hält er in jedem Fall »auch dort, wo nach Fächern getrennte Grundkurse angeboten werden«, für »notwendig und wünschenswert« (1976, S. 104).

3 Inhalte und Ziele des Geographieunterrichts

S. B. ROBINSOHN fordert die Orientierung der Auswahl von Unterrichts-
inhalten an folgenden Kriterien:

»1. Die Bedeutung eines Gegenstandes im Gefüge der Wissenschaft,
    damit auch als Voraussetzung für weiteres Studium und weitere
    Ausbildung;
 2. die Leistung eines Gegenstandes für das Weltverstehen, das heißt
    für die Orientierung innerhalb der Kultur und für die Interpretation
    ihrer Phänomene;
 3. Funktion eines Gegenstandes in spezifischen Verwendungssituatio-
    nen des privaten und öffentlichen Lebens« (1969, S. 47).

Die wissenschaftliche Geographie verfügt über ein umfangreiches
Potential, das ständig erweitert wird. Sein gesamter Umfang kann zwei-
felsfrei nicht bereits der »Stoff« sein, der im Geographieunterricht zu
vermitteln wäre. Eine Auswahl ist unabdingbar. Dabei stellen sich zwei
entscheidende Fragen:

– Wer trifft diese Auswahl aus dem fachwissenschaftlichen Potential?
– Nach welchen Grundsätzen muß diese Auswahl vorgenommen werden?

Unbeschadet ungelöster fachinterner wissenschaftstheoretischer
Kontroversen ist die Geographie durchaus fähig, im Sinne eines aus ihrer Sicht abgerundeten Überblicks über ihre Ziele, bisherigen fundamentalen Erkenntnisse und Arbeitsweisen einen darauf abzielenden
Kanon geographischer Inhalte zusammenzustellen und als Sammlung
von Unterrichtsobjekten für den Geographieunterricht vorzuschlagen.
Wird indessen die Auswahl der für den Unterricht vorzuschlagenden
Objekte/Inhalte ausschließlich einer Fachdisziplin überlassen, so muß –
mindestens für die Sekundarstufe II allgemeinbildender Schulen – erwartet werden, daß die Unterrichtsinhalte so ausgewählt werden, daß
über deren Vermittlung die Schüler propädeutisch für ein nachfolgendes
Fachstudium vorgebildet werden. Eine derart betont propädeutische
Funktion ist allerdings nicht nur einseitig; sie stimmt vor allem mit dem
allgemeinbildenden Auftrag der Schule nicht überein (vgl. GOWING,
1972, S. 71–72; LEUSMANN, 1977, S. 7–8). Von der Gesamtzahl aller
am Geographieunterricht teilnehmenden Schüler kann nur ein kleiner
Teil jemals zum wissenschaftlichen Studium der Geographie streben.
Folglich muß der Geographieunterricht eine völlig andere Absicht verfolgen:

– Für die breite Mehrzahl aller Schüler müssen im Geographieunterricht vermittelte Kenntnisse (Fachwissen), fachliche Arbeitsverfah-

ren etc. dazu beitragen, ein objektives Weltbild zu entwickeln und ständig zu korrigieren, um zu persönlichen und/oder gesellschaftlichen Entscheidungen sachlich zu befähigen, sofern davon räumliche Verhältnisse betroffen sind (bzw. damit in Verbindung stehen).
– Die im späteren privaten/beruflichen Alltag erwartbaren Anwendungs- und Entscheidungsfelder der vom Bürger zu lösenden Fragen rühren nicht vorrangig aus wissenschaftlich-geographischem Interesse her, sondern sind eingebettet in komplexe persönliche wie gesellschaftliche Rahmenbedingungen, unter deren Beachtung die vom einzelnen geforderten Entscheidungen zu fällen sind.

3.1 Allgemeine Typen geographischer Unterrichtsobjekte

Die Fähigkeit, geographische Tatbestände festzustellen und exakt zu bezeichnen, raumwirksame Kräfte zu ermitteln und zu verstehen und – über dabei zwangsläufig erworbene Arbeitstechniken und Erkenntnisse – allmählich zunehmend komplexere räumliche Gefüge sach- und zielgerecht zu analysieren, ist eine unabdingbare Voraussetzung für alle weiterreichenden Bestrebungen des gegenwärtigen lernzielorientierten Geographieunterrichts (z.B. Bewertung vorfindlicher räumlicher Verhältnisse, Einsicht in Planungszusammenhänge, Teilnahme an Planungsprozessen). Solche Voraussetzungen müssen an der räumlichen Wirklichkeit vermittelt und – zumindest z.T. – daran auch auf ihre Richtigkeit bzw. Tauglichkeit überprüft werden.

3.1.1 Das Lernen an Fallstudien und Modellen

Das reale räumliche Objekt solchen Lernens ist prinzipiell die ganze Erde. Über ihre gewaltige räumliche Erstreckung ist diese mit einer Fülle von »Geo-« und »Anthropo-Faktoren« ausgestattet mit auffallender, von Teilraum zu Teilraum unterschiedlicher Variationsbreite. Diese Faktoren sind überdies von Teilraum zu Teilraum in je spezifischer Weise zu komplexen Wirkungsgefügen verknüpft, aus denen die Vielfalt wechselnder Erscheinungsformen der Natur- und Kulturräume der Erde hervorging und auf denen deren ständige Fortentwicklung beruht. Die Erde als Ganzes umfaßt deshalb zwar sämtliche Erscheinungen, mit deren Hilfe geographische Lernziele erreicht bzw. jedes fachliche Problem untersucht werden kann. Die äußerst komplizierte Tatsachenfülle verstellt jedoch dem Lernenden angesichts seiner – zumindest anfangs begrenzten – Lernmöglichkeiten den Blick auf das konkrete Ziel und läßt ihm keine Chance, das für seinen Lernauftrag Wesentliche von Unwesentlichem sicher zu unterscheiden.

Fallstudien bilden als »Modellfälle« die »Konstruktionselemente einer übergeordneten Gesamtstruktur« (SCHULZE, 1975, S. 77). In aufeinander aufbauenden Schulstufen sollten sie entsprechend zunehmender »Schwierigkeit und Komplexität der Gegenstände, nach Stufen des Aufbaus geographischer Kategorien« angeordnet werden (SCHULTZE, 1970, S. 8). Die Bindung von Fallstudien an konkrete Erdräume wird mit der Gefahr begründet, daß andernfalls das »Bewußtsein über die regionalen Lageverhältnisse, ihre Strukturen und Distanzen und das Wissen um die Funktionalität unter Umständen verlorengeht« (RICHTER/HAUSMANN, 1974, S. 15). Die Auswahl von Fallstudien, d.h. von auch nach ihren Inhalten eng begrenzten Raumausschnitten, in denen zumindest anfangs wenige Faktoren deutlich dominieren sollten, hat bereits im »Einzelbild« des vormaligen länderkundlich orientierten Geographieunterrichts einen Vorgänger (vgl. BIRKENHAUER, 1975, Teil 1, S. 36). Der Vorzug liegt in einer – den Lernbedingungen der Schüler angepaßten – »leichteren Überschaubarkeit und Organisierbarkeit der Lernprozesse« (BAUER, 1976, S. 160), die »entdeckendes Lernen ermöglicht und eine Begegnung mit konkreten Raumindividuen und deren Wirkungskräften« (KOCH, 1977, S. 369). Hauptaufgabe jeder Fallstudie ist ihr Beitrag zur Aufdeckung übertragbarer Regelhaftigkeiten (vgl. BIRKENHAUER, 1975, Teil 1, S. 36), nicht (nur!) die Vermittlung von Wissen über einen je individuellen Raumausschnitt als in sich geschlossene »Raumganzheit«. Dazu bedarf es des Vergleichs von Ergebnissen aus mehreren Fallstudien. Erst dabei können Unterscheidungen zwischen »individuellen« (d.h. an den einzelnen Raumausschnitt gebundenen) und »allgemeineren« und deshalb »regelhafteren« Erscheinungen vorgenommen werden. Derart gewonnene Kenntnisse, Einsichten und Fähigkeiten sollten auch weiterhin anwendbar bleiben. Dies wird aber nicht durch lediglich addierendes Speichern möglich, sondern setzt eine Ordnung voraus. Als Ordnungsraster bietet sich für Kenntnisse und Einsichten die Systematik der allgemeingeographischen Faktorenlehre an. Bei nach diesem Klassifikations-Schema geordnetem Wissen besteht allerdings die Gefahr, daß zwischen einzelnen derart gespeicherten Tatbeständen vorhandene Wechselbeziehungen leicht in Vergessenheit geraten. Es geht also einzig darum, Wissen übersichtlich geordnet so zu speichern, daß es weiterhin anwendbar bereitsteht (vgl. u.a. BAUER, 1976, S. 112).

Über Fallstudien hinaus spielt die Anwendung von *Modellen* eine im Unterricht zwar noch etwas vernachlässigte Rolle. »Ein Modell ist die Abbildung bestimmter Strukturen und Relationen von definierten Elementen... Das heißt, daß jede Modellaussage nur dann gültig ist, wenn die entsprechende empirische Aussage gültig ist und umgekehrt« (GÜSSEFELDT, 1979, S. 323). Modelle »führen zu höheren Ebenen der Hypothesenbildung, erschließen bessere Testinstrumente der erdräumlichen Wirklichkeit« (HAGGETT, 1970, S. 107).

3.1.2 Topographische und thematische Übersichten über größere Regionen, Staaten, Kontinente und die Erde als Ganzes

Die an Fallstudien aus eng begrenzten Raumausschnitten gewinnbaren Lernergebnisse bedürfen zwingend der Ergänzung, weil sie sonst zur »Tupfengeographie« führen (vgl. u. a. BIRKENHAUER, 1975, Teil 2, S. 112). Die Bindung jeder Fallstudie an einen konkreten Raumausschnitt ist nur *eine* Grundlage für die Konstruktion des topographischen Ordnungsrasters. Es kann als Übersichtswissen dadurch allmählich entwickelt werden, daß jede einzelne Fallstudie systematisch mit Hilfe kleinmaßstäbiger Karten (der Kontinente, der Erde) räumlich lokalisiert wird. Derart wird ein zunehmend dichter besetztes Netz von topographischen Orientierungspunkten ausgebaut. Weiterhin werden ständig Lagebeziehungen ermittelt, um dadurch eine wachsend zuverlässigere, wenngleich grobe Übersichtsvorstellung des räumlich-topographischen Kontinuums der Erdoberfläche und ihrer Teile zu entwickeln.

Das Kontinuum der Erdoberfläche ist durch seine *horizontale* und *vertikale zonale Gliederung* gekennzeichnet. Diese umfaßt sowohl zonale Verbreitungen physisch-geographischer Erscheinungen (z. B. Klima, Vegetation) wie anthropogeographischer Tatbestände (z. B. Besiedelung, Wirtschaft, übernationale politische Zusammenschlüsse), welche in je spezifischen Verbreitungsmustern vorliegen. Sie bilden wesentliche Orientierungshilfen. Im Unterricht wird die Kenntnis derartiger zonaler Verbreitungen allmählich dadurch entwickelt, daß jede einzelne Fallstudie nicht nur nach ihrer räumlichen Lage eingeordnet wird, sondern daß dabei auch die örtlich wesentlichen Geo- und Anthropofaktoren beachtet werden. An Fallstudien aufgedeckte Faktoren können für benachbarte Raumbeispiele übereinstimmen oder voneinander abweichen. Im erstgenannten Falle kann aus einer Faktorenübereinstimmung deren räumliche Verbreitung vermutet werden (z. B. als Klima-, Vegetations-, Wirtschafts-»Zone«), während Faktorenkontraste für räumlich benachbarte Fallstudien-Beispiele auf Grenzen der Verbreitung ermittelter Faktoren hinweisen. Solche Hinweise auf die Zugehörigkeit von in Fallstudien erfaßten Raumausschnitten zu Gebieten (»Zonen«) ähnlicher natur- bzw. kulturgeographischer Verhältnisse können mit Hilfe einschlägiger thematischer Atlaskarten überprüft werden.

Die Vermittlung der wenngleich groben, allmählich auszubauenden Übersichten als Orientierungsraster ist erforderlich, damit der Schüler wichtige kognitive Lernziele erreichen kann: Sie läßt ihn »Orientierungshilfen und räumliche Ordnungssysteme zur selbständigen Erwerbung, Einordnung und Bewertung entsprechender Informationen (z. B. Vergleichs- und Bezugssysteme, Erfassung von Distanzen, Orientierung im Gradnetz, im topographischen Grundgerüst, in der Gliederung der Erde unter physisch-geographischen und anthropogeographischen

Aspekten, Ermitteln von Grenzen, Grenzsäumen und Einzugsbereichen)« gewinnen. Sie entwickelt sein »Verständnis für die Verschiedenheit von Lebensräumen – etwa durch die Kenntnis unterschiedlicher Nutzung ähnlicher Naturpotentiale«. Sie hilft ihm zu »erkennen, ob bestimmte Gegebenheiten und Probleme raumtypisch oder global, einmalig oder transferierbar sind ...« (FRIESE, 1976, S. 5–8; vgl. ferner u. a. ERNST, 1970, S. 192–193). Allerdings trägt eine zu bunte Mischung der ausgewählten Beispiele »zur geographischen Verwirrung bei ... Die ›globalen Rösselsprünge‹ ... überfordern Lehrer und Lernende und tragen entscheidend zu einem schwindenden geographischen Potential der Schüler bei« (CORDES, 1979, S. 343).

3.1.3 Lernen an fiktiven Objekten

Die traditionelle Geographie blieb bei ihrer Aufgabe, Vorstellungen räumlicher Wirklichkeiten zu vermitteln, deren Erscheinungen darzustellen und ihre Wandlungen zu erklären, lange ausschließlich der Untersuchung realer Räume verbunden. Von dabei gemachten Erfahrungen geht auch die geographische Theoriebildung aus, um ihre Hypothesen in der Übertragung auf andere geeignete Raumwirklichkeiten zu prüfen. Unter solchen Rahmenbedingungen stieß der Vorschlag von K. ODENBACH (vgl. 1957, S. 217–226) zunächst auf strikte Ablehnung, im Geographieunterricht – etwa zur Einführung in das Kartenverständnis oder zur Kontrolle des dabei erreichten Lernerfolges – auch »Phantasielandkarten«, d.h. fiktive Räume, zu benutzen. Hingegen bestätigt W. SPERLING (vgl. 1970b, S. 41–50) ausdrücklich die besonderen Vorzüge dieses Verfahrens.

Mit dem Übergang zum problem- bzw. lernzielorientierten Geographieunterricht wird den ausgewählten Raumbeispielen eine Vehikelfunktion zugewiesen. Sie sind nicht länger um ihrer selbst willen Unterrichtsobjekt, sondern werden in ihrer neuen Funktion untereinander austauschbar, soweit sie zur Erreichung vorgegebener Lernziele geeignet sind. Damit ergibt sich eine begründete Möglichkeit, »fiktive Objekte« einzubeziehen. Sie treten seither u. a. in Lernspielen oder als Grundlagen für Planungsaufgaben im Geographieunterricht auf (vgl. SCHULTZE, 1972, S. 193–201). Vorteile solchen Umgangs mit fiktiven Objekten sind:

– Das auf Betonung der Schüleraktivität ausgerichtete methodische Konzept vermag die Motivation zu stützen.
– Die Anwendung erworbener Fähigkeiten zur Lösung neuer Probleme unter Verzicht auf mögliche Kontrollen, wie sie ansonsten durch einen Vergleich mit einer Raumwirklichkeit bestehen, erhöht die Leistungsanforderung an den Schüler, gibt ihm aber zugleich breitere Entscheidungsfreiheit.

– Diese Arbeitsweise macht Qualifikationsmängel sichtbar, die beim
ausschließlichen Lernen an der Wirklichkeit überdeckt werden (ergänzend dazu vgl. u. a. NEUKIRCH, 1976).

3.2 Die Lernziele des geographischen Unterrichts

Die Lernziele für den geographischen Unterricht
– beschreiben, was gelernt werden soll (d. h., sie geben den zu erwar-
tenden Lernerfolg an und machen ihn dadurch zugleich überprüfbar),
und
– begründen, weshalb etwas gelernt werden soll (d. h., sie tragen dazu
bei, die Lernabsichten plausibel zu machen) (vgl. MAGER, 1965, S.
43).

3.2.1 Lernzieldeduktion oder additiver Lernzielkatalog?

In der ersten Phase geographiedidaktischer Diskussion über den lernzielorientierten Unterricht bemühte man sich, in Übereinstimmung mit
damals (noch) gültigen Vorstellungen, von vorgegebenen obersten, allgemeinen Lernzielen her alle diesen unterzuordnenden Lernziele als
eine nach Abstraktionsniveau (und Komplexität) hierarchisch abgestufte und zwingend aufeinander bezogene Folge von Richtzielen, fachlichen Haupt-, Grob-, Teil- und Feinzielen logisch abzuleiten (zu »de-
duzieren«) (vgl. u. a. BIRKENHAUER, 1972, S. 2–9; ders. 1975, Teil 1,
S. 50–51; ERNST, 1970, S. 186–194; MÖLLER, [4]1973, S. 81–82). Von
diesem Verfahren wurde die Konstruktion eines geordneten Gefüges aller Lernziele – seitens der Geographiedidaktik zumindest innerhalb ihres Fachgebietes – erwartet. Bis zu den Feinzielen hin sollte dadurch
eine strikte Ausrichtung auf die obersten Lernziele abgesichert werden.
Das derart in sich geschlossene Lernzielgebäude sollte auf diese Weise
zugleich als Ganzes die erforderliche Legitimation erhalten. Schließlich
erhoffte man über die Leitfunktion eines derartigen Lernzielgefüges
eine Hilfe zur kritikfesten Strukturierung des darauf hin zu konzipieren-
den Unterrichts.

Entgegen anfänglichen Hoffnungen erwies sich eine zwingende Lern-
ziel-Ableitung von vorgegebenen obersten Zielen als wenig praktikable
Illusion (vgl. u. a. BLANKERTZ, 1969, S. 150; BAUER, 1976, S. 12;
HAUBRICH, 1977, S. 14; KNAB, 1971 b, S. 162; MEYER/OESTREICH, 1973,
S. 95–100; MEYER, 1971, S. 117–119; ders. 1975; SCHRAND, 1978,
S. 58; SCHULTZE, 1976, S. 32; ders. 1978, S. 85). Trotz des von ihnen er-
hobenen Anspruches konnten die Gesellschaftswissenschaften bislang
keinen zustimmungsfähigen Grundraster für die obersten allgemeinen
Lernziele vorlegen. Ein Minimum-Konsens besteht lediglich darüber,

daß unsere derzeitige Gesellschaft »kritische, an der Wissenschaft geschulte Rationalität zu üben . . . zur universellen Methode erhoben« hat (ROTH, 1971, S. 48). Der Geographiedidaktik bleibt deshalb z. Zt. als einzig gangbarer Weg der Lernzielbestimmung die Auslotung möglicher fachlicher Beiträge zur Ausfüllung allgemeiner Lernzielansprüche (vgl. FRIESE, 1976, S. 5; HAUBRICH, 1977, S. 13). Legitimierungsbemühungen für die Lernziele müssen deshalb aus den Fächern bzw. deren Didaktiken hervorgehen (vgl. SCHULTZE, 1978, S. 85).

Von A. SCHULTZE kam der Vorschlag, die »Lernzielkrise« dadurch zu überwinden, daß auf die aufwendige und wenig einträgliche Konstruktion umfassender Lernzielhierarchien verzichtet werden solle. Statt dessen könnten mit erheblich geringerem Zeitaufwand additive Lernzielkataloge zusammengestellt werden. Da in diesen die Lernziele aufgereiht seien, sei die Hinzunahme vormals zu Unrecht vernachlässigter wie die Eliminierung irrtümlich für bedeutsam gehaltener einzelner Lernziele jederzeit möglich, ohne daß dadurch die Geschlossenheit eines umfassenden, kunstvollen Gefüges gefährdet oder gar völlig zerstört würde. » Vieles von dem, was in einem Strukturgitter in systematischer Form erscheint, leistet ein solcher Lernzielkatalog in additiver, ausführlicherer Form« (SCHULTZE, 1976, S. 33). Anstelle der oft problematischen Unterscheidung zwischen fachlichen Haupt-, Grob-, Teil- und Feinzielen gliedert er außerdem nach der jeweiligen Hauptfunktion eines Lernzieles in

- Lernziele, welche bestimmte *Unterrichtsabsichten legitimieren*,
- Lernziele, welche über einen (größeren oder kürzeren) Unterrichtsabschnitt hinweg den *Lernprozeß steuern.*

Wegen ihrer besonderen Rolle müssen die »legitimierenden Lernziele« so ausformuliert werden, daß aus ihnen die Begründung hinreichend plausibel und zustimmungsfähig wird. Die »lernprozeß-steuernden Lernziele« erhalten ihre Legitimation aus ihrer einsichtigen Zuordnung zu einem (oder mehreren) »legitimierenden Lernziel(en)« (vgl. SCHULTZE, 1976, S. 32–36; ders. 1978, S. 84–91). Ähnlich unterscheidet H. HAUBRICH (vgl. 1977, S. 14–18) zwischen »regulativen« und »operativen« Lernzielen. Sie müssen so beschrieben werden, daß der Adressat daraus alle vom beabsichtigten Lernprozeß erwarteten Einzelheiten eindeutig ablesen kann.

3.2.2 Die Ordnung der Lernziele

3.2.2.1 *Lernzielordnung nach Bereichen der menschlichen Psyche*
Wir setzen voraus, daß die menschliche Psyche mehrere Teilfelder umfaßt und zu einer unauflösbaren Einheit verschmilzt. Lediglich formal können sie als »ratio«, »emotio« und »actio« unterschieden werden. Danach können Lernziele – vor allem, wenn sie bereits Feinzielcharak-

ter aufweisen – einem (oder mehreren) entsprechenden psychischen Teilbereich(en) zugeordnet werden. In diesem Sinne entsprechen

- »*kognitive Lernziele*« (vor allem) dem Bereich der »ratio« und sind auf intellektuelle Leistungen ausgerichtet,
- »*affektive Lernziele*« (vor allem) dem »emotionalen Bereich«, insofern sie auf Verhaltensdispositionen (auch: Verhaltens- bzw. Einstellungsveränderungen gegenüber einem Objekt, einer Erscheinung) angelegt sind,
- »*psychomotorische Lernziele*« (vor allem) dem Bereich »motorischer Handlungen« (vgl. BLOOM, 1972; KRATHWOHL/BLOOM/MASIA, 1964 bzw. 1975; ferner mit leichten Abweichungen: JOHNSON, 1971, S. 30–46).

Innerhalb jener Lernzielgruppe, die nach der zuvor gegebenen Umschreibung generell dem kognitiven Bereich angehört, nehmen zahlreiche Autoren in der Geographiedidaktik die auffallendsten Unterscheidungen vor:

»*Kognitive Lernziele*« (hier wohl im engeren Sinne) meinen »Einsichten, Erkenntnisse« (vgl. u. a. BAUER, 1976, S. 16; BIRKENHAUER, 1975, Teil 1, S. 53; EBINGER, 1976, S. 133–134). Oft werden, davon getrennt, »*affirmative Lernziele*« genannt, als welche u. a. »materiales Wissen«, »singuläres Wissen«, »Orientierungswissen«, »Topographie« aufgezählt werden (vgl. u. a. BIRKENHAUER, 1975, Teil 1, S. 53; HAUBRICH, 1977, S. 18, 24). Damit gleichbedeutend wird der Begriff »*materiale Lernziele*« benutzt (vgl. EBINGER, 1976, S. 133–134). In diesem Zusammenhang wird oftmals ein nirgendwo verbindlich oder gesichert konstruierter Kanon des notwendigen fachlichen Grundwissens gefordert (vgl. HAUBRICH, 1977, S. 24). Auf die Zugehörigkeit zu den »kognitiven Lernzielen« verweist L. BAUER (vgl. 1976, S. 16).

»*Affektive Lernziele*« werden in der geographiedidaktischen Literatur relativ einheitlich (auch unter der Bezeichnung »Verhaltensdispositionen«, »Einstellungen« o. ä.) dem emotionalen Bereich zugeordnet (vgl. u. a. BAUER, 1976, S. 16; BIRKENHAUER, 1975, Teil 1, S. 53; EBINGER, 1976, S. 133; HAUBRICH, 1977, S. 18, 28; SCHULTZE, 1976, S. 35–36). In manchen Lernzielkatalogen sind sie auf sehr allgemeiner, abstrakter Ebene mit kognitiven Zielen unmittelbar verknüpft (vgl. ERNST, 1970, S. 186–194), z. T. aber auch isoliert in die generellen Erläuterungen präambelhaft vorgezogen. Befürwortern solcher Trennung wird entgegengehalten, daß die kognitiven Lernziele ihre erforderliche Legitimation erst aus ihrer »Stützfunktion« gegenüber den affektiven Lernzielen erhielten (vgl. MEYER, 1975, S. 91; SCHULTZE, 1976, S. 35–36). Weil beim Lernen im Sozialverband der Klasse affektive und soziale Prozesse miteinander untrennbar verflochten sind, erweitert H. HAUBRICH (vgl. 1977, S. 28) den affektiven Bereich um »*soziale Lernziele*«. Diese sind auf zwischenmenschliche Verhaltensweisen ausgerichtet und können u.a. in den Unterrichtsformen des Rollen- bzw. Planspiels berücksichtigt werden.

Ein Spezialfall der Geographiedidaktik ist auch die gesonderte Klassifizierung »*instrumentaler Lernziele*«. Gemeint sind damit »Instrumente der Datenerhebung, -darstellung und -auswertung« (HAUBRICH, 1977, S. 24), also allgemeine wie fachspezifische Arbeitstechniken (vgl. auch u.a. BIRKENHAUER, 1975, Teil 1, S. 53; EBINGER, 1976, S. 134; einen Katalog instrumentaler Grobziele legt HAUBRICH, 1977, S. 25–27 vor). Der Versuch, den instrumentalen Lernzielen eine Sonderstellung zu geben, die anderen Fächern fremd ist, beruht auf einer traditionellen Vorstellung in der Geographie. Diese unterscheidet zwischen der Arbeitstechnik und dem Objekt, an dem diese zur Anwendung gelangt. Darin liegt jedoch ein Trugschluß, der sich offenbart, sobald bedacht wird, daß eine Arbeitstechnik nicht an sich existent sein kann. Ausschließlich mit ihrer Anwendung auf einen geeigneten Sachverhalt kann sie realisiert werden. Die Absonderung übersieht ebenso, daß instrumentale Lernziele sicherlich nie um ihrer selbst willen vermittelt oder angewandt werden. Vielmehr stehen sie bei ihrer ersten Vermittlung wie bei jeder späteren Anwendung im Dienst der Erreichung eines über sie selbst hinausreichenden Zieles. Dieses kann sein die mittels des Instrumentum erreichbare Kenntnis von etwas oder die Einsicht in etwas. Selbst die Vermittlung der Fähigkeit, eine bestimmte Arbeitstechnik (d.h. ein bestimmtes instrumentales Lernziel) anzuwenden, ist unmittelbar an die Hinzunahme eines konkreten Fachinhaltes gebunden und bewirkt deshalb zwangsläufig Kenntnisnahme oder Erkenntnisgewinnung zu diesem Sachverhalt. Folglich dürfen instrumentale Lernziele nicht strikt vom kognitiven Bereich abgetrennt werden (vgl. SCHULTZE, 1978, S. 286).

Viele konkret ausformulierte Lernziele umschließen häufig mehrere Komponenten, die verschiedenen Bereichen der Psyche angehören (vgl. BAUER, 1976, S. 16).

3.2.2.2 *Die Ordnung von Lernzielen nach dem Schwierigkeitsgrad der mit ihnen verbundenen Lernakte*

Mit der Ordnung (»Taxonomie«) von Lernzielen nach dem Schwierigkeitsgrad der damit vom Schüler verlangten Lernleistung befassen sich mehrere Autoren. Schwierigkeitsstufen werden für die einzelnen Lernziel-Arten jeweils gesondert formuliert. Hier sollen nur einige Beispiele vorgestellt werden.

Im Bereich der *kognitiven Lernziele* unterscheidet B.S. BLOOM (vgl. 1972) die Stufen: 1. Wissen, 2. Verstehen, 3. Anwenden, 4. Analyse, 5. Synthese, 6. Bewerten. H. ROTH (vgl. 1970, S. 78–80) gliedert in: 1. Wissen, 2. selbständiges Reorganisieren des Gelernten, 3. Transfer des Gelernten, 4. problemlösendes, entwickelndes Denken. K. WESTPHA-

LEN (vgl. 1973, S. 100) ordnet nach: 1. Wissen, abgestuft nach a) Einblick und b) Überblick, c) genaue Kenntnis, d) Vertrautheit, sowie 2. Erkenntnis, gestuft in e) Bewußtsein, f) Einsicht, g) Verständnis. R.M. GAGNÉ (vgl. 1970, S. 33ff.) unterscheidet als hierarchische Stufenfolge: 1. Signallernen, 2. Reiz-Reaktions-Lernen, 3. Kettenbildung, 4. sprachliche Assoziation, 5. das Lernen multipler Diskriminierungen, 6. Begriffslernen, 7. Regellernen, 8. Problemlösen.

Lernziele des *affektiven Bereiches* ordnen KRATHWOHL/BLOOM/MASIA (vgl. 1964 bzw. 1975) nach den Stufen: 1. Aufnehmen, Beobachten, 2. Antworten, 3. Bewerten, 4. Bildung einer Wertordnung. K. WESTPHALEN (vgl. 1973, S. 100) unterscheidet: 1. Bereitschaft, 2. Freude bzw. Interesse.

Instrumentale Lernziele ordnet K. WESTPHALEN (vgl. 1973, S. 100) nach den Schwierigkeitsstufen: 1. Fähigkeit, 2. Fertigkeit, 3. Beherrschung.

Die Fülle unterschiedlicher Ansätze zur Konstruktion hierarchischer Lernzielstufungen deutet an, daß die Aufklärung und Unterscheidung der Schwierigkeitsgrade einzelner Lernleistungen für dringend erforderlich erachtet wird. Probleme treten allerdings auf, sobald fachliche Lernziele nach einem vorgegebenen, allgemeingültigen Ordnungsraster klassifiziert werden sollen. Überdies wird die Eignung der verschiedenen Taxonomien kontrovers beurteilt (vgl. u.a. BIRKENHAUER, 1975, Teil 1, S. 53). Auf derartige Taxonomien richtet sich indessen die Hoffnung, sie könnten einige Möglichkeiten aufzeigen, um die einzelnen Lernziele in begründeter Weise den verschiedenen Lern- bzw. Schulstufen entsprechend ihrer Schwierigkeitsgrade zuzuweisen (vgl. BAUER, 1976, S. 16). R. MESSNER (vgl. 1972, S. 240–249) hält solche Lernzieltaxonomien für diesen Zweck indessen für wenig bis ungeeignet, weil darin »keine Beschreibungen der Lernprozesse, die zu den Lernleistungen führen« (MESSNER, 1972, S. 249), vorliegen.

3.2.3 Die Operationalisierung von Lernzielen – operativer Geographieunterricht

Mit dem Umschwenken des didaktischen Interesses vom zu vermittelnden Lehrstoff hin zu den Fähigkeiten (Qualifikationen), welche dem Schüler im Geographieunterricht vermittelt werden sollen (d.h. mit der Hinwendung zum lernzielorientierten Unterricht), erlangte die Frage nach geeigneten Wegen der Vermittlung und Sicherung des angestrebten Könnens eine plausible, primäre Bedeutung. Vormals als zur Wissensvermittlung durchaus geeignet erachtete Verfahren erwiesen sich nun als unbrauchbar. An deren Stelle bedurfte es neuer Methoden, um das angestrebte Können durch geeignetes Tun im Unterricht zu erreichen. Aus solchen Ansätzen gelangte der Begriff des »*operativen Unter-*

richts« in die geographiedidaktische Diskussion (vgl. SCHULTZE, 1976, S. 37). Damit ist die Aufforderung zur »*Operationalisierung*« der Lernziele ausgesprochen. Sie meint eine Lernzielbeschreibung, aus welcher der Adressat eindeutig entnehmen kann,

- was er genau tun soll,
- unter welchen Bedingungen dies im einzelnen erfolgen soll,
- woran er erkennen kann, daß er das vorgegebene Lernziel erreicht hat.

Soll der Schüler in die Lage versetzt werden, eine von ihm erwartete »Denkoperation in eine den Unterrichtserfolg sichtbar machende Handlungsoperation« umzusetzen (BIRKENHAUER, 1975, Teil 1, S. 51–52; vgl. auch ders. 1972, S. 3; HAUBRICH, 1977, S. 16; MAGER, 1965, S. 3–4; MÖLLER, 1974, S. 31–32), dann ist die sorgfältige Wahl eines präzisen, unmißverständlichen »*Operators*« erforderlich. Darunter wird das Verb verstanden, welches als »Aktionswort« das verlangte Verhalten (die vom Lernenden erwartete Tätigkeit) beschreibt. Der »Operator« darf keine unterschiedlichen, aus dem Begriff selber prinzipiell dennoch entnehmbaren Deutungen zulassen. Sonst bleibt das angestrebte »Endverhalten«, d.h. der Erfolg des Lernprozesses, unkontrollierbar; sein Erreichen wird unsicher (vgl. u.a. HAUBRICH, 1977, S. 16; MAGER 1965, S. 10–14).

G. HOFFMANN (1975, S. 354–356) legt als Hilfe für die Operationalisierung von Lernzielen eine Liste erläuterter Operatoren vor:

»›kennen‹ – beschreibt die Voraussetzung für eine reine Wiedergabe aus dem Gedächtnis;

›orientieren‹ – bedeutet die Fähigkeit, sich einfacher (geographischer) Hilfsmittel zu bedienen;

›erfassen‹ – beschreibt die Übersicht über eine größere Menge von Informationen und Kenntnissen sowie die Fähigkeit, diese einem vorgegebenen Ordnungsschema zuzuordnen;

›erkennen‹ – setzt die deutliche Unterscheidung von verwandten oder ähnlichen Erscheinungen voraus (›multiple Diskrimination‹) und bedeutet die Fähigkeit der Zuordnung zu einem vorgelegten Begriff;

›aufzeigen‹ – bedeutet die Fähigkeit, komplexe Gefüge reich beschreibend zu analysieren (z.B. ›Ursachen aufzeigen‹);

›beobachten‹ – heißt, unter Verwendung gegebener Begriffe die Aufmerksamkeit auf einen Gegenstand richten und Wahrnehmungen festzuhalten und wiederzugeben;

›untersuchen‹ – heißt, an den Gegenstand der Erkenntnis, Erfassung oder Beobachtung gezielte Fragen zu richten;

›erklären‹ – bedeutet, beobachtete und erkannte Erscheinungen auf Ursachen oder auf Systemzusammenhänge in einem Wirkungsgefüge zurückzuführen, wobei Hilfsmittel oder Logik zu verwenden sind;

›prüfen‹ – heißt, eine einmal gegebene Erklärung (Hypothese) an neuen Beobachtungen oder an ihrer inneren Logik zu messen;

›einsehen‹ – heißt, eine größere Zahl von Erkenntnissen und erklärenden Regeln dazu zu verwenden, sich in der erfahrbaren Wirklichkeit und in einer Menge von Aussagen auf eine verbesserte Weise zurechtfinden zu können;

›beurteilen‹ – setzt voraus, eine Mehrzahl von Hypothesen im Zusammenhang zu prüfen, um dann Aussagen über die Richtigkeit, Wahrscheinlichkeit, Angemessenheit und Anwendbarkeit zu machen;

›bewerten‹ – fordert darüber hinaus den Bezug auf eine detaillierte Wertordnung mit Skalierungen, die eine Problemlösung als besser oder schlechter, mehr oder weniger angemessen zu entscheiden gestatten.«

Die Beurteilung des ursprünglich aus behavioristischem Ansatz rührenden Gedankens der Lernzieloperationalisierung ist kontrovers. Entscheidend sind die damit erreichbaren Vorteile (vgl. BIRKENHAUER, 1975, Teil 1, S. 52):

– Sie bringen mehr Transparenz in die Ziele des Unterrichts;
– sie können die Lernmotivation auslösen und verstärken;
– sie erhöhen dadurch die Effektivität des Lernvorganges;
– sie begünstigen eine effektive Unterrichtsorganisation;
– sie ermöglichen eine differenziertere, einsichtige Lernkontrolle;
– sie können den Lernenden zu selbständiger Beteiligung in den Unterrichtsprozeß einbeziehen (nach MÖLLER, 1974, S. 34; vgl. auch HAUBRICH, 1977, S. 16).

3.3 Zur Konstruktion geographischer Lehrpläne / Curricula

Lehrpläne umfassen nach J. ZIECHMANN (1973, S. 10) »Ziele, Inhalte, Material- und Methodenhinweise« für den Unterricht, während im *Curriculum* in umfassenderer Bedeutung überdies der Prozeß der Lernzielermittlung, -entwicklung und -erprobung eingeschlossen ist (vgl. DEUTSCHER BILDUNGSRAT, 1970, S. 58). Allerdings bestehen auch gegenteilige Auffassungen. Eine synonyme Begriffsverwendung ist zulässig, sofern dabei bewußt ist, daß »die Lehrplantheorie und -praxis durch die Curriculumforschung und -entwicklung entscheidende Impulse erhalten hat« (SCHOLZ/BIELEFELDT, 1978, S. 38–39). Die enge Verflechtung äußert sich u. a. darin, daß derzeit bei der Entwicklung neuer Lehrpläne deren Anpassung an die Ergebnisse der Curriculumforschung beachtet werden muß. Diese Vorstellung führt zu der Forderung, daß die Ziele der Fach-Lehrpläne prinzipiell aus den seitens der Curriculumforschung aufgestellten allgemeinen obersten Lernzielen abzuleiten sind. Eine derartige, gleichsam zwingende Deduzierung ist z. Zt. indessen nicht vollziehbar, weil die Gesellschaftswissenschaften bislang kein schlüssiges, wissenschaftlich abgesichertes Instrumentarium von Kriterien und Kategorien vorlegen konnten (vgl. u. a. FRIESE, 1976, S. 5; MEYER/OESTREICH, 1973, S. 94–103). Weil die Lernzielbestimmung theoretisch nicht ausreichend abgesichert ist und die gegenwärtigen Lehrplanentwürfe mithin bislang nur mit der Reform-Notwendigkeit begründbar sind, können diese nur als mittelfristige Lösungen gelten. Sie bedürfen der fortlaufenden kritischen Überprüfung und Weiterentwicklung. Dabei ist der Zusammenhang mit dem Fortgang der allgemeinen curricularen Diskussion zu beachten (vgl. u. a. KIRCHBERG, 1977; ders., 1977c, S. 88–89).

3.3.1 Lehrplandeterminanten und Ableitungsverfahren

Gesellschaft, Schüler und Fachwissenschaft liefern als die wesentlichen *Lehrplan- und Lernzieldeterminanten* die Auswahlkriterien für das lernzielorientierte geographische Curriculum (vgl. u. a. BÖRSCH/LORENZ, 1977, S. 102). Der Geographieunterricht beruht auf einem gesellschaftlichen Auftrag und muß dieser Gesellschaft gegenüber bestimmten Ansprüchen genügen (vgl. KNAB, 1971b, S. 162). Daneben darf das Lernvermögen der Schüler nicht übersehen werden. Nur eine Anpassung der Lernerwartungen des Unterrichts an die Lernfähigkeit und -bereitschaft der Schüler kann absichern, daß die geforderten Lernleistungen auch tatsächlich erreicht werden. Letztlich muß der Geographieunterricht seine fachspezifischen Beiträge (auch) innerhalb des Rahmens übergeordneter, nicht fachspezifischer Ziele durch die Vermittlung und Auswertung seines fachlichen Potentials erbringen – gleich, ob es sich dabei um (geographische) Kategorien (z. B. Kausalität, Possibilität, Raumfunktionalität, Dynamik, . . .), Grundkenntnisse, Erkenntnisse, Arbeitstechniken, Anwendungsmöglichkeiten u. a. handelt (vgl. u. a. HAUBRICH, 1977, S. 80; HENDINGER, 1973, S. 89–90; JONAS, 1971, S. 32).

Vorläufig müssen *Ableitungsverfahren zur Ermittlung der Lernziele* herangezogen werden, welche die strenge Deduktion zumindest im Sinne eines Annäherungsverfahrens ersetzen können. H. HAUBRICH (vgl. 1977, S. 10) nennt dazu als generelle Möglichkeiten: Ableitungen aus Lebenssituationen, aus den Wissenschaften, aus Normen, aus den Bedürfnissen der Adressaten und aus didaktischen Situationen. Eine kombinierte Ableitung aus

– Verhaltensdispositionen des Lernenden (in gegenwärtigen bzw. zukünftigen Daseinssituationen, »generelle Lernziele«),
– Qualifikationen, die zur Meisterung von Lebenssituationen als nützlich bzw. erforderlich beurteilt werden, und
– Ergebnissen und Methoden der Raumwissenschaften

hält G. KIRCHBERG (vgl. 1977c, S. 88) für ein tragfähiges Verfahren.

Unter den zuvor beschriebenen Rahmenbedingungen kann *das oberste kognitive Lernziel des Geographieunterrichts* wie folgt beschrieben werden: »Erkennen, daß eine nach Zahl und Ansprüchen wachsende Menschheit in ihren Gruppen den begrenzten Lebensraum auf verschiedene und wechselnde Weisen betrachtet und verwendet; Einsicht haben in die damit zusammenhängenden Möglichkeiten, Grenzen und Folgen in ihren strukturellen und funktionalen Zusammenhängen« (FRIESE, 1976, S. 5). Ein darauf ausgerichtetes fachliches Curriculum verbindet miteinander raumwissenschaftliche, gesellschaftliche und individuelle Inhalte. Als Übungsfeld zur Vermittlung der kognitiven (u. a.) fachlichen Lernziele steht der »Raum als Verfügungsraum des ordnenden und wirtschaftenden Menschen unter Einschluß aller Wechselbeziehungen und Folgeerscheinungen« (FRIESE, 1976, S. 5) bereit. Ein besonderes Gewicht liegt auf raumwirksamen Wechselbeziehungen zwischen Aktivitäten menschlicher Gruppen sowie zwischen diesen und vorfindlichen Geo-Faktoren (vgl. u. a. HAUSMANN/RICHTER, 1976, S. 17–19; HENDINGER, 1970, S. 13).

3.3.2 Strukturelemente geographischer Lehrpläne/Curricula

Lehrpläne/Curricula unterliegen einem ständigen Wandel. Nachfolgend geht es darum, wesentliche Auswahlkategorien, Ordnungsraster und Strukturelemente gegenwärtiger Lehrpläne/Curricula vorzustellen und einer kritischen Analyse zu unterziehen.

3.3.2.1 Die »Säulen« des geographischen Curriculums
Die raumwissenschaftlichen Inhalte des Curriculums werden – u. a. der besseren Übersicht halber – nach den Bereichen »Sozialgeographie, Physiogeographie, Wirtschaft-Arbeitslehre, Politik und Raum, Topographie« (vgl. HENDINGER, 1973, S. 90) geordnet. Die Arbeitstechniken lassen sich nicht zwingend ausschließlich einem dieser Bereiche zuordnen und werden deshalb als zusätzlicher eigener Bereich zusammengefaßt. »Die Zuordnung instrumentaler Lernziele zu bestimmten Unterrichtselementen und Themen ist sogar fast völlig in die Beliebigkeit des ... Lehrers gestellt. Eine gewisse ... Auswahl bietet sich durch das ... verfügbare Material (Karte, Bild, ...) an. ... Deutlich beschränkende Kriterien sind lediglich die bereits vermittelten, jeweils für einen weiteren Ausbau grundlegenden Fertigkeiten sowie die Fassungskraft der Altersstufe« (HENDINGER, 1973, S. 87). Inhalte der einzelnen Bereiche treten innerhalb des fachlichen Unterrichts (oder innerhalb des fachlichen Beitrages zu einem fächerübergreifenden Unterricht) in sämtlichen Schulstufen auf, von der Primarstufe/Grundschule bis zur Sekundarstufe II/Kollegstufe. Deshalb werden diese fachinhaltlichen Bereiche auch als »Säulen« (des Lehrplans) bezeichnet. Deren Anzahl und ge-

genseitige inhaltliche Abgrenzung ist nicht zwingend festgelegt, sondern kann – weitgehend beliebig – vermehrt oder verringert werden. L. Bauer (1976, S. 63) nennt z. B. die Lehrplansäulen »Naturfaktoren, Sozio- und Kulturfaktoren, System der Geographie, Regionale Geographie, Angewandte Geographie, Daseinsgrundfunktionen, Fertigkeiten, Orientierung«.

Die gegenseitige Anordnung einzelner Inhalte innerhalb einer jeden »Säule« folgt zwei Kriterien: Aus fachlicher Sicht ist eine Reihung als »vertikale Hierarchie« (Geipel, 1968, S. 43) in der Weise geboten, daß voraufgehende Inhalte zugleich die Grundlage für die Erfassung nachfolgender Inhalte bilden. Diese Anordnung muß indessen ebenso der jeweiligen Lernfähigkeit der Schüler Rechnung tragen, d.h. deren »sachstrukturellen Entwicklungsstand« (Heckhausen, 1972, S. 193) berücksichtigen. Daraus ergibt sich eine Reihung, die generell von überschaubareren zu zunehmend komplexen Fachinhalten fortschreitet, wobei die überschaubareren Inhalte außerdem zur Erschließung nachfolgender Inhalte benötigt werden. R. Hahn (vgl. 1974, S. 404) schlägt ähnlich eine Ordnung nach zunehmendem Abstraktionsgrad vor. Innerhalb der »Säule« »Sozialgeographie« (Sozio- und Kulturfaktoren) kann entsprechend das Thema »Stadt« in aufeinanderfolgenden Schul- und Lernstufen wie folgt mehrfach aufgegriffen werden:

1./2. Schuljahr: Wohnungen und Wohnhäuser;

3./4. Schuljahr: Wohnviertel in Städten, Wohnen auf dem Dorf (akzentuiert auf Umwelterschließung orientierte erste Begriffsbildung und Erfahrungsklärung mit Anbahnung erster funktionaler Beziehungen);

5./6. Schuljahr: ausgewählte Städte unter bestimmten Gesichtspunkten (Verkehrsknotenpunkt, Versorgungsprobleme, ...);

7./8. Schuljahr: Stadt-Umland-Verflechtungen;

9./10. Schuljahr: Stadt als Planungsraum;

11./12. Schuljahr: Verstädterung als Prozeß
(vgl. z. T. Börsch/Lorenz, 1977, S. 101–102).

Für den Bereich der Physischen Geographie legte D. Richter (vgl. 1976, S. 237–240) ein abgestuftes Gefüge von Lernsequenzen mit entsprechendem Vorschlag zur Verteilung auf die Schuljahre 5/6 bis 9/10 vor (als umfassendere Übersicht mit Beispielen zu unterschiedlichen »Säulen« vgl. auch Bauer, 1976, S. 64).

In solcher didaktischer Aufbereitung wirken die Zweige der Allgemeinen Geographie, die sich mehr oder weniger differenziert in den einzelnen Säulen widerspiegeln, auf den Lehrplan ein. Sie gestalten ihn jedoch nicht unmittelbar, weil sachlogische Hierarchie der Inhalte und jeweiliger sachstruktureller Entwicklungsstand der Schüler die gemeinsamen Entscheidungskriterien für die inhaltliche Abfolge bilden. Daraus wird die Entwicklung eines kognitiv abgestuften Lerngerüstes erwartet, innerhalb dessen die aufeinanderfolgenden Lernprozesse zugleich sachlogisch aufeinander abgestimmt sind (vgl. RICHTER, 1976, S. 235; ROTH, 1974, S. 29–31). Unter solchen Bedingungen sind die einzelnen Säulen zugleich »Prüfkriterien für Sachlogik und Stufengemäßheit« (HENDINGER, 1973, S. 89).

Geographische Tatbestände können – vor allem hinsichtlich der Lernanforderungen, welche sich aus der Verknüpfung bestimmter Tatbestände mit definierten Lernzielen ergeben (vgl. HENDINGER, 1973, S. 90) – innerhalb ihrer jeweiligen Säulen nach dem Grad zunehmender Komplexität und nach ihrer gegenseitigen Rolle für die inhaltliche Erschließung in aufeinander aufbauenden Lernsequenzen angeordnet und ebenso aufeinander folgenden Lernstufen zugeordnet werden. Hingegen erweist sich ein ähnlicher Versuch für die Arbeitstechniken (instrumentale Lernziele) als problematisch. Diese reichen prinzipiell sämtlich durch alle Stufen hindurch, können also plausibel weder einer bestimmten Schul- noch Lernstufe ausschließlich zugeordnet werden. Kennzeichnend ist für sie statt dessen eine Einbindung in von Stufe zu Stufe komplexere Anwendungsprobleme bzw. Fragestellungen, die mit deren Hilfe zu lösen sind (z. B. in grober Annäherung: Beobachtung eines Objektes, um daran einzelne Merkmale zu entdecken; Beobachtung eines Objektes, um vorhandene Zusammenhänge mit . . . zu erkennen; Beobachtung . . ., um Vorgänge und auslösende Ursachen zu ermitteln; Beobachtung . . ., um ein Objekt unter bestimmten Gesichtspunkten zu bewerten; Beobachtung . . ., um sachlich mögliche und wünschenswerte Veränderungen bzw. Verbesserungen zu entwickeln).

3.3.2.2 *Das geographische Curriculum – eine Lernspirale*
Die Fachinhalte sind einmal im zuvor erläuterten Sinne innerhalb der verschiedenen Säulen aufeinander bezogen. Darüber hinaus bestehen gleichfalls Beziehungen zwischen Inhalten, welche verschiedenen Säulen zugeordnet sind. Dies gilt ganz offenbar für die Inhalte einer jeden Säule und die als besondere Säule zusammengefaßten Arbeitstechniken, ohne welche die Erschließung aller übrigen Fachinhalte unmöglich ist. Des weiteren bedürfen z. B. Inhalte, etwa aus der Säule »Sozialgeographie«, der Erschließung mit Hilfe eines dazu ausgewählten, geeigneten räumlichen Beispiels (d. h. einer »Fallstudie«), welches seinerseits der Säule »Regionale Geographie« angehört. Erst über die Verknüpfung zwischen den Säulen »Sozialgeographie/Sozio- und Kulturfaktoren«, »Regionale Geographie« und »Topographie« können räumliche Verbreitungen ausgewählter Tatbestände ermittelt werden, welche der Säule »Sozialgeographie« zugeordnet sind. Erscheinungen der bodenabhängigen landwirtschaftlichen Produktion (Säule »Wirtschaft« bzw. »Sozio- und Kulturfaktoren«) hängen untrennbar mit Inhalten der Säule »Physiogeographie/Naturfaktoren« zusammen und können nur über deren Verknüpfung plausibel erklärt und begriffen werden. Indem

nun im Unterricht solche Beziehungen aufgedeckt werden, erfolgt zwangsläufig eine »horizontale Verknüpfung« zwischen den Inhalten der einzelnen Lehrplansäulen zu umfassenderen Verflechtungsgefügen.

Innerhalb jeder einzelnen Säule sind deren Inhalte nach etwa vergleichbar ansteigender Komplexität angeordnet und in Anpassung an die Lernfähigkeit der Schüler den aufeinander folgenden Schulstufen zugewiesen. Daraus resultiert ein Unterrichtsgefüge mit folgenden Merkmalen:

– Innerhalb jeder Säule sind die Inhalte als vertikal abgestuftes Gefüge der von Lernstufe zu Lernstufe komplexeren Erscheinungen angeordnet. Es führt folglich dazu, daß den Schülern ständig steigende Lernleistungen abgefordert werden.

– Ergänzend sind, unter von Lernstufe zu Lernstufe schwierigeren Anforderungen, ständig Beziehungen (kausaler, funktionaler Art) zwischen den Inhalten verschiedener Säulen aufzudecken.

Mit dieser wechselseitigen Kombination von vertikalen Verknüpfungen innerhalb jeder einzelnen Lehrplansäule und den horizontalen Verknüpfungen zwischen diesen auf den verschiedenen Lernstufen erhält das geographische Curriculum insgesamt den Charakter einer Lernspirale. Innerhalb dieses Gefüges an bestimmter Stelle im Unterricht zu vermittelnde Inhalte sind deshalb dort eingefügt, weil sie für die Erschließung eines nachfolgenden Tatbestandes benötigt werden und folglich an genau dieser festgelegten Stelle herangezogen werden müssen (vgl. u. a. HENDINGER, 1973, S. 90). Die horizontale Verflechtung zwischen den Lehrplansäulen erfolgt also mehrfach und auf jeweils höheren Schwierigkeitsebenen. Als solche »Plattformen« werden z. B. genannt: »1. Elemente und Grundfertigkeiten; 2. System und Kausalbeziehungen; 3. funktionales Zusammenwirken und Prozesse« (BAUER, 1976, S. 63).

3.3.2.3 *Daseinsgrundfunktionen als Ordnungsraster*
Zum Teil wird versucht, die Daseinsgrundfunktionen der Sozialgeographie als Entscheidungshilfe und Ordnungsraster bevorzugt (oder – fast – ausschließlich) zur Konstruktion eines geographischen Curriculums heranzuziehen (vgl. RICHTLINIEN RHEINLAND-PFALZ, ORIENTIERUNGSSTUFE, 1973). J. BIRKENHAUER (vgl. 1974a, S. 499–503) warnt eindringlich davor, daß damit an die Stelle des einstigen »länderkundlichen Schemas« lediglich ein anderes Schema gesetzt werden könnte, welches jedoch wegen des Fehlens eines »leitenden Interesses« (vgl. KELL, 1971, S. 39) für eine solche Funktion untauglich sei. Zum einen überlagern sich in der Regel mehrere dieser Funktionen am gleichen topographischen Ort, lassen sich in der Realität mithin nur selten säuberlich trennen, und zum anderen sind eben nicht diese Daseinsgrundfunktionen, sondern damit verknüpfte Strukturen und Prozesse wesentliche Gegen-

stände des unterrichtlichen Interesses. Endlich gehören auch solche Erscheinungen zwingend in den inhaltlichen Rahmen des Geographieunterrichts, die sich der Erfassung über eine Ordnung nach Grundfunktionen weitgehend oder völlig entziehen (z. B. Sozialbrache, Gezeiten, Klimaerscheinungen, . . .). Hingegen können die Daseinsgrundfunktionen für bestimmte Felder des Curriculums sehr wohl die Rolle von »Suchinstrumenten« bei dessen Konstruktion übernehmen, weil mit ihnen innerhalb des Curriculums wesentliche Motivationshorizonte verbunden sind (vgl. Birkenhauer, 1974 a, S. 503).

3.3.2.4 *Strukturgitter*

Die Rolle von »Strukturgittern«, wie sie z. B. von H. Blankertz (vgl. 1975, Bd. II, S. 202–214) für die Curriculumentwicklung konstruiert wurden, wird in der Geographiedidaktik derzeit kontrovers diskutiert, ohne daß bereits ein abschließendes Ergebnis sichtbar wäre. Es handelt sich dabei um einen »in der Form eines mehrdimensionalen Gitters zusammengestellten Satz von Kriterien und Kategorien, mit dem die jeweilige fachwissenschaftliche Struktur und die an solche Fachwissenschaft heranzutragenden gesellschaftlichen und subjektiven Gesichtspunkte erfaßt werden können« (Lenzen/Meyer, 1975, S. 196ff.). Sie sollen in übersichtlicher tabellarischer Form
– einen Fachinhalt nach dessen komplexer Zusammensetzung aus Teilerscheinungen und den zwischen diesen ablaufenden prozessualen Verflechtungen aufhellen und
– sinnvolle (optimale) Verknüpfungsmöglichkeiten zwischen grundlegenden fachdidaktischen Zielen bzw. unterrichtlichen Arbeitstechniken und den einzelnen fachinhaltlichen Elementen aufzeigen.
Strukturgitter sind mithin weder bereits unterrichtliche Lernziele noch fachliche Unterrichtsinhalte. Vielmehr bilden sie eine umfassende, übersichtliche Grundlage für deren Auswahl und gegenseitige Anordnung innerhalb des zu planenden Unterrichts. Sie bieten damit Entscheidungshilfen.

Ein von T. Rhode-Jüchtern (vgl. 1977, S. 340–345) vorgelegtes Strukturgitter für die Geographiedidaktik zeichnet sich durch spürbare Verkürzung der fachinhaltlichen Elemente auf »gesellschaftswissenschaftlich abgeleitete fachwissenschaftliche Bereiche« aus. Im Gegensatz dazu bemüht sich ein Entwurf von H. Breuer (vgl. 1979, S. 175–185) um eine möglichst umfassende Offenlegung der fachinhaltlichen Komponenten samt deren vielfältiger gegenseitiger Verflechtung und um eine Zuordnung zu den jeweils zu deren Erschließung geeigneten Arbeitstechniken (Lernverfahren). Hervorragendster Gegensatz ist mithin in dem ersten Beispiel ein »gesellschaftsbezogener«, im zweiten ein »fachwissenschaftlich orientierter« Ansatz für die Konstruktion des Strukturgitters. Für den derzeitigen Diskussionsstand charakteristisch sind konträre Beurteilungen des Nutzens solcher Hilfen. Sie reichen von uneingeschränktem Optimismus (vgl. RHODE-JÜCHTERN, 1977, S. 342) bis zu der Bemerkung: »Geographie ist auch ohne ›Vergitterung‹ didaktisch verantwortet betreibbar« (BREUER, 1979, S. 184).

Immerhin zeichnet sich folgende Zwischenbilanz ab:

» 1. Strukturgitter orientieren sich zwar an einem schulischen Aufgabenfeld, können aber nicht als Instrumente fachlichen Durchsetzungswillens gebraucht werden.

2. Strukturgitter setzen Bedingungsanalysen von Schulfach und Bezugsdisziplin voraus. Diese haben vor allen Dingen den gesellschaftlichen Verwertungszusammenhang aufzudecken. . .

3. Der Strukturgitteransatz ist als bildungstheoretisch zu klassifizieren. . . . Didaktische Strukturgitter sollen als normativer Orientierungsrahmen das leisten, was vorher der Bildungsbegriff zu leisten vorgab« (SCHRAND, 1979, S. 15).

Den Vorzügen fachdidaktischer Strukturgitter (u. a. relativ geringer Konstruktionsaufwand, Offenlegung inhaltlicher Strukturen und Beziehungen, Möglichkeit gesellschaftsbezogener Legitimation der Unterrichtsinhalte) stehen Schwierigkeiten gegenüber: So können u. a. zum gleichen Inhalt widersprüchliche Strukturgitter entwickelt werden. Im Bemühen um gesellschaftsbezogene Legitimation müssen Normen unterlegt werden, deren Zustandekommen (Ableitung, Setzung, Kriterien dafür) problematisch ist. Die Folge ist Unsicherheit über den Verbindlichkeitsgrad derartiger Strukturgitter und deren Rolle bei der Curriculum-Entwicklung überhaupt. Ihre lernpsychologische Indifferenz läßt offen, wie der Anspruch der Schüler ermittelt bzw. gesichert werden soll. Endlich können Strukturgitter nur zu vorgegebenen Inhalten entwickelt werden. Sie eignen sich dagegen nicht zur Auffindung geeigneter Inhalte. Deshalb wird vor einer blinden Übernahme didaktischer Strukturgitter seitens der Geographiedidaktik gewarnt (vgl. SCHRAND, 1978b, S. 336–342). (Zur umfassenderen Information wird verwiesen auf E. KROSS u. a., 1979.)

3.3.3 Fachliches Curriculum und schulstufenbezogene (lernalterbezogene) fachliche (Teil-)Curricula

Als Curriculum wird die umfassende Darstellung aller Lernprozesse in einer aufeinander abgestimmten, aufeinander ausgerichteten Zuordnung verstanden. Doch ist daneben die Möglichkeit vorhanden, Fachcurricula für sich zu betrachten und diese wiederum aufzugliedern, z. B. in fachliche, schulstufenbezogene Curricula (z. B. geographisches Curriculum der Sekundarstufe I, . . .).

Das Fachcurriculum erweist sich danach als ein aufeinander abgestimmtes Gefüge der (Teil-)Curricula der zeitlich aufeinander folgenden und inhaltlich aufeinander aufbauenden Schulstufen. Darin sollte sich – angepaßt an die zunehmend umfassendere und komplexere lern-psychologische Leistungsfähigkeit der Schüler – ein entsprechend fach-inhaltlich und -methodisch aufgebauter Übergang von relativ einfachen Grundlagen (des Wissens, der Einsichten, der Arbeitstechniken) hin zu ständig komplexeren Lernergebnissen und -verfahren abzeichnen. Alle diese abgestuften Lernanforderungen werden durch Lernziele be-schrieben. Ihr auf die Schulstufen aufgegliedertes, umfassendes Gefüge stellt damit ein generelles und zugleich gegliedertes Ordnungsraster für das fachliche Curriculum dar.

Das Fachcurriculum einer bestimmten Schulstufe umfaßt alle Lern-ziele, welche dieser Schulstufe zugewiesen werden. Dabei muß beachtet werden, daß die mit diesen Lernzielen verbundenen Leistungsanforde-rungen den lernpsychologischen (u. a.) Bedingungen seitens der Adres-saten gerecht werden. Ebenso muß ein sachlogischer (fachlogischer) Aufbau zwischen einander inhaltlich wie methodisch bedingenden, d. h. einander voraussetzenden bzw. ergänzenden, Einzelschritten des Ler-nens gewahrt werden.

3.3.3.1 *Das geographische Curriculum der Sekundarstufe I*

Am Beispiel der Sekundarstufe I (5.–10. Schuljahr) können Haupt-merkmale für die Konstruktion des fachlichen Curriculums aufgezeigt werden. Als Empfehlung für die Entwicklung neuer Richtlinien wurde 1975 vom VERBAND DEUTSCHER SCHULGEOGRAPHEN ein Konzept den Kultusministern der Bundesländer vorgelegt (Tab. 1, S. 75).

Für die Lernzielverteilung in der Sekundarstufe I lassen sich aus der Empfehlung folgende Merkmale ablesen:

— Formal wird die Sekundarstufe I (5.–10. Schuljahr) in drei, je zwei Schuljahre umfassende Lernabschnitte (»Schulstufen«) gegliedert.
— Zunächst werden »stufenübergreifende Richtziele« vorangesetzt. Diese sind strikt an den vorgegebenen obersten (kognitiven) Zielen des Geographieunterrichts (vgl. 3.3.1) orientiert und dienen als Aus-wahlfilter für jene Ziele, die insgesamt in der Sekundarstufe I vermit-telt werden sollen. Stufenübergreifende Richtziele sind:
»Fähigkeit, geographische Sachverhalte in einfache Raster und Be-griffsfelder einzuordnen;
Fähigkeit, von geographischen Einzelheiten her zu Ordnungssyste-men zu gelangen;
Fähigkeit, räumliche Modellvorstellungen als Erkenntnis-, Bewer-tungs- und Planungshilfe zu verwenden« (VERBAND DEUTSCHER SCHULGEOGRAPHEN, 1975, S. 350–355).
— Unterhalb der »stufenübergreifenden Richtziele« werden den ein-zelnen Schulstufen »stufenbezogene Gesichtspunkte« vorgestellt.

Stufenbestimmende Gesichtspunkte	Klassen-stufe	Stufenbezogene Lernziele	Regionale Zuordnung
Grundlegende Einsichten in Mensch-Raum-Beziehungen	5/6	1. Einblick in grundlegende geographische Erscheinungen anhand begrenzter Räume und deren Einordnung in einen ersten Gesamtüberblick über die Erde 2. Einsicht in die Raumwirksamkeit einzelner Geofaktoren	Welt (Globus), Randgebiete der Ökumene, Anschauungs- und Erfahrungsraum, Deutschland und Teilräume Europas in Ausschnitten
Der Raum als Verflechtungs- und Strukturgefüge sowie sein Strukturwandel als Folge veränderter natürlicher und/oder sozioökonomischer Bedingungen	7/8	3. Einsicht in Kausalzusammenhänge und in Wechselwirkungen raumwirksamer Faktoren 4. Einsicht in komplexe Strukturen in Staaten, Wirtschaftsräumen und Regionen und deren Wandel	Welt, überregionaler Vergleich von Entwicklungen, Vergleich unterschiedlich entwickelter Räume oder von Räumen ähnlichen Entwicklungsstandes
Der Raum als Prozeßfeld sozialer Gruppen	9/10	5. Einsicht in den Raum als Prozeßfeld der Aktivitäten sozialer Gruppen, in die daraus sich ergebenden Konflikte und in die Notwendigkeit von Raumordnung 6. Einsicht in geoökologische Prozesse und in Probleme und Aufgaben des Umweltschutzes	Planungs- und Problemregionen – Nahbereich (eigene Untersuchungen) – weltweit

Tab. 1: Stufenbestimmende Gesichtspunkte, stufenbezogene Lernziele und Hinweise zur regionalen Zuordnung – Sekundarstufe I (VERBAND DEUTSCHER SCHULGEOGRAPHEN, 1975, S. 352–353; gek. zit. n. KIRCHBERG, 1977c, S. 92–93)

– Dazu werden »stufenbezogene Lernziele« formuliert, welche jeweils für eine der Schulstufen richtungweisend sein sollen.
   Aus dem Vergleich dieser stufenbezogenen Lernziele ergibt sich eine Abfolge nach
   • zunehmender Komplexität der Lernzielanforderungen (z. B. vergröbernd: elementare Erscheinungen, Raumwirksamkeit einzelner Geofaktoren – Wechselwirkungen zwischen raumwirksamen Faktoren, komplexe Strukturen in Staaten ... und deren Wandel – Räume als Prozeßfeld ...) und
   • steigendem Schwierigkeitsgrad der erwarteten Lernleistungen.
– Die Lernziele jedes Lernabschnitts (Schulstufe) sind die Grundlage für die Bewältigung der Anforderungen in den nachfolgenden Lernabschnitten. Sie sind mithin anwendungsbezogen auf die einander folgenden Schulstufen verteilt (vgl. auch BIRKENHAUER, 1978, S. 115–123).

Im Kontrast zur systematischen Lernzielanordnung gibt die gleiche Empfehlung nur sehr allgemein gehaltene Hinweise auf Möglichkeiten der Auswahl solcher Beispielräume (Raumbeispiele), mit deren Hilfe die Lernziele vermittelt werden sollen bzw. können.

Die *Richtlinien und Lehrpläne* für den Geographieunterricht beruhen in ihren wesentlichen Zügen auf den Vorschlägen des VERBANDES DEUTSCHER SCHULGEOGRAPHEN, zeichnen sich aber dagegen als zumindest teilweise bereits konkreter ausformulierte Hilfen für die Unterrichtsplanung aus. Die anzustrebenden *fachlichen Qualifikationen* werden z. T. präambelhaft in die *Richtlinien* vorgezogen, z. B.:
»– Fähigkeit zur Orientierung im Raum
   – Erfassung räumlicher Strukturen und Transfer in die eigenen Raum des Schülers
   – selbständiges Beobachten und Beschreiben räumlicher Strukturen und Fähigkeit, geographische Sachverhalte zu analysieren und zu interpretieren
   – Umgang mit Plänen und Karten aller Art, insbesondere auch mit thematischen Karten
   – Auswertung von Diagrammen, Statistiken, Tabellen, Graphiken
   – Durchführung von Kartierungen mit einfachen Sachverhalten
   – Anfertigung von Lageskizzen
   – sachgerechte Benutzung von Quellen, Nachschlagewerken, Registern« (RICHTLINIEN u. LEHRPLÄNE f. d. HAUPTSCHULE IN NORDRHEIN-WESTFALEN, 1973, S. GG/2).

Die zugehörigen *Lehrpläne* geben konkretere Hinweise auf die Gliederung und inhaltliche Ausformung des Unterrichts, indem sie detailliertere Lernzielangaben für die Schulstufen (und deren Lernabschnitte bis hin zu »Themengruppen« oder »Leitthemen«), Angaben über die Festlegung oder Auswahlmöglichkeiten der räumlichen Beispiele, einzuführende bzw. anzuwendende instrumentale Lernziele und z. T. Hinweise auf Verfahren zur Lernkontrolle umfassen (vgl. Tab. 2, S. 78/79).

Ein Vergleich zwischen Lehrplänen verschiedener Bundesländer für die gleiche Schulstufe offenbart auch unterschiedliche Ansätze, die besonders bei der »Themenwahl« eine Rolle spielen. Teils werden »*räumliche Situationen*« vorgegeben, in denen ein einziger oder wenige Naturfaktoren dominieren, aus denen im Zusammenwirken mit den dort wirtschaftenden Menschen *Lebensräume eigener Prägung* entstanden (z. B. Trockengebiete, kalte Gebiete, ...; vgl. RICHTLINIEN NORDRHEIN-WESTFALEN, HAUPTSCHULE, 1973, S. GG/7; vgl. Tab. 3). Dieser Ansatz lenkt den Blick bereits auf die zonale Gliederung der Erde. In diesem Falle ist die Behandlung aller aufgeführten »Lebensraum-Typen« verpflichtend vorgeschrieben. Die vorgeschlagenen Raum-Beispiele sind jedoch weitgehend austauschbar und ermöglichen eine globale Streuung.

Der bayerische curriculare Lehrplan geht hingegen von allgemeinen »*Lebenssituationen*« aus, ohne ähnliche Orientierung an der zonalen Gliederung der Erde nach (dominanten) Naturfaktoren(-bündeln) (z. B.: Bergbau, Stadt und Umland, Verkehr, ...). Eher läßt sich eine Anlehnung an die Daseinsgrundfunktionen als Ordnungsraster erkennen.

Die Behandlung aller »Leitthemen« ist vorgeschrieben, deren Reihenfolge indessen variierbar. Allerdings muß bei jedem Leitthema, wo dies möglich ist, zuerst ein Beispiel aus dem schulstandörtlichen Bereich erarbeitet werden, bevor weitere Beispiele aus Bayern, der Bundesrepublik und angrenzenden Ländern folgen. Andere europäische oder außereuropäische Raumbeispiele sind nur dann zulässig, wenn dies didaktisch geboten erscheint (vgl. CURRICULARER LEHRPLAN ERDKUNDE, BAYERN 1976, 5./6. Klasse, S. 257; ähnlich durch die Konzentration räumlicher Beispiele auf »Deutschland als Bezugsraum für die 5. Klasse« vgl. VORLÄUFIGE RICHTLINIEN UND LEHRPLÄNE f. d. GYMNASIUM – SEKUNDARSTUFE I – IN NORDRHEIN-WESTFALEN; ERDKUNDE; 1978, S. 8). In diesem Beispiel wird mithin zunächst – verknüpft mit den übrigen Lernzielen – ein dichteres topographisches Orientierungsgerüst für den (mittel-)europäischen Raum aufgebaut, welches erst in nachfolgenden Lernabschnitten ausgeweitet wird.

Der Vergleich, welcher auf weitere Lehrpläne ausgedehnt werden könnte, offenbart weniger Differenzen bezüglich der generellen Ziele. Er zeigt hingegen zwei Wege auf, die sich durch unterschiedliche Auswahlgrundsätze für die Raumbeispiele auszeichnen, die aber prinzipiell beide gangbar sein dürften (vgl. BAUER, 1976, S. 75, 78).

a)

Inhalte/Ziele	Hinweise zur Realisation	instrumentale Fertigkeiten und Ziele
Wie der Mensch seine Umwelt in besonderen Situationen bewältigt Aus Beispielen ableiten, daß die Lebensbedingungen menschlicher Gruppen durch die Umwelt mitbestimmt werden und daß gleichzeitig die Umwelt durch die Verhaltensweisen der Menschen verändert werden kann An einfachen Beispielen den Einfluß natürlicher Umweltverhältnisse auf das Leben der Menschen beschreiben ...	Die Themen sind in Auswahl den Abschnitten 6.1 bis 6.3 zu entnehmen 6.1 Vom Leben am Meer 6.1.1 Ebbe und Flut an der Nordseeküste (Wattenmeer) 6.1.2 Wurten und Deiche 6.1.3 Im Hamburger Hafen 6.1.4 Fischfang auf hoher See 6.1.5 Sommerferien an der See. Gefahren beim Urlaub an der See 6.2 Vom Leben im Gebirge 6.2.1 ...	Arbeitsanweisungen in Gruppen besprechen und Aufgaben selbständig verteilen Selbständiges Auswerten von Karten, einschließlich einfacher thematischer Karten Ordnen von Sachverhalten in Tabellenform Diagramme lesen und Sachverhalte in Diagrammen ordnen und darstellen Interpretation einfacher Luftbilder

b)

Lernziel	Lerninhalt	Unterrichtsverfahren	Lernzielkontrolle
Leitthema: Menschen leben an der Küste			
1. Kenntnis küstentypischer Naturerscheinungen 2. Einsicht, wie der Mensch in vielfältiger Weise die naturbedingten Möglichkeiten des Küstenraumes nutzt und/oder sich gegen Gefährdungen wehrt	Raumbeispiele zur Mögliche Auswahl: – die Deutsche Bucht – die niederländische Küste – ein Abschnitt der Ostseeküste – die norditalienische Adriaküste	Auswerten von Spezialkarten, z.B. Seekarten, Karten der Fischgründe, Hafenpläne, Karten über Veränderungen der Küstenlinie. Luftbilder und Dias; Modellversuche im Sandkasten (Arbeit des Wassers, Dünenbildung)	Kennzeichnende Naturerscheinungen an der Küste aufzählen und evtl. anhand einer Karte oder Blockbildes erklären Durch Vergleich von Karten aus verschiedenen Zeitabschnitten Küstenveränderungen durch die Natur und den Menschen feststellen

3. Einblick in die Ursachen der verstärkten Beeinträchtigung des ökologischen Gleichgewichts an der Küste durch verschiedene Nutzungsformen

Grundbegriffe:
Gezeiten, Meeresströmungen, Sturmflut, Küstenformen, Watt; Düne, Küstenschutz, Deich; Landgewinnung, Koog, Polder, Marsch; Hafen, Kai, Reede, Werft, Dock, Fahrrinne, Fischerei; Seebad, Meeresverschmutzung

c)

4. Lerneinheit: Land- und fischereiwirtschaftliche Produktionsräume

Die funktionale Verknüpfung verschiedener Wirtschaftsräume untereinander geschieht in Wechselbeziehung mit der Spezialisierung der Landwirtschaft. Dieser Zusammenhang soll an einigen typischen landwirtschaftlichen Produktionsräumen aufgezeigt werden, indem ihre natürlichen Grundlagen, ihre sozioökonomische Ausprägung und ihre Bedeutung für die Versorgung anderer Räume untersucht werden

4.6 Fischfang an der deutschen Küste und im Nordatlantik

Lernziele:
1. Wichtige Fanggründe und Anlandungshäfen nennen und auf der Karte lokalisieren
2. Voraussetzungen des Fischreichtums aufzeigen
3. Fangmethoden, Arbeitsvorgänge und Vermarktung bei verschiedenen Fischereiformen beschreiben
4. Folgen der Verschmutzung des Meeres und einer unbegrenzten Nutzung von Fischgründen darstellen
5. Die Bedeutung des Fischfangs für die Bundesrepublik Deutschland und für Island vergleichen; zur Ausweitung der Fangzonen Stellung nehmen

Tab. 2: Beispiele für die Zuordnung von Lernzielen, »Themen« und räumlichen Beispielen in verschiedenen Richtlinien (Quellen: a: Lehrpläne für die Hauptschule, Nordrhein-Westfalen 1973; Auszug 5./6. Schuljahr; b: Curricularer Lehrplan f. d. Sekundarstufe I, Bayern 1976; Auszug 5./6. Schuljahr; c: Richtlinien f. d. Realschule, Nordrhein-Westfalen 1978; Auszug 5./6. Schuljahr)

a) 5. Wie Menschen auf der Erde leben
5.0 Wir gewinnen ein Bild von der Erde (Kurs)
5.1 In den Trockengebieten der Erde
5.2 In den kalten Gebieten der Erde
5.3 In den feuchtheißen Gebieten der Erde
6. Wie der Mensch seine Umwelt in besonderen Situationen bewältigt
6.1 Vom Leben am Meer
6.2 Vom Leben im Gebirge
6.3 Beispiele landwirtschaftlicher Nutzung
Fächerübergreifendes Rahmenthema (Projekt): Die Stadt

Angebot räumliche Beispiele zur Auswahl, z. B.:
5.1 In den Trockengebieten der Erde
– Auf einer Wüstenpiste durch die Sahara
– In einer Oase
– Erdöl in der Libyschen Wüste
– In der Huerta von Valencia

b) 1. Erdkundlicher Grundkurs
1.1 Orientierung auf d. Globus
1.2 Orientierung im Heimatraum
2. Erholungsräume
2.1 Erholungsgebiet im erweiterten Nahraum
2.2 Erholungsgebiete in Europa
3. Versorgungsstruktur des Heimatraumes
4. Land- und fischereiwirtschaftliche Produktionsräume
4.1 Grünlandwirtschaft in der Marsch und im Allgäu
4.2 Feldfruchtbau in einer Börde
4.3 Gartenbau im Oberrheingebiet
4.4 Weinbau an der Mosel
4.5 Anbau von Zitrusfrüchten in einer Huerta
4.6 Fischfang an der deutschen Küste und im Nordatlantik
5. Durch Bergbau bestimmte Räume
5.1 Braunkohle in der Kölner Bucht
5.2 Steinkohle im Ruhrgebiet
5.3 Erzbergbau in Schweden u. i. e. außereurop. Gebiet
5.4 Erdöl in Libyen
6. Der Weg der Produkte zum Verbraucher

c) 1. Die natürlichen Oberflächenformen
2. Bergbau
3. Die Stadt und ihr Umland
4. Verkehr
5. Erholungsräume
6. Landwirtschaft
7. Industrie
8. Energiegewinnung
9. Menschen leben an der Küste
10. Räumliche Auswirkungen staatlicher Entscheidungen

Angebot räumlicher Beispiele zur Auswahl, z. B.:
6. Landwirtschaft:
– Landwirtschaft in der Umgebung des Schulortes
– Grünland-Landwirtschaft (Allgäu, Marschgebiet)
– Landwirtschaft in Gunstgebieten (Gäulandschaften, Börden)
– Landwirtschaft in Ungunstgebieten (Mittelgebirge)
– Landwirtschaft in der Nähe von Großstädten
– Landwirtschaft in Gebieten mit Spezialkultur

Tab. 3: Beispiele für die Vorgabe verbindlicher »Themen« in Lehrplänen der Bundesländer (Quellen: a: Richtlinien und Lehrpläne für die Hauptschule, Nordrhein-Westfalen 1973, 5./6. Schuljahr; b: Realschule, Richtlinien Erdkunde, Nordrhein-Westfalen 1978, 5./6. Schuljahr; c: Curricularer Lehrplan f. d. Fach Erdkunde in den Jahrgangsstufen 5 u. 6 d. Hauptschule, d. Gymnasiums, Bayern 1976;

3.3.3.2 *Das geographische Curriculum der Sekundarstufe II*
Der allgemeindidaktische Auftrag der Sekundarstufe II/Kollegstufe, unter dem auch der Geographieunterricht steht (als Fachunterricht bzw. fachlicher Beitrag zu fächerübergreifendem Lernen; vgl. 2.3.3.3), zielt auf eine erweiterte Grundausbildung, auf die Hinführung zu einer allgemeinen (nicht bereits fächerspezifischen! – vgl. BÖRSCH/LORENZ, 1977, S. 103) Studierfähigkeit sowie zur »Fähigkeit zur Selbstbestimmung in sozialer Verantwortung« (BAUER, 1976, S. 98; vgl. ders. 1976b, S. 213–218). Das geographische Curriculum dieser Stufe umfaßt deshalb vor allem gesellschaftsrelevante Inhalte, deren Auswahl sich an »Lebensbedürfnissen der Schüler und Notwendigkeiten der Gesellschaft« orientiert (EMPFEHLUNGEN...ERDKUNDE S ii, NRW, 1973, S. 54). Als »stufenübergreifendes Richtziel« ist vorgegeben: »Erfassung räumlicher, gesellschaftlicher und politischer Strukturen und Prozesse in ihren raumwissenschaftlichen, soziologischen, ökonomischen, historischen und psychologisch-anthropologischen Aspekten und Grundlagen mit dem Ziel der Befähigung, selbständig Entscheidungen zu treffen und verantwortlich politisch zu handeln« (EMPFEHLUNGEN DER ARBEITSGRUPPE »LEHRPLÄNE« des VERBANDES DEUTSCHER SCHULGEOGRAPHEN, 1971, S. 483).

Ausgehend von einem Entwurf dieser Arbeitsgruppe gibt es relativ breite Übereinstimmung der Ziele und Themen/Problemfelder für den Kursunterricht in den Bundesländern (vgl. Tab. 4, S. 83; ausführlicher dazu vgl. BAUER, 1976, S. 100–101). Den inneren Zusammenhang zwischen vorgegebenen Lernzielen und diesen zugeordneten – auswählbaren – Inhalten zeigt das Beispiel der Empfehlungen für Nordrhein-Westfalen (1973, vgl. Tab. 5, S. 84–86). Generell werden Problemfelder/Themen allgemeingeographisch formuliert, während geeignete konkrete (d.h. zugleich regionale) Beispiele vom Lehrer (bzw. in Zusammenarbeit zwischen Lehrern und Schülern) festzulegen sind. Ziele und Themen bilden eine konsequente Wiederaufnahme und Vertiefung von bereits in der (Primarstufe bzw.) Sekundarstufe I angestrebten kognitiven und affektiven Lernzielen samt den zugehörigen (fachlichen) Arbeitstechniken (instrumentalen Lernzielen), die nun in nochmals »komplexere Raumbeispiele und Denk- und Verfahrensweisen . . .« eingefügt und in einem oder mehreren Kursthemen ». . . . zu einem gewissen Abschluß gebracht« werden (BAUER, 1976b, S. 213). Der 11. Klasse obliegt die Umgewöhnung der Schüler vom voraufgegangenen Klassenunterricht an das nun einsetzende Kurssystem (samt den damit gebotenen bzw. erforderlichen Wahlmöglichkeiten) und (bez. geographischer Kurse) die Schaffung einer allen Teilnehmern gemeinsam verfügbaren fachlichen Qualifikationsbasis sowie die Umgewöhnung an die in dieser Schulstufe beabsichtigten Lernweisen. Für diesen Lernabschnitt werden teils Themen vorgegeben, teils zur Auswahl nach deren spezifischer Eignung (unter Berücksichtigung der Möglichkeit, einen fruchtbaren Beitrag zum »gesellschaftswissenschaftlichen Aufgabenfeld« zu erbringen) in Vorschlag gebracht. Für das 3. bis 6. Halbjahr hingegen stehen Ziele und Inhalte sämtlicher Problemfelder/Themen prinzipiell frei zur Wahl.

Die Erfahrung bei der konkreten Objekt- und Themenwahl zeigt, daß dem »Nah-(Erfahrungs-, Heimat-)Raum größere Aufmerksamkeit« gewidmet wird. »Hier geht es nicht allein um den Vorteil der direkten Begegnung und Auseinandersetzung mit der räumlichen Umwelt und ihrer Problematik. Ein solches Verfahren erlaubt auch – vom unmittelbaren Betroffensein ausgehend –, den Schüler zu befähigen, sich rational mit Planungs- und Entwicklungsprozessen auseinanderzusetzen und diese sachkundig und problembewußt zu beeinflussen« (FRIESE, 1973, S. 2). Mit diesem Ziel sollte nach Möglichkeit die Arbeitsform der Feldarbeit verbunden werden.

Im Wahl- und Leistungsbereich besteht – in gewissem Umfang – durchaus die Möglichkeit, auch solche Inhalte zu behandeln, welche keinen unmittelbaren Gesellschaftsbezug besitzen (z. B. Allgemeine Geographie; vgl. u. a. EMPFEHLUNGEN ... S II, NRW, 1973, S. 54).

Die Heranführung der Schüler an geeignete geographische Forschungsprojekte soll die Einsicht vermitteln, daß derartige wissenschaftliche Forschung für die Lösung gesellschaftlicher, raumbezogener Probleme herangezogen werden kann, und soll die Schüler zu selbständigem »Forschen« anregen. Darüber hinaus aber soll die Vermittlung von in der Fachwissenschaft angewendeten elementaren wissenschaftlichen Verfahrens- und Erkenntnisweisen zugleich die allgemeine Studierfähigkeit anbahnen (vgl. BAUER, 1976b, S. 214–215). Aus der anspruchsvollen Zielsetzung resultiert u. a. eine Verschiebung der Gewichte bei den Hilfsmitteln, unter denen in der Sekundarstufe II z. B. Statistiken und (Quellen-)Texte eine vergleichsweise größere Rolle spielen als in der Sekundarstufe I (vor allem auch als Textauszüge aus aktuellen Forschungsberichten u. a. m.; vgl. BÖRSCH/LORENZ, 1977, S. 105). Eine Steigerung des Schwierigkeitsgrades der Lernanforderungen kann auch durch allmählich zunehmenden Entzug von Lernhilfen erreicht werden, d. h. zugleich durch den Zwang, ein ständig breiteres Verfügungswissen benutzen zu müssen (vgl. FRIESE, 1973, S. 2).

Zur umfassenderen Information vgl. die Empfehlungen, Materialien und Richtlinien der einzelnen Bundesländer zum Geographieunterricht in der Sekundarstufe II, ferner – als Auswahl – u. a.: BAUER, 1976, S. 94–106; ders. 1976b, S. 213–218; ders. 1978, S. 124–130; BÖRSCH/LORENZ, 1977, S. 101–114; FRIESE, 1973, S. 1–2; JONAS, 1976, S. 5–6; KISTLER, 1973, S. 141–148; ders. 1974; KNÜBEL, 1979, S. 254–257; LISON/MAIER, 1976; ergänzend wird auf die Fülle einschlägiger Veröffentlichungen in fachdidaktischen Zeitschriften verwiesen, in denen die fortlaufende Entwicklung unmittelbar verfolgt werden kann.

Arbeitsgruppe »Lehrpläne« (1971)	Bayern (1974)	Nordrhein-Westfalen (1973)
Klasse 11 bzw. Vorkurs 1. Landschaftsökologie 2. Funktionale Betrachtungsweise räumlicher Strukturen 3. Analyse von Zielsystemen der Stadt- und Regionalplanung 4. Sozialräumliche Prozesse, Methoden und grundlegende Begriffe (ein bzw. zwei Kurse nach Wahl)	Einführung in die Angewandte Geographie: 1. Strukturanalyse eines Raumes 2. Ausgewählte geographische Forschungsprojekte	1. Stadtprobleme 2. Energiewirtschaft im Wandel 3. Wasserwirtschaft und Wasserprobleme 4. Landschaftsökologie 5. Strukturen und Prozesse in Entwicklungsländern (zur Auswahl empfohlen)
Kurse im 3. bis bis 6. Halbjahr 1. Soziale Prozesse (Verstädterung, horizontale und vertikale Mobilität der Bevölkerung, natürliche Bevölkerungsbewegung) 2. Wirtschaftliche Prozesse (Industrie, Landwirtschaft, Handel und Verkehr) 3. Politische Prozesse (Abgrenzung und Integration politischer Räume, Staaten und Machtblöcke, Probleme der dritten Welt) 4. Konkrete Probleme der Raumplanung	1. Raumbezogenheit und Raumwirksamkeit der Weltmächte 2. Die Mensch-Raum-Beziehungen in der dritten Welt 3. Wirtschaftsgeographische Probleme und Fragen des Umweltschutzes 4. Staat, Raum und Bevölkerung; geographische Aspekte gegenwärtiger Planung	1. Landschaftsökologie 2. Soziale Strukturen und Prozesse (Stadtprobleme, Mobilität, . . .) 3. Wirtschaftliche Strukturen und Prozesse (Industrie, Landwirtschaft, Energiewirtschaft, Wasserwirtschaft/Wasserprobleme, Handel und Verkehr) 4. Pol. Strukturen u. Prozesse (Abgrenzung/Integration politischer Räume, Staaten und Machtblöcke) 5. Entwicklungsländer 6. Raumplanung

Tab. 4: Problemfelder/Themen für den geographischen Kursunterricht in der Sekundarstufe II (Auswahl) (vgl.: Empfehlungen der Arbeitsgruppe »Lehrpläne« des VERBANDES DEUTSCHER SCHULGEOGRAPHEN, 1971, S. 489–492; Curricularer Lehrplan f. Erdkunde in der Kollegstufe, Bayern, 1975, S. 479–480; Empfehlungen für den Kursunterricht im Fach Erdkunde, Nordrhein-Westfalen, 1973, S. 56–88).

Problemfelder:	Leitziele:	Themenbereiche:	Lerninhalte (Vorschläge/Auswahl):
I Landschaftsökologie	– die natürlichen Bedingungen in (begrenzten) Räumen kennen, – Möglichkeiten und Folgen menschlichen Eingreifens erfassen, – sie abwägend beurteilen können		Naturräumliche Einheiten, ihre dominierenden geographischen Faktoren, ...; Veränderungen von naturräumlichen Einheiten unter dem Einfluß des Menschen (a: Nutzung, b: Schädigung, c: Belastbarkeit), ...;
II Soziale Strukturen und Prozesse	– die Raumwirksamkeit sozialer Strukturen und Prozesse erfassen, – die verschiedenen Ansätze der Raumordnungspolitik erkennen, Lösungsmöglichkeiten von Bevölkerungsdisproportionen beurteilen können	II. 1. Stadtprobleme II. 2 Mobilität II. 3. Bevölkerungsentwicklung II. 4 Sozialräumliche Differenzierungen	Entwicklung der Welt- und Großstädte,...; Ursachen und Probleme der Arbeitsplatz- und Wohnungsmobilität, ...; Bevölkerungsentwicklung in der Bundesrepublik, ... in anderen Ländern, ...; Bevölkerungsverteilung auf der Erde, ...; Erfassung und Abgrenzung sozialräumlicher Gebilde; Probleme gesellschaftlicher Integration; Veränderung von Gesellschaftsschichten und -strukturen;
III Wirtschaftliche Strukturen und Prozesse	– Bedarfsdeckung als Ursache wirtschaftlicher Vorgänge erkennen, – wirtschaftliche Elemente und Wandlungen von Wirtschaftsordnungen im Zusammenhang menschlicher Daseinsgrundfunktionen sehen	III. 1. Industrie	Analyse von Standortfaktoren; Strukturmerkmale von Industrieräumen (Betrieben); Industrie als Objekt kommunaler Gewerbepolitik; Wandlungen von Industriestruktur und Organisationsformen; ... Industrielle Produktion und Umweltschutz; ...

– technische Veränderungen und politische Entscheidungen sowie räumliche und gesellschaftliche Wandlungen als Voraussetzungen wirtschaftlichen Handelns erkennen, – Wirtschaftspolitik und Raumordnung als Möglichkeiten der Gestaltung des Daseins verstehen, – die unterschiedliche Raumabhängigkeit und Raumwirksamkeit verschiedener wirtschaftlicher Aktivitäten in West und Ost erkennen, – den Stellenwert wirtschaftlichen Denkens in verschiedenen Gesellschaften angeben, – einen Wirtschaftsraum als Interaktionsraum und als räumliches System verstehen, – die räumlichen Beziehungen einzelner größerer Industrie- und Landwirtschaftsbetriebe aufzeigen, – die Netzstruktur von räumlichen Wirtschafts- und Verkehrsbeziehungen in einem Wirtschaftsraum erkennen,	III. 2. Landwirtschaft III. 3. Energiewirtschaft im Wandel III.4 Wasserwirtschaft, Wasserprobleme III.5 Handel und Verkehr	Strukturkrise und Strukturverbesserung der Landwirtschaft in der Bundesrepublik; ... Agrarstruktur und Agrarpolitik in der DDR; ... Landwirtschaft in Erschließungs- und Entwicklungsgebieten; ... Energieträger; Energiegewinnung und -transport; Energieverbrauch; Wettbewerb der Energieträger; ... Kämpfe und Konflikte um die Sicherung der Energiequellen; ... Hydrographische Grundlagen; ... Die Weltmeere und ihre Nutzung; Bewässerungskulturen; ... Wasserbedarf, -beschaffung, -verwendung, -defizit; Abwässerprobleme; ... größere Gebiete mit Wasserproblemen; ... Verkehrsbedarf und Verkehrsmittel; Konkurrenz verschiedener Verkehrsmittel; Verkehrsstruktur und Verkehrsprobleme in der BRD; Auswirkungen von Veränderungen auf Handel und Verkehr; Wirtschafts- und Welthandelsverflechtungen der Staaten;

Problemfelder:	Leitziele:	Themenbereiche	Lerninhalte (Vorschläge/Auswahl):
IV. Politische Strukturen und Prozesse	– Einsicht in die geographischen Ursachen, die räumlichen Auswirkungen aktueller politischer Vorgänge und Spannungen gewinnen – bei raumbezogenen politischen Entscheidungen mitsprechen können	IV.1 Abgrenzung und Integration politischer Räume IV.2 Staaten und Machtblöcke	Integrierende/desintegrierende Wirkungen von Staatengründungen, auf Wirtschaft, Sozialstruktur und Verwaltung in bestimmten Räumen; . . . Probleme der Grenzen u. Grenzräume; . . . Die Weltmächte; Wirtschaftlicher, politischer und sozialer Wettbewerb in verschiedenen Spannungsfeldern der Weltmächte; . .
V. Entwicklungsländer	– den Gegensatz zwischen Industrie- und Entwicklungsländern als weltpolitisches Problem ersten Ranges erkennen		Strukturanalyse als Voraussetzung für eine Entwicklungsförderung; Konkurrierende Zielvorstellungen und Zielkonflikte innerhalb der Entwicklungsländer; Industrialisierung von Entwicklungsländern; Zielvorstellungen und Zielkonflikte in der Entwicklungspolitik von West und Ost; . . . Entwicklungshilfeprojekte der BRD; . . .
VI. Raumplanung	– die Notwendigkeit von Planungsmaßnahmen im gesellschaftlichen Interesse erkennen, – die dem entgegenstehenden Einzel- und Gruppeninteressen aufdecken können.		Stadtplanung an konkreten Aufgaben; Regionalplanungsaufgaben im Stadtumland; Konkrete Projekte der Landesplanung; . . . Wirtschaftswachstum und Überflußgesellschaft, Wirkungen auf Raum und Gesellschaft; Verkehrsplanung (konkrete Beisp.)

Tab. 5: Empfehlungen zum Kursunterricht im Fach Erdkunde, Sekundarstufe II (Nordrhein-Westfalen, 1973; Auszüge)

3.3.3.3 *Probleme der Umsetzung der Lehrpläne in konkreten Unterricht*

Richtlinien und Lehrpläne überantworten dem Lehrer weitgehend die Auswahl konkreter Raumbeispiele, mit deren Hilfe die vorgegebenen Lernziele erreicht werden sollen. Aus der Grundvorstellung über den sinnvollen Curriculum-Aufbau muß er entnehmen, daß dem geordneten Lernzielgerüst ein bestimmter fachinhaltlicher Aufbau entsprechen soll. Danach hat er bei der »Stoff-Auswahl« für einen längeren Unterrichtsabschnitt auf die Einhaltung einer Stufungsfolge zunehmend komplexerer Inhalte bzw. Problemstellungen zu achten, welche überdies zu ständiger Verknüpfung zwischen den Inhalten einzelner Lehrplansäulen geradezu herausfordert. Solange diese Grundsätze eingehalten werden, ist es vertretbar, aufeinanderfolgend verschiedene räumliche Beispiele zu wählen, die ihrer Natur gemäß jeweils komplexer sind bzw. an denen sich zunehmend komplexere Strukturen und/oder Prozesse aufdecken lassen. Ebenso aber besteht die Möglichkeit, das gleiche räumliche Beispiel unter jeweils komplexerer Fragestellung als Unterrichtsobjekt zu wählen, an dem die Schüler fortlaufend umfassendere Erkenntnisse über darin enthaltene Erscheinungen (Zusammenhänge, Prozesse, ...) gewinnen und diese samt darin enthaltenen Regelhaftigkeiten deshalb immer besser verstehen lernen. Allerdings darf eine derartige Auswahlweise nicht zur ausschließlichen Regel werden, weil der Geographieunterricht auch ein ausreichendes räumliches Ordnungswissen vermitteln muß.

Das Auswahlproblem wird in der Praxis häufig bereits dadurch erheblich reduziert, daß im Unterricht ein bestimmtes Schulbuch verwendet wird. Darin sind den vorgegebenen Lernzielen bereits geeignete Raumbeispiele zugeordnet und unter Beifügung notwendiger »Medien« (z. B. Textinformationen, Bilder, Karten, ...) zu zielgerichteten Lernsequenzen aufbereitet.

Aus der Forderung, für den lernzielorientierten Geographieunterricht die räumlichen Beispiele (Fallstudien, Regionen, ...) gemäß deren Eignung zur Vermittlung ganz bestimmter Qualifikationen an Schüler auszuwählen, resultiert ein grundlegendes fachdidaktisches Problem. Unter den allgemeinen Vorbedingungen ist es ohne weiteres denkbar, u. U. geradezu erforderlich, bei der Raumbeispiel-Auswahl einige Gebiete der Erde zu bevorzugen, andere seltener heranzuziehen und einige ganz zu übergehen. Bereits früheren Konzepten, die zur Bewältigung der Stoff-Überfüllung des Geographieunterrichts die flächendeckende Behandlung der Erde aufgaben, wurde der Vorwurf der »Tupfengeographie« entgegengehalten. Darin äußert sich keineswegs lediglich eine grundsätzliche Ablehnung jeglicher Neuorientierung und statt dessen ein zähes Festhalten an fachunterrichtlicher Tradition. Vielmehr muß anerkannt werden, daß an Erscheinungen innerhalb begrenzter Raumausschnitte nicht alle elementaren geographischen Erkenntnisse vermittelt werden können. Dazu zählt z. B. die Einsicht in räumliche Verbreitungen geographischer Erscheinungen. Diese muß zur Erkenntnis vorfindlicher – vertikaler wie horizontaler – Gliederungen führen. Letztere sind keineswegs ausschließlich für geographische Fragestellungen bedeutsam. Gerade aus der Einsicht in zonale Verbreitungen bestimmter Erscheinungen (u. a. Klima, Vegetation, . . .) ergeben sich grundlegende, z. T. ausgesprochen entscheidende Einsichten in Möglichkeiten und gegenwärtige oder generelle Begrenzungen menschlicher Daseinsentfaltung. Die Erdoberfläche ist eben nicht ausschließlich nach geographischen Koordinaten als Kontinuum geordnet. Der mathematisch geordnete Raum der Erdoberfläche ist vielmehr in zonalen Gliederungen durch das Gefüge naturgeographischer und – zumindest teilweise – auch anthropogeographischer Faktoren überlagert. Deshalb genügt nicht allein die Vermittlung solcher Kenntnisse und Fähigkeiten, die an ausgewählten, räumlich begrenzten Einzelbeispielen gewinnbar sind. Nach wie vor ist vielmehr ebenso deren räumliche Einordnung unerläßlich. Diese muß vollzogen werden

– bezüglich der geographischen Lage und Lagebeziehungen zu anderen Räumen und Erscheinungen auf der ganzen Erdoberfläche sowie
– hinsichtlich der Zugehörigkeit zu bestimmten großräumigen Gebieten innerhalb des zonal (horizontal und vertikal) gegliederten Gefüges von natur- und kulturgeographischen Erscheinungen der Erdoberfläche.

»Das Kontinuum der Erdoberfläche entsteht im Bewußtsein der Schüler nicht dadurch, daß im Laufe von vier oder fünf Schuljahren eine Teilfläche an die andere gereiht wird, . . . Statt dessen wird mehrfach und somit wiederholend und vertiefend die Erde als Ganzes betrachtet, zu Beginn orientierend, später stärker unter thematischen Aspekten. So wird ein einfaches topographisches Grundraster gesichert« (VERBAND DEUTSCHER SCHULGEOGRAPHEN, 1975, S. 352). Dies bedeutet: Bereits früh muß im Geographieunterricht ein erster orientierender Überblick über die Erde als Ganzes vermittelt werden. Das Hauptgewicht wird dabei auf Fallstudien und regionalen Beispielen unter thematischen Gesichtspunkten liegen, welche wegen ihrer Eignung zur Vermittlung spezifischer geographischer (Grund-)Kenntnisse, Einsichten und Arbeitstechniken ausgewählt werden. Entscheidend ist, daß diese nicht ausschließlich unter solchen besonderen Lernabsichten Unterrichtsobjekte bleiben. Hinzukommen muß eine regelmäßige topographische und nachfolgend auch stärkere thematische Einordnung in größere Erdräume. An dieses Verfahren wird die Erwartung geknüpft, daß damit über bestimmte allgemeingültige Kenntnisse eng begrenzter Raumbeispiele hinaus durch eben die bewußte Einordnung in größere Räume das anfangs grobe Orientierungsraster zunehmend verfeinert wird. Durch regelmäßige Wiederholung erwirbt und übt der Schüler damit auch seine Fähigkeit zur räumlichen Orientierung auf der ganzen Erde. Einer damit nicht gewollten Entartung topographischer Übungen zur »Briefträgererdkunde« muß in diesem Zusammenhang entschieden widersprochen werden (vgl. KIRCHBERG, 1977, S. 25–44).

Eine wachsende Zahl jüngerer Veröffentlichungen betont den Rang, den die Vermittlung eines weltweiten räumlichen Orientierungswissens beansprucht (vgl. u. a. FUCHS, 1977, S. 4–24; HAHN. 1977, S. 54–72; RICHTER, 1977 c, S. 42–47; CORDES, 1979, S. 344–346). Sie wird unterstützt durch Presseäußerungen, welche vom einseitig auf Fallstudien orientierten Lernen ausgelöst wurden (vgl. BLECHSCHMIDT, 1977, S. 387). Im Zusammenhang damit wird auch plausibel, welche Bedeutung die Fähigkeit zum sachgerechten Umgang mit Karten als geographischen Hilfsmitteln zu Recht beansprucht (vgl. 5.5.1 bis 5.5.3).

4 Unterrichtsmethodische Aspekte

Das weite Feld der Unterrichtsmethodik soll nachfolgend lediglich unter drei zentralen Aspekten betrachtet werden: Zunächst geht es um allgemeine Lehr- und Lernverfahren, sodann um für den Geographieunterricht bedeutsame Unterrichtsformen und schließlich um fachspezifische und fachübergreifende Arbeitsverfahren und -techniken (instrumentale Lernziele).

Die Unterrichtsmedien, die – zumindest bisweilen – dem Bereich der Unterrichtsmethodik subsumiert werden, werden – nicht zuletzt wegen der ihnen speziell im Geographieunterricht zukommenden Bedeutung – gesondert betrachtet (vgl. Kap. 5).

4.1 Allgemeine Lehr- und Lernverfahren

Insofern Lehren Lernen intendiert, stellt sich die Frage, wie durch Lehren Lernen optimal ermöglicht werden kann, besonders dringlich.

4.1.1 Deduktion und Induktion

Das *deduktive Verfahren* greift auf allgemeine Regelhaftigkeiten zurück und beabsichtigt über den Aufbau kausaler bzw. funktionaler Ketten deren logisch-schlußfolgernde Aufdeckung. Es wird herangezogen, um an Einzelerscheinungen gebundene Regelhaftigkeiten zu erfassen, zu erschließen und in ein linear (oder vielseitiger) verknüpftes Beziehungs- und Ordnungsgefüge rational-erklärend einzuordnen. Sein Vorzug soll in der Erreichung von Lernergebnissen auf kürzestem Lernweg liegen (vgl. DARGA, 1965, S. 29f.). Als Haupteinwand gegen die vorrangige oder ausschließliche Anwendung dieses Verfahrens im Unterricht wird vorgebracht, daß dazu den Schülern meist noch ein hinreichend umfassendes sachliches Wissen fehle und daß deren Fähigkeit, zu abstrahieren und logisch schlußfolgernd zu denken, noch zu gering entwickelt sei. Die Folge zeige sich deshalb in unsachgemäßen Ergebnissen durch überzogene und folglich falsche Interpretation möglicher Zusammenhänge. Sie beruhe auf einer Überschätzung von Regelhaftigkeiten wie auf der Nichtberücksichtigung wesentlicher ergänzender Fakten, deren Einfluß in der Regel dem Schüler unbekannt sei. Deshalb entarte die Deduktion zum Ratespiel und bahne beim Schüler ein in seiner Verallgemeinerung unvertretbares, falsches Bild deterministischer Vorstellungen an (vgl. BIRKENHAUER, 1975, Teil 1, S. 170–172).

Das *induktive Verfahren* geht von konkreten (u. U. unmittelbar zugänglichen) Einzelerscheinungen aus, um zum darin enthaltenen Allgemeinen vorzustoßen (vgl. EBINGER, 1976, S. 87). Über die Erfassung von Einzelheiten mit Hilfe der ihnen anhaftenden Merkmale sollen regelhafte Zusammenhänge erklärend aufgedeckt werden, vor allem sofern diese eine allgemeinere Geltung beanspruchen können. Diesem Verfahren wird häufig deshalb der Vorzug eingeräumt, weil es im Lernvollzug vom Konkreten zum Abstrakten zur Gewinnung und inhaltlich adäquaten Füllung von Begriffen geeigneter sei. Mit dem Übergang vom Singulären zum Allgemeinen entspräche es ebenso dem Vorgehen geographischer Forschung, wie es zugleich wesentliche Bedingungen der Lernpsychologie erfülle (vgl. BIRKENHAUER, 1975, Teil 1, S. 172–176, z. T. unter Berufung auf AEBLI, 1966, S. 113). Der ausschließlichen Anwendung induktiver Lernprozesse wird entgegengehalten, daß sie allzusehr im Phänomenologischen verhaftet blieben. In Ermangelung einer Arbeitshypothese bzw. eines »leitenden Interesses« führten sie zu einem letztlich mehr zufälligen Wissenserwerb, der wesentlich durch »naiven Tatsachenglauben« (HARD, 1973, S. 51) charakterisiert sei (vgl. u. a. BAUER, 1976, S. 144–146; HAUBRICH, 1977, S. 188). »In der Geographie . . . ist viel weniger als in Chemie und Physik eine . . . strenge Induktion möglich. Vielmehr handelt es sich um die Reduktion, d. h. um eine Rückführung der Vielfalt der Erscheinungen auf erschließbare Ursachen . . .« (BIRKENHAUER, 1975, Teil 1, S. 173).

Unter Hinweis auf jüngere Ergebnisse der Erkenntnistheorie (vgl. u. a. HARD, 1973; POPPER, 1974, S. 13–122; S. 369–390) und Bezug nehmend auf lernpsychologische Bedingungen fordert L. BAUER (vgl. 1976, S. 144–146) die enge, unmittelbare *Verknüpfung deduktiver und induktiver Lernschrittfolgen*: Induktives Lernen muß durch zuvor festgelegte Arbeitshypothesen gesteuert werden. Ergebnisse – seien sie bestätigend oder zurückweisend – bilden die Basis für weiterführende Arbeitshypothesen, die wiederum induktiver Überprüfung bedürfen. Mit einer solchen Verfahrens-Kombination kann das ansonsten ohne verfügbare »Suchbilder« eher »blinde« induktive Erfassen auf eindeutig umrissene Ziele ausgerichtet werden. Ebenso bietet sich damit die Möglichkeit zur sach- und/oder problembezogenen Motivation an. Überdies entspricht dieses Verfahren eher der auch in der geographischen Forschung üblichen induktiven Theoriebildung, die immer schon von Hypothesen ausgeht (vgl. BOBEK, 1970, S. 442). Der Forderung wird schließlich auch deshalb zuzustimmen sein, weil damit ». . . Realbegegnung, . . . Projektmethode, das Rollen- und Lernspiel und schließlich jedes Modell, jede Theorie« (BAUER, 1976, S. 144) für das selbständige Lernen der Schüler einen hohen Rang erhalten. Diese Verknüpfung entspricht der Tatsache, daß Deduktion und Induktion einander notwendig ergänzende Verfahren sind (vgl. WINKLER, 1958, S. 187–191).

4.1.2 Das darbietende Verfahren

Das darbietende Verfahren zeichnet sich vor allem dadurch aus, daß der Lehrer den Gesamtablauf des Unterrichts lenkend leitet (u. a. durch Vortragen, -zeigen, -machen, Demonstrieren, Erläutern, Erklären). Die Schüler nehmen vorwiegend rezeptiv teil (indem sie u. a. zuhörend/zusehend aufnehmen, nachmachen, geistig miterleben, Lehrerfragen beantworten). Allen Schülern (einer Jahrgangs- oder Leistungsklasse/-gruppe) sind dabei die gleichen Inhalte, Ziele und Medien vorgegeben. Alle sollen im gleichen Zeitabschnitt den gleichen Lernprozeß vollziehen. Wissensvermittlung und/oder Anbahnung von Einstellungen sind die vorrangigen Ziele, die vom Lehrer – einseitig – zum Schüler transportiert werden (vgl. VOGEL, 1974, S. 32–33). Dieses Verfahren wird häufig kritisiert wegen der Einseitigkeit der Lernvermittlung, des zu geringen Spielraumes, der dem Schüler zur eigenen Entfaltung gewährt wird, und wegen der i. d. R. fehlenden Interaktionen zwischen den Schülern (vgl. u. a. NEBER, 1975, S. 8). Eine kompromißlose Ablehnung ist indessen kurzsichtig und ungerechtfertigt, u. a. wegen der generell unleugbaren »Effektivität hinsichtlich des kognitiven Lernbereiches auf dem Niveau ›Wissen‹« (HAUBRICH, 1977, S. 174). Es erfüllt vielmehr »als spannende Erlebnisschilderung, als nüchterner Tatsachenbericht, als provozierendes ›Märchen‹, als Wort- und Sacherklärung, als Zusammenhänge entschlüsselnde (mathematische oder verbale) Formel, die folgerichtig entwickelt werden muß, ... als durch Medien unterstützte Darstellung eines Sachverhaltes« (BAUER, 1976, S. 157) auch weiterhin eine unersetzliche Funktion. Die offenkundige Einseitigkeit des Verfahrens (in mehrfacher Hinsicht) schließt allerdings dessen vorwiegende oder gar ausschließliche Anwendung zwingend aus, vor allem wegen der nicht minder unverzichtbaren Funktion der Schüler-Selbsttätigkeit.

4.1.3 Das entwickelnde und entdeckenlassende Verfahren

Beim entwickelnden wie beim entdeckenlassenden Lernverfahren erfolgt zwar auch eine spürbare Lenkung durch den Lehrer. Doch tritt dessen Dominanz deutlich zurück. Er bietet nicht alle Inhalte ausschließlich selber dar, sondern gliedert den gesamten Lernprozeß in Lernschritt-Sequenzen, innerhalb deren den Schülern in wechselndem Ausmaß eigene Aktivitäten übertragen werden. Lernziel(e), Lernweg, -zeit und Medien gelten für alle Beteiligten gleichermaßen.

Beim *fragend-entwickelnden Verfahren* steuert der fragende Lehrer den Lernvorgang entscheidend. Dem Schüler bleibt innerhalb der ihm abgeforderten, möglichst präzisen Antworten kaum ein Spielraum, um eigene Problemstellungen und/oder Lösungswege einzubringen. Vorteile liegen in der stützenden Führungshilfe für den zu eigener Lernaktivität (statt zu rezeptiver Aufnahme) aufgeforderten Schüler wie in der Vermeidung unnötiger, vor allem nicht Erfolg versprechender Lern-Umwege (d.h. in der Vermeidung des Lern-Mißerfolges). Nachteilig hingegen ist das auf Dauer zu Schematismus und folglich Langeweile verleitende eintönige Ablaufschema – auch wenn die straffe Führung um der ersten Erfolgserlebnisse willen anfänglich nicht unwillkommen sein mag. Starres Beharren bei diesem Lernweg hindert den Schüler zunehmend, von ihm ausgehende, ergänzende oder abweichende, den Unterrichtsinhalt betreffende Fragestellungen und Lösungsvorschläge in den Lernprozeß einzubringen. Dieser Mangel wird um so spürbarer, je mehr beim Schüler der Umfang an Kenntnissen sowie die Beherrschung von Arbeitstechniken zunehmen. Dies macht den Übergang zu einem (mehr schülerzentrierten) Lernverfahren sinnvoll, bei dem dem Schüler zumutbare Eigenleistungen auch tatsächlich abverlangt werden (vgl. u.a. Birkenhauer, 1975, Teil 2, S. 9–10).

Ein allmählicher Übergang zum *entdeckenlassenden Lernverfahren* ist mithin angezeigt. Dabei steuert der Lehrer den Unterricht weniger durch präzise Fragen als durch Impulse, die dem Schüler Hilfen bieten, den Lernprozeß unter Einbringung möglichst breiter Eigenbeiträge auf ein vorgegebenes Ziel hin zu vollziehen. Der Lehrer muß deshalb auf unterschiedliche Lösungswege vorbereitet sein und diese bereitwillig aufgreifen, falls sie seitens der Schüler in den Lernprozeß eingebracht werden. Den Schülern wird damit – wenngleich innerhalb vorgegebener genereller Ziele – zumindest für Teilabschnitte des Lernens eine Mitwirkung bei Entscheidungen über aufzugreifende Teilprobleme und Lösungswege zugestanden (vgl. u.a. Birkenhauer, 1975, Teil 2, S. 10–20; Haubrich, 1977, S. 176–177; Hausmann /Richter, 1976, S. 20; Neber, 1975, S. 7–8; Scholz/Bielefeldt, 1978, S. 70).

4.2 Unterrichtsformen im Geographieunterricht

Ohne die allgemeindidaktische – terminologische wie inhaltliche – Diskussion über die sog. Unterrichtsformen hier aufgreifen zu wollen (vgl. dazu Scholz/Bielefeldt, 1978, S. 109ff.), sollen nachfolgend lediglich exemplarisch solche Formen vorgestellt werden, die für den Geographieunterricht besonders bedeutsam sind.

4.2.1 Formen individuellen und kooperativen Lernens

Unbeschadet davon, daß jeder Lernschritt letztlich einen individuellen geistigen Vollzug erfordert, daß sich Lernen also im Lernenden selber vollziehen muß, kann dieser Prozeß durch darauf gerichtete soziale

Interaktionen zwischen Lernenden und/oder Lernenden und Lehrenden befruchtet, aber ebenso gehemmt werden.

4.2.1.1 *Individuelles Lernen, z. B. Programmierter Unterricht*
Individuelles Lernen vollzieht sich in einer von unmittelbaren sozialen Interaktionen isolierten Einzel-(Allein)arbeit. Für Schulunterricht ist dies zweifellos eine extreme Bedingung, deren vormalige Hervorhebung nur begrenzt gerechtfertigt ist. Gewichtige Gründe sprechen gegen ausschließlich individuelles Lernen, obwohl dies die engste Anpassung der Forderungen an individuelle Leistungsfähigkeit und Interessenlage (u. a.) gestattet. Beim Programmierten Lernen gilt dies vor allem bezüglich des individuellen Lernfortschritts, d. h. des zum Lernen erforderlichen Zeitaufwandes. Als sinnvolle Regel darf gelten, daß individuelles Lernen mit anderen Sozialformen des Lernens abwechseln muß.

Programmiertes Lernen zielt darauf ab, daß der Lernende ohne zusätzliche Hilfe ausschließlich mit den im »*Lernprogramm*« enthaltenen – und damit vorgegebenen – Informationen und Anweisungen in individuellen Lernakten bestimmte Ziele erreicht (vgl. ZIELINSKI, 1971, S. 198, S. 231–237). Formal werden vor allem »lineare Programme« (nach dem SKINNERschen Modell) und »verzweigte Programme« (nach dem CROWDERschen Modell) unterschieden. In ihrer ursprünglichen Form bedienen sie sich frei zu formulierender Antworten oder der Auswahlantwort (vgl. u. a. KNÜBEL, 1968, S. 65). Der angestrebte Lernprozeß wird in kleinste, aufeinander aufbauende Einzelschritte (sog. »frames«) zerlegt, deren jeder eine Information, eine Aufgabe und deren Ergebnis enthält. Letzteres wird erst nach erfolgter Aufgabenlösung für den Schüler freigegeben. Dieser muß vor Inangriffnahme der nächsten Teilaufgabe die Richtigkeit der letzten Lösung prüfen. Dies kann auch mit Hilfe der Folgeaufgabe geschehen. In der Anwendungspraxis zeigten Unterrichtsprogramme bemerkenswerte Vorzüge, u. a. eine merkliche Steigerung der Lernleistung, die Möglichkeit der Anpassung des Lerntempos an individuelle Bedingungen (vgl. u. a. KÖCK, 1974, S. 129–130; RIEDMÜLLER, 1969, S. 227; SCHMACK, 1969) oder gar die zwangsläufige Aktivierung des Schülers (vgl. BEER, 1968, S. 257). Ihnen stehen jedoch nicht minder beachtenswerte Nachteile gegenüber, z. B. die ausschließliche Individualisierung des Lernens auf Kosten des sozialen Lernens, die Einschränkung des Lernprozesses auf vorgegebene Lernziele und -wege unter Zurückdrängung der vom Lernenden womöglich ausgehenden kreativen Problemlösungsimpulse, die mögliche Unterforderung der guten Schüler durch zu kleine (einfache) Lernschritte und die Verhinderung des Erkennens umfassenderer Ziele des verlangten und vollzogenen Lernprozesses (vgl. u. a. KETZER, 1972, S. 5; KÖCK, 1974, S. 130; WITTERN, 1975, S. 124; SCHMACK, 1969).
   Bei der Einführung des Programmierten Unterrichts generell geäu-

ßerte Zweifel über die *Programmierbarkeit geographischer Inhalte* sind ausgeräumt (vgl. u. a. BÜHLER, 1968, S. 260; HARDMANN, 1972a, S. 49). Die Praxis läßt bislang folgende Resultate erkennen: Grundsätzlich eignen sich lineare und verzweigte Programme. Günstiger sind indessen Konstruktionen, innerhalb deren lineare und verzweigte Lernschrittfolgen miteinander verknüpft sind. Aus fachspezifischer Sicht werden streng verbal konzipierte Programme (mit ausschließlicher Abfolge verbaler Informationen, verbaler Aufgabe und verbaler Lösung) abgelehnt. Aus fachdidaktischen Gründen müssen möglichst viele und unterschiedliche (fachspezifische) Hilfsmittel in ein Programm einbezogen werden (z. B. Karten, Bilder, Zahlen/Statistiken, Graphiken, Texte. Vgl. u. a. FREGIEN, 1969, S. 231; HARDMANN, 1972a, S. 49; POESCHEL, 1972, S. 8; RIEDMÜLLER, 1969, S. 230). Mit der Abkehr vom zu engen Wiederholen soeben erst gegebener Informationen und dem Ziel ausschließlicher Behaltenssicherung wird die Absicht verbunden, den Schüler zur Anwendung seines Wissens, zur eigenen Denkleistung zu führen (vgl. u. a. HEIM, 1972, S. 4; FREGIEN, 1969, S. 231; HARDMANN, 1972, S. 45; POESCHEL, 1972, S. 16; RIEDMÜLLER, 1969, S. 230).

Die ausschließliche Zuwendung zum programmierten Geographieunterricht wird einhellig abgelehnt und statt dessen die Einbeziehung programmierter Lernabschnitte in den Unterrichts-Gesamtablauf befürwortet. Als Gründe werden die obengenannten Mängel ausschließlich programmierter Unterweisung genannt (vgl. u. a. FREGIEN, 1969, S. 232; HARDMANN, 1972, S. 47, 49; KÖCK, 1974, S. 130; WITTERN, 1975, S. 124). Zu umfassende Programme, welche eine zu große Zahl von Lernschritten umschließen, werden abgelehnt, weil sich bei ihnen das unterschiedliche Lerntempo der Schüler störend bemerkbar macht und deren mangelnde Konzentrationsdauer weitere Schwierigkeiten bereitet (vgl. u. a. EBINGER, 1976, S. 187; BIRKENHAUER, 1975, Teil 2, S. 3; REIMERS, 1969, S. 232; WITTERN, 1975, S. 124). Einige früh entwickelte *»Langprogramme«* passen wegen ihrer länderkundlichen Konzeption und rein linearen Struktur nicht in die derzeitige fachdidaktische Vorstellung (vgl. u. a. KNÜBEL, 1964, S. 366–375; ders. 1968, S. 65–70). Statt dessen werden z. Z. *»Kurzprogramme«* bevorzugt. Sie eignen sich – im Gegensatz zu *»Langprogrammen«* – als Einbau-Elemente in den Unterrichtsablauf (vgl. u. a. POESCHEL, 1972, S. 16) und ermöglichen dennoch die Vermittlung solider Sach- und Begriffskenntnisse als Fundament weiterführender Lernprozesse (vgl. u. a. BÜHLER, 1968, S. 260; RIEDMÜLLER, 1969, S. 227). Als besondere Gruppe geographischer Programme werden *»Eingreif-Programme«* vorgestellt. Sie umfassen in sich abgeschlossene Lerneinheiten und sollen vornehmlich dann verfügbar sein, wenn im Unterricht der Lehrer ausfällt und die Schüler auf ausschließlich selbständiges Lernen angewiesen sind. Damit verbundene spezielle Bedingungen erläutert H.-C. POESCHEL (1972, S. 7–8. Beispiele sind u.a. BOEHM/POESCHEL, 1970, bzw. POESCHEL, 1971).

Sofern im Programmverlauf vom Schüler nicht nur das Memorieren zuvor gegebener Informationen, sondern eigene Denkleistungen erwartet werden, eignen sich zur Programmierung allgemeingeographische Inhalte besser als regionalgeographische, weil bei ersteren das Gefüge miteinander wirkender Kräfte erarbeitet werden kann (vgl. u.a. BÜHLER, 1968, S. 260; HARDMANN, 1972, S. 45). Deshalb ist plausibel, daß in jüngster Zeit vornehmlich Kurzprogramme allgemeingeographischer Zielsetzung veröffentlicht wurden. Indem sie transferierbare Ergebnisse anstreben, entsprechen sie den spezifischen Forderungen des Fachcurriculums.

Zunächst überwogen sozialgeographische Inhalte (vgl. u.a. HAUBRICH, 1973, »Sich erholen«; ders. 1976, »Wohnen«; HAUBRICH/SCHRETTENBRUNNER, 1974, »Am Verkehr teilnehmen«; RICHTER, 1975, »Arbeiten«; RIEDMÜLLER, 1972, »Maßnahmen zur Verbesserung der Agrarstruktur«; SCHRETTENBRUNNER, 1974, »In Gemeinschaft leben«; ders. 1975, »Sich bilden«). Inzwischen wurden sie von physisch-geographisch orientierten Programmen ergänzt (vgl. u.a. CULLEN/STROBEL, 1974a, »Erdbeben«; dies. 1974b, »Vulkanismus«; HARDMANN, 1972a, »Das Tropenklima«; TSCHAMPEL, 1976, »Beleuchtung der Erde«; WINDHORST, 1972, »Die Waldländer der gemäßigten Breiten«; BAHRENBERG, 1975, »Die allgemeine Zirkulation der Atmosphäre«). Einzelne Lernthemen in programmierter Form fanden inzwischen in Unterrichtswerke Eingang (vgl. HAUSMANN, 1972, S. 40–43, S. 44–47). Abzuwarten bleibt, welche Aufnahme Programme finden, die der Vermittlung geographischer Arbeitsverfahren dienen sollen (vgl. HARTLEB, 1977).

G. BAHRENBERG u.a. (1973) beurteilen und klassifizieren die bis dahin vorliegenden geographischen Unterrichtsprogramme eingehend und geben eine ausführliche Literaturübersicht.

4.2.1.2 *Lernen in der Kleingruppe: Partner- und Gruppenarbeit*
Sozialformen, welche Interaktionen nicht nur ermöglichen, sondern geradezu erfordern, bilden eine notwendige Ergänzung zu individuellen Lernprozessen. Sie umfassen ebenso Partner- und (Klein-)Gruppenarbeit wie andere Formen des Lernens im Klassenverband (d.h. in »Großgruppen«). Ein Zusammenhang besteht zwischen der Gruppengröße und dem Umfang an Selbsttätigkeit, die dem einzelnen zufällt oder zufallen kann, wenn bedacht wird, daß mit zunehmender Gruppengröße der Zwang zur Eigenaktivität nachläßt (oder mindestens nachlassen könnte). Bei der Unterrichtsplanung muß der Lehrer abwägen, mit welcher Sozialform die Schüler einer konkreten Klasse für bestimmte, vorzugebende Lernziele die jeweils besten Erfolge erzielen dürften. In solche Entscheidungen gehen als Rahmenbedingungen u.a. ein:
– die insgesamt für den Lernprozeß verfügbare Zeit,
– begünstigende wie hemmende Elemente der materiellen Ausstattung

der Schule (z. B. Art und Anzahl der verfügbaren/benötigten Medien),

– die bereits oder noch nicht vom Schüler erworbenen Fähigkeiten, soweit diese für den beabsichtigten Lernvorgang benötigt werden (vor allem, um darin selbständige Lernabschnitte ziel- und sachgerecht bewältigen zu können). Dies betrifft im Geographieunterricht ebenso fachspezifische wie allgemeine Arbeitstechniken (instrumentale Lernziele) wie fachliche Betrachtungs- und Denkweisen.

Lernen in Kleingruppen kann sich vollziehen als *Partnerarbeit*, als *arbeitsgleicher* und als *arbeitsteiliger Gruppenunterricht*. Voraussetzungen für aus fachlicher Sicht vertretbare Gruppenarbeit sind: Die Schüler müssen präzise Zielvorstellungen für ihr selbständiges Tun haben, müssen über das erforderliche fachliche Grundwissen verfügen, die anzuwendenden Arbeitstechniken (instrumentalen Qualifikationen) beherrschen, nach Bedarf über die zur selbständigen Arbeit erforderlichen Hilfsmittel (Quellen u. a. m.) verfügen können, die dafür eigens bereitzustellen sind. Ohne diese Bedingungen entartet selbsttätige Gruppenarbeit zum hilflosen, unverantwortlichen Selbstzweck, bei dem didaktische und methodische Probleme des Lehrers dem Schüler übertragen werden (vgl. u. a. BAUER, 1976, S. 150–152; BIRKENHAUER, 1975, Teil 1, S. 21–31; HAUBRICH, 1977, S. 158–161; WOCKE, 1968, S. 109–120).

Der Ablauf der arbeitsteiligen Gruppenarbeit umfaßt in der Regel vier Stufen:

– Festlegung eines motivierend problematisierten Zieles (möglichst unter Mitwirkung der Schüler). Es sollte aus einem umfassenderen Unterrichtsthema hervorgehen, damit die Gruppenarbeit deutlich als Abschnitt mit einer bestimmten Sozialform innerhalb des umfassenderen Lernprozesses gekennzeichnet und bewußtgemacht wird.

– Bildung der Arbeitsgruppen (unter Berücksichtigung individueller Fähigkeiten und Interessen aus fachlicher wie erziehlich-sozialer Sicht), Verteilung der Arbeitsaufgaben und Planung des inhaltlichen wie zeitlichen Arbeitsablaufes. Die Aufgliederung des Gesamtzieles in unverbundene Einzelthemen – in der Vergangenheit oft zur Bewältigung zu umfangreicher Inhalte benutzt – ist abzulehnen. Vorzuziehen ist eine Arbeitsteilung mit offenkundiger Einordnung der Einzelaufgaben in das allen Gruppen gemeinsame Lernziel.

– Nach Gruppen getrenntes, methodisch (nicht thematisch!) differenziertes und selbsttätiges Lernen, bei dem Informationen erhoben und gesammelt, sodann beurteilend ausgewertet und dabei in geeigneter Form fachgerecht als (Teil-, Gruppen-)Ergebnis dargestellt/dokumentiert werden.

– Arbeitsvereinigung: Zusammentragen, Vergleichen und prüfendes Bewerten der Einzelergebnisse zur Sicherung des Gesamt-(End-)Ergebnisses der Arbeit aller beteiligten Gruppen.

Die eigentliche Selbsttätigkeit ist auf den dritten Ablaufs-Abschnitt beschränkt, der stets in einen umfassenderen Bezugsrahmen eingebettet sein muß. Unerläßlich ist die Steuerung durch den Lehrer (durch Lernzielvorgabe, Hilfsmittelbereitstellung, die Selbsttätigkeit begleitende Hilfen u. a. m.). Dies gilt auch für arbeitsteilige Abschnitte selbständiger Lernbemühungen der Schüler im Rahmen von »Projekten« (s. u.).

(Geographiedidaktische Literatur: vgl. u.a. BAUER, 1976, S. 150–154; BIRKENHAUER, 1975, Teil 2, S. 21–30; BARENSCHEER, 1949, S. 412 f; EBINGER, 1976, S. 114, 158; GEIPEL, 1969, S. 154; HAUBRICH, 1977, S. 158–161; KOCH, 1952, S. 494–499; VOGEL, 1967, S. 188–189; WOCKE, 1957, S. 271 f.; ders. 1968, S. 109–120; SCHÄFERHENRICH/STAPPER, 1977, S. 196–201).

4.2.1.3 *Lernen im Klassenverband und in Großgruppen, z. B. Gespräch und Projekt*

Auf Individualisierung wie auf arbeitsteilige Selbsttätigkeit der Schüler abzielende Verfahren bedürfen der Ergänzung durch das Lernen in Großgruppen. Das Lernen im Klassenverband verläuft oft unter straffer Führung durch den Lehrer und wird deshalb als »lehrerzentriert« bezeichnet. Der einzelne Lernende kann sich daran zwar ständig »aufnehmend« beteiligen. Seinen äußerlich erkennbaren »aktiven« Mitwirkungen sind hingegen, auch im Interesse aktiver Mitwirkungsmöglichkeiten der übrigen Schüler, enge Grenzen gesetzt. Das Ausmaß erkennbarer Schüleraktivität hängt aber von der jeweils gewählten »Aktionsform« des Lehrens entscheidend mit ab (z. B.: darbietendes, fragend-entwickelndes, entdeckenlassendes Verfahren/Arbeitsunterricht, freies/gelenktes Unterrichtsgespräch) (vgl. u.a. EBINGER, 1976, S. 40; HAUBRICH, 1977, S. 162).

Als partnerschaftlicher Dialog innerhalb einer Klasse (Großgruppe) ist das *Unterrichtsgespräch* eine Sozialform des Lernens, an der nicht nur der Lehrer mit wechselnden Schülern, sondern über längere Abschnitte auch Schüler untereinander beteiligt sind. Ziel ist der gegenseitige Austausch von Beobachtungen wie Ansichten über einen Gegenstand (vgl. AEBLI, 1963, S. 106). Die Schüler sollen zu eigenen Beiträgen angeregt werden, auch zu Vorschlägen für aufzugreifende Fragen und Problemlösungswege. Es dient nicht lediglich additiver Reihung von Einzelheiten, sondern vor allem deren sinnvoller Verknüpfung (vgl. WOCKE, 1968, S. 119) und bedarf deshalb der Inhaltsanalyse, der Problemanalyse wie der Anwendung als Teilabschnitten im Gesamtverlauf (vgl. BIRKENHAUER, 1975, Teil 2, S. 74). Deshalb ist es letztlich ein »gebundenes Gespräch«. Es bedarf einer behutsamen, zurückhaltenden Steuerung durch den Lehrer, der eingreifen sollte, um Lernschwierigkeiten zu überwinden bzw. die Orientierung auf das Ziel (Objekt) zu sichern. Dabei sollte er sich möglichst auf Impulse beschränken, die nicht nur verbal formuliert werden können, sondern ebenso z. B. im Vorzeigen von Objekten

(Bild, Karte, . . .) oder in einer These oder in einem – den Schülern plausiblen – Widerspruch bestehen können, um diese zum »Zweifeln und zum eigenen Forschen, zum Aufstellen von neuen Hypothesen und zum Diskutieren« anzuregen (BAUER, 1976, S. 157). Weil die Breite möglicher Schüleräußerungen nicht im voraus abschätzbar ist, bedarf ein Unterrichtsgespräch seitens des Lehrers besonders intensiver sachlicher Vorbereitung. Er muß im Gesprächsablauf überblicken, ob und wieweit unvorhergesehene Schüleräußerungen dennoch zum Ziel führen. Ein fruchtbares Unterrichtsgespräch erfordert allerdings auch beim Schüler ein ebenso hinreichendes Wissen über den Gegenstand wie über damit verbundene Regelhaftigkeiten von Zusammenhängen, wenn es nicht zu voraussetzungslosem, inhaltsleerem Gerede entarten soll (vgl. SCHMIDT, 1976, S. 225). Beachtenswert ist der Hinweis, daß ein Unterrichtsgespräch stets nur eine begrenzte Zeit innerhalb des Unterrichts beanspruchen sollte (vgl. SCHMIDT, 1976, S. 41, S. 225).

Projektunterricht als Methode verlangt eine Problemlösung, die auf einen konkreten Tatbestand ausgerichtet ist. »Wenn die Lösung von Aufgaben auf die Ebene der Wirklichkeit projiziert werden kann, haben wir die einzig endliche und wahre Lösung – die Projektmethode. Ein Projekt ist eine klar umrissene, eindeutig zweckbestimmte Aufgabe, die dem Schüler so gestellt werden kann, daß sie ihm wichtig für das Leben erscheint, weil sie einer echten Aufgabe nahekommt, wie sie Menschen im wirklichen Leben zu bewältigen haben« (zit. bei HENDINGER, 1977, S. 242). Wesentliches geographisches Lernziel-Feld ist die Erprobung des Ernstfalles politischer Teilnahme (vgl. HAUBRICH, 1975, S. 6). Von der Projektmethode dürfte eine besonders hohe Motivation ausgehen, weil sie den Schüler zur »Auseinandersetzung mit der harten Wirklichkeit« auffordert (SCHULTZE, 1976, S. 39). Als Versuch, die Trennung zwischen Lebenswirklichkeit und Lernen in der Schule aufzuheben, muß sie zu fachübergreifendem Lernen bereit sein und die Schüler in besonderem Maße an der Unterrichtsgestaltung beteiligen (vgl. EBINGER, 1976, S. 190). Ihre umfassende Wirksamkeit dürfte die Projektmethode in der Sekundarstufe II (Kollegstufe) entfalten (vgl. HENDINGER, 1977, S. 243), wenngleich bereits für vorausgehende Stufen Beispiele veröffentlicht wurden (vgl. dazu u. a. GAUERKE, 1977, S. 244–258; JANSSEN/TIEMANN, 1974, S. 16–25; PAULY, 1977, S. 39–46; THIERER, 1977, S. 259–270; TIETZE, 1977, S. 271–288). Trotz ihrer Vorzüge bleibt auch die Projektmethode nur eine neben unverzichtbaren weiteren. Je Schuljahr dürfte optimal nur ein einziges Projekt durchführbar sein – angesichts des erforderlichen Aufwandes an Zeit, an materialmäßiger Vorbereitung und hinsichtlich der übrigen, ebenfalls abzusichernden fachlichen Lernziele (vgl. HENDINGER, 1977, S. 242). Lernziele und Stufen eines Projekt-Ablaufes erläutert H. HAUBRICH (1977, S. 170–173) beispielhaft am Projekt »Wir lernen unsere Stadt/Gemeinde kennen«.

Eine umfassende Literaturübersicht – verbunden mit mehreren Beispielen – gibt G. Niemz (1978, S. 146–153).

4.2.2 Lernen in unterschiedlichen Formen des Lernspiels: Rollenspiel, Simulationsspiel, Planspiel

Die Aufdeckung der Bedeutung menschlicher Entscheidungen für den Zustand wie für Wandlungen eines Kulturraumes ist ein von der Anthropogeographie häufig aufgegriffenes Forschungsfeld von anerkanntem Rang. Deshalb müssen Geographiedidaktik und geographischer Unterricht Wege beschreiten, die dem Schüler nicht nur fachliches Faktenwissen, fachliche Arbeitstechniken und daraus ableitbare Erkenntnisse vermitteln, sondern die ihn auch auf die Erprobung raum- und gesellschaftswirksamer Entscheidungen vorbereiten, weil solche in Zukunft von ihm erwartet werden (vgl. u.a. Grimm, 1970, S. 312–313; Haubrich, 1975, S. 3–4; Hoffmann, 1974, S. 3–4). Dazu bieten Schein-Entscheidungen, wie sie beim ausschließlichen Nachvollzug bereits abgelaufener Prozesse erfolgen (vgl. dazu 4.2.2.2: Simulationsspiel), keine hinreichende Möglichkeit. Vielmehr muß der Schüler vor für ihn noch offene Entscheidungssituationen gestellt werden, in denen nicht vorrangig die bereits vertraute Unterscheidung zwischen »richtig« und »falsch« zu bewältigen ist, sondern – abhängig von momentanen Einsichten – durchaus wechselseitig wählbare Entscheidungsmöglichkeiten ihn herausfordern. Solchen Lernabsichten will im Unterricht das Planspiel zur Verwirklichung verhelfen. Es soll einer Wirklichkeit angenähert sein, ohne diese jedoch umfassend zu kopieren. Vielmehr können Ausgangslage und Bedingungsfaktoren auf den jeweiligen Adressatenkreis abgestimmt festgelegt bzw. variiert werden (vgl. u.a. Neukirch, 1976, S. 2; Schultze, 1976, S. 39). ·

Angesichts uneinheitlicher, auch widersprüchlicher Definitionen von Lernspiel-Typen in der vorfindlichen Literatur legte H. Haubrich (1975, S. 4–7) eine Ordnung und gegenseitige Abgrenzung verschiedener Vor- und Vollformen dieses Unterrichtsverfahrens vor. Als »Vor-Formen« unterscheidet er »Gespräch«, »Diskussion« und »Debatte« (vgl. auch Neukirch, 1976, S. 2–4; Wittern, 1976, S. 56–60). Die Durchführung von Planspielen i.e.S. bedarf methodischer Vorbereitung. Dazu gehören außer den Vorformen auch »Stegreif-«, »Rollen-« »Entscheidungs-«, »Lern-« und »Simulationsspiel«, wenngleich diese nicht lückenlos verwendet werden müssen. Sie alle können propädeutische Funktionen übernehmen, insofern sie die Schüler in begrenztem Rahmen mit Elementen vertraut machen, die im Planspiel i.e.S. in sachbezogener Verknüpfung auftreten bzw. zur Anwendung kommen (vgl. u.a. Haubrich, 1975, S. 4; Odenbach, 1965, S. 556).

4.2.2.1 Das *Rollenspiel* verlangt vom Schüler die »Verkörperung bestimmter Auffassungen . . .«, gibt Verständnis für individuelle Gesichtspunkte« und soll den Schüler unter Überwindung rezeptiven Lernverhaltens durch interesse-gesteuerte Phantasie zu gestaltungsfähiger Produktivität führen (ODENBACH, 1965, S. 555). Im Umfeld wirklichkeitsnaher Situationen werden soziale Interaktionen erfahren. Dies bedeutet soziales Experimentieren.

»Durch Rollenspiele werden sie (die Schüler) in Konflikte einbezogen« und folglich nicht nur im kognitiven, sondern auch im affektiven Bereich gefordert und gefördert (SCHULTZE, 1976, S. 39). Als mögliche Gefahren nennt J. BIRKENHAUER (1975, Teil 2, S. 41) eine bloße Wettbewerbsmentalität, einen gesteigerten Leistungsdruck, vor allem aber die mögliche Behinderung persönlicher Entscheidungen beteiligter Schüler. Zur Abmilderung eröffnet ein Rollenwechsel die Möglichkeit zu wechselnder, interessenbedingter Situationseinschätzung und zur Erfahrung unterschiedlicher Reaktionen mehrerer Träger gleicher Rollen bzw. Funktionen. Die Suche nach Wegen zur Konfliktlösung erfolgt ausgehend von Einsichten in deren Funktions- bzw. Rollenbedingtheit (vgl. HAUBRICH, 1975, S. 5).

Schüler können sich besser mit solchen Rollen identifizieren, die ihrer Erfahrungs-Umwelt entnommen sind; ihnen fremde Rollen (z. B. als »Bürgermeister«, »Minister« o. ä.) bereiten hingegen Schwierigkeiten und sollten (im Planspiel) zumindest bis zur Sekundarstufe II ausgespart bleiben (vgl. HAGEN, 1974, S. 59).

4.2.2.2 *Simulationsspiele* ahmen Prozesse nach, die in der Wirklichkeit bereits abgelaufen sind. Im Spiel vollzogene Entscheidungen (und davon ausgelöste Wirkungen) können mit tatsächlichen Vorgängen verglichen und daran gemessen werden. Deshalb sind der Kreativität des Schülers enge Grenzen gesetzt. Hingegen dominieren unter vergleichender Kontrolle an der Wirklichkeit Erproben und Einüben (vgl. HAUBRICH, 1975, S. 5; TAYLOR/WALFORD, 1974; WITTERN, 1973, S. 40).

4.2.2.3 Das *Planspiel* integriert Elemente anderer Unterrichtsformen, auch der vorgenannten »Spiel«-Formen, ohne deshalb bereits die optimale Unterrichtsform zu sein (vgl. BIRKENHAUER, 1975, Teil 2, S. 38), und unterscheidet sich davon wesentlich durch den intendierten Planungsvorgang (vgl. u. a. ODENBACH, 1965; SCHULTZE, 1976, S. 39). Die Aufgabe des Planspiels ist dann erfolgreich gelöst, wenn dem Schüler während des Vollzuges folgende Fähigkeiten vermittelt wurden:
– Erfassung des Wesentlichen einer Situation aus einer Vielfalt von Einzelerscheinungen,
– Abschätzung daraus ableitbarer, realistischer Möglichkeiten,
– rechtzeitiges Erkennen von Fehlern,

- Anpassung an veränderte Bedingungen (u.a. verursacht durch bestimmte Entscheidungen von Mitspielern) und
- das Fällen eindeutiger Entscheidungen unter Beachtung der vorgegebenen Bedingungsfelder (vgl. ODENBACH, 1965, S. 553).

Deshalb müssen den Teilnehmern vor Spielbeginn
- Informationen zur Ausgangslage des im anzustrebenden Ergebnis offenen Planspiels vermittelt,
- Verfahrensregeln für den Spielablauf mitgeteilt und
- funktions-(aufgaben-) bzw. interessenbezogene Rollen (als Vertreter von Einzel- und/oder Gruppeninteressen) übertragen werden.

Das Planspiel eröffnet dém Schüler Handlungs- und Entscheidungsspielräume, die wiederum spürbare Motivierung und dazu intensive, phantasievolle Kreativität auslösen. Damit diese nicht ausufert, bedarf es wiederum fester Regeln (vgl. u.a. HOFFMANN, 1974, S. 5; ODENBACH, 1965, S. 555). Die dem Schüler übertragenen Entscheidungsprozesse sind mit merklichem Zeitaufwand verbunden. Dieser ist angesichts der beim Schüler erwartbaren Ergebnisse indessen verantwortbar (vgl. HAUBRICH, 1975, S. 12). Planspiele können und sollten jedoch als einer unter vielen Lernwegen je Schuljahr nur in begrenzter Zahl vorgesehen werden. Ein Planspiel-Ergebnis ist immer dann richtig, »wenn die geographische Argumentation (der Schüler) richtig ist« (NEUKIRCH, 1976, S. 2).

Die wachsende Zahl veröffentlichter Planspiele wie deren Aufnahme in neuere Geographie-Schulbücher deuten den Rang an, der ihnen in der gegenwärtigen fachcurricularen Beurteilung zuerkannt wird (vgl. u.a.: BALTHESEN, 1976; BRUCKER, 1975b u. c; HAUSMANN/WITTERN, o.J.; HAUBRICH, 1974a; HÖLLHUBER, 1976; JANSSEN/TIEMANN, 1974, S. 16−25; MANTHEY, 1976; MÜCKE, 1976; NOLZEN, 1974, 1976; WALFORD, 1974, S. 41−84; HAUSMANN, 1972−1974). Unterschiedlich umfassende Erläuterungen, Erfahrungsberichte und Analysen zum unterrichtlichen Einsatz von Planspielen geben u.a. HAAS/SCHRÖDER/SCHWEIZER, 1973, S. 444−447; HOFMEISTER, 1976, S. 61−67; MAYER, 1976, S. 57−60; NOLZEN, 1976b, S. 337−338; WITTERN, 1973, S. 439−443; WALFORD, 1974. Weiterführende Literatur bieten besonders WALFORD/HOFFMANN, 1974, sowie HAUBRICH, 1975, S. 15−16.

4.2.3 Lernen am aufgesuchten Gegenstand: die Schülerexkursion

Primäres Objekt geographischer Forschung und folglich auch des an der geographischen Wissenschaft orientierten Fachunterrichts ist zunächst das geographische Objekt selber. Wenngleich einschränkend zuzugeben ist, daß unterrichtliches Lernen unmittelbar am Objekt keineswegs die Regel sein kann, so darf andererseits nicht generell darauf verzichtet werden, zumindest einige Lernschritte an realen geographischen Objekten zu vollziehen. Bei der »*originalen Geographie*« geht es vorrangig darum, daß eine solche Wirklichkeit Lernobjekt wird, die nicht bereits −

unter festgelegten Zielen und unter Beachtung ergänzender Randbedingungen – in ein Hilfsmittel umgesetzt wurde, welches diese Wirklichkeit nun repräsentiert, das dazu aber in jedem Falle nur begrenzt fähig ist. Nur ein realer, unmittelbar aufgesuchter geographischer Tatbestand kann völlig unverfälscht und ungefiltert untersucht, beschrieben und zu erklären versucht werden.

Die Forderung nach geographischem Lernen unmittelbar am wirklichen Objekt ist keine emotionale Forderung (vgl. GRAU, 1976, S. 226). Sie ist vielmehr unverzichtbar. Es geht nicht ausschließlich um fachliches Lernen der Schüler unmittelbar am geographischen Objekt (vgl. u. a. BLECHSCHMIDT u. a., 1977, S. 387). Unumgänglich ist vielmehr, daß sie an ausgesuchten Beispielen eine Realität mit deren Wiedergabe durch fachliche Hilfsmittel für den Unterricht vergleichen. Nur dadurch können sie erkennen, inwieweit bestimmte Hilfsmittel die Wirklichkeit getreu repräsentieren können und wo ihnen dabei Grenzen gesetzt sind. Dieser Schritt ist um so unverzichtbarer, als in der Regel Hilfsmittel im Unterricht eine Realität vertreten müssen. Deren Aussagefähigkeit darf vom Schüler nicht falsch eingeschätzt werden; er muß lernen, bis zu welchem Grade den Hilfsmitteln zuverlässige Informationen entnommen werden können. Weiterhin gibt es fachspezifische Arbeitstechniken, die nur oder am günstigsten an der Wirklichkeit erlernt und angewendet werden können. Deren Vermittlung gebietet das Aufsuchen einer Raumwirklichkeit mit den Schülern.

4.2.3.1 *Formen der Schülerexkursion*

»Unterrichtsgang«, »Lehrwanderung« und »Lehrfahrt« haben in der geographiedidaktischen Literatur ihren festen Platz. In jüngerer Zeit sind weitere Bezeichnungen für Lernverfahren unmittelbar am geographischen Objekt hinzugetreten (z. B. »Objekterkundung«, »Geländearbeit«, »Wirklichkeitserkundung«, »field work«). Ungeachtet gewisser – letztlich randlicher – Unterschiede ist diesen Lernweisen eines gemeinsam: die grundlegende Absicht der Konfrontation von Schülern mit einer räumlichen Wirklichkeit außerhalb des Schulgebäudes. Deshalb sollen sie unter der gemeinsamen Bezeichnung »Schülerexkursion« zusammengefaßt werden (vgl. u. a. ERNST, 1971, S. 4; SCHREIBER, 1976, S. 83–84).

Eine Schülerexkursion, bei der Schüler im Gelände geographisches Arbeiten lernen und üben sollen, hat nichts gemein mit »Lehrfahrten«, wie diese z. T. in Richtlinien noch vorgeschlagen werden (vgl. RICHTLINIEN f. d. GRUNDSCHULE IN NORDRHEIN-WESTFALEN, 1973, S. SU 260–262) – außer, daß auch dabei der Klassenraum verlassen wird. Schülerexkursionen dürfen nicht inhaltlich überfüllt werden (vgl. u. a. BEYER/ITTERMANN, 1973, S. 132–133; SCHREIBER, 1976, S. 89–93), um nicht zur »sight-seeing-tour« degradiert zu werden. Dies ist allzu leicht der Fall, wenn z. B. beabsichtigt ist, »einen Überblick über eine Landschaft« zu gewinnen oder, noch schlichter, »eine Landschaft durch eigenes Sehen kennenzulernen«. Solche Bemühungen sind zur Oberflächlichkeit verurteilt und können keinen wünschenswerten Lernerfolg erbringen. Geboten ist die Konzentration auf inhaltlich miteinander verknüpfte Probleme oder eine thematisch spezialisierte Zielsetzung anstelle der traditionellen »Übersichtsexkursion«.

4.2.3.2 *Durchführung von Schülerexkursionen*

Damit die Realbegegnung für den Schüler auch »originale Begegnung« im Sinne von H. ROTH (1962, S. 117f.) werden kann, genügt nicht das bloße Aufsuchen des Gegenstandes an dessen Standort. Vielmehr muß dazu der Schüler dem Objekt gegenüber in die Situation eines »Forschers« versetzt werden, dem das Objekt dazu dient, ein darin enthaltenes Problem durch eben darauf zielende Untersuchungen zu entschlüsseln. Spezifische Aufgabe der Schülerexkursion sollte sein, im Rahmen einer »Fallstudie« in »Feldarbeit an einem räumlichen Objekt« bestehende Probleme zu erkennen, zu untersuchen und sinnvoll begründbare Ergebnisse (ggf. auch Lösungsvorschläge) zu entwickeln. Damit zusammenhängend spielt die Anwendung geeigneter instrumentaler Qualifikationen (Arbeitstechniken) eine bedeutende Rolle (vgl. MEFFERT, 1978, S. 236). Über objektspezifische Erkenntnisse hinaus lassen sich häufig auch allgemeingeographische Einsichten gewinnen.

Mit dem Ziel, den Praxisbezug des Unterrichts zu unterstützen und zu verstärken, wird gefordert,

– Exkursionsziele unter Vorgabe der zu vermittelnden Qualifikationen auszuwählen,
– Exkursionen durchzuführen, um beim Schüler die Fähigkeit der Anwendung instrumentaler Qualifikationen zu entwickeln,
– Transferfähigkeit und Stellenwert von Arbeitstechniken einsichtig zu machen,
– Feldarbeit im Sinne »originaler Begegnung« quasi als simulierten Forschungsprozeß zu vollziehen,
– die Aufgabenstellung auszuweiten auf »Geländepraktika« (z. B. zu Fragen der Geoökologie, der Stadt- und Sozialgeographie und der Raumplanung),
– Betriebserkundungen einzubeziehen (z. B. zur Einführung in die Wirtschafts- und Arbeitswelt im Rahmen der Gemeinschaftskunde/Arbeitslehre),
– Erweiterung der Betriebserkundung zum Betriebspraktikum (vgl. MEFFERT, 1978, S. 235–237).

Zu den allgemeinen Problemen geographischer Schülerexkursionen wie zum Studium konkreter, anregender Beispiele muß die umfangreiche einschlägige geographiedidaktische Literatur hinzugezogen werden (u. a.: ERNST, 1971;

GRAU, 1976, S. 266–272; JANSEN, 1977, S. 80–86; Meffert, 1978, S. 233–239; MONHEIM, 1973, S. 56–64; NEUKIRCH, 1977; SCHREIBER, 1976, S. 81–102; SOBOTHA, 1977, S. 90–94; VOIGT, 1980; ferner als bibliographische Fundquelle: SPERLING, 1971, S. 91–95).

4.3 Instrumentale Lernziele/Arbeitsverfahren und -techniken im Geographieunterricht

Im Geographieunterricht werden fachspezifische und auch auf andere Unterrichtsfächer anwendbare Fähigkeiten und Fertigkeiten sowohl vermittelt als auch angewendet. Diese Fähigkeiten und Fertigkeiten sind also gleichermaßen Lernziele, instrumentale Lernziele und – in ihrer Anwendung – zur Gewinnung angemessener Unterrichtsergebnisse unabdingbar notwendige Arbeitsverfahren und -techniken. Diese Fähigkeiten und Fertigkeiten werden nachfolgend als instrumentale Lernziele benannt und beschrieben, um ihren Lernzielcharakter ausdrücklich zu unterstreichen. Als Arbeitsverfahren und -techniken gehören sie jedoch dem Bereich der Unterrichtsmethodik an. Deshalb erfolgt ihre Behandlung an dieser Stelle.

Einen zusammenfassenden Überblick über die für den Geographieunterricht wesentlichen instrumentalen Lernziele und deren Aufgaben hat der VERBAND DEUTSCHER SCHULGEOGRAPHEN gegeben:

»1 Räumliche Orientierungshilfen und entsprechende Ordnungssysteme, die für eine selbständige Gewinnung, Einordnung und Bewertung einschlägiger Informationen erforderlich sind (Schaffung räumlicher Vergleichs- und Bezugssysteme; Erfassung von Distanzen; Orientierungsvermögen im Gradnetz, im topographischen Grundgerüst, in der Gliederung der Erde unter physisch-geographischen und anthropogeographischen Gesichtspunkten; Ermitteln von Grenzen, Grenzsäumen, Einzugsbereichen),

2 Einführung in fachspezifische Arbeitsweisen und durch Übung den selbständigen sachgemäßen und kritischen Umgang mit Arbeitsmitteln ermöglichen (Arbeit mit groß- und kleinmaßstäbigen thematischen und angewandten Karten, mit Statistiken und Diagrammen, Beobachten – Registrieren – Auswerten – Bewerten; Erstellen von Karten, Krokis, Kausalprofilen; Bildauswertung, Beschreibung, Auswertung und Beurteilung relevanter Texte, Umgang mit und Erstellung von Modellen; Beurteilung von Transfermöglichkeiten),

3 Anwendung geographischer Arbeits- und Untersuchungsmethoden auch in der unmittelbaren Begegnung mit der Umwelt zur Förderung gezielter Wahrnehmung und Kreativität (z. B. Lehrwanderung, Feldarbeit, Betriebserkundung, Befragung)« (VERBAND DEUTSCHER SCHULGEOGRAPHEN, 1970, S. 333).

Dieser Überblick läßt erkennen, daß zum einen die genannten instrumentalen Lernziele sowohl fachspezifischer wie fachübergreifender Natur sind und daß sie zum anderen ein unterschiedliches Abstraktionsniveau haben.

4.3.1 Fachspezifische instrumentale Richtziele des Geographieunterrichts

Die nachfolgenden Lernziele haben den Rang von Abschlußqualifikationen. Sie sind nur über langfristige Lernabläufe erreichbar und beruhen ebenso auf ständiger, zunehmend selbständigerer und erweiterter Anwendung fachlicher Arbeitstechniken durch den Schüler wie auf den dabei gewonnenen Kenntnissen und Einsichten. Sie entsprechen dem fachdidaktischen Ansatz der Geographie als Raumwissenschaft als fachspezifische Lernziele im engeren Sinne.

4.3.1.1 Die *Fähigkeit, sich räumlich zu orientieren*, ist unabdingbare Grundlage jeglicher Erfassung und Beurteilung räumlicher Verhältnisse bzw. raumwirksamer Vorgänge. Sie bedarf eines breiten Fächers von Arbeitstechniken zur Erfassung, Beschreibung, Ordnung und Darstellung geographischer Erscheinungen nach deren räumlicher Verbreitung, deren absoluten wie relativen Lageverhältnissen und gegenseitigen Lagebeziehungen zueinander. Sie ist ferner gebunden an Möglichkeiten, geographische Erscheinungen entweder unmittelbar im Gelände zu ermitteln (»direkte Orientierung«) oder deren Vorhandensein und räumliche Ordnung aus geeigneten Hilfsmitteln zu erfassen, welche zu diesem Zweck die Raumwirklichkeit repräsentieren (z. B. Karten aller Art, Bilder, ...; »indirekte Orientierung«) (vgl. u.a. BAUER, 1976, S. 65–68; BIRKENHAUER, 1975, Teil 1, S. 111).

4.3.1.2 Die *Fähigkeit, räumliche (kausale/funktionale) Gefüge zu erfassen*, fußt auf der Orientierungsfähigkeit. Führt jene zu einer Übersicht über räumliche Verteilungsmuster, so zielt diese erweiternd auf deren Erklärung. Letztere ist unverzichtbar, denn geographische Erscheinungen sind nicht nur räumliche Verteilungsmuster, sondern beruhen ausnahmslos auf Ursachen, deren Wirkungen (Folgen) sie erkennbar machen. Weiterhin können in vorfindlichen räumlichen Verteilungsmustern bereits wiederum raumwirksame Ursachen für nachfolgende Wandlungsvorgänge eingeschlossen sein (vgl. u.a. BAUER, 1976, S. 122).

Sind solche Zusammenhänge als naturgesetzliche Regelhaftigkeit erklärbar, dann liegen im strengen Sinne »*kausale Gefüge*« vor (z. B. kausale Verflechtungen zwischen Vegetation und Aridität, Humidität oder Nivalität des Klimas). »*Funktionale Gefüge*« unterliegen hingegen nicht derart strenger Regelhaftigkeit. Sie haben ihre Ursachen meist in menschlichen Entscheidungen und Aktivitäten (z. B. Errichtung, Erweiterung oder Umwandlung von Siedlungen unter im Einzelfall definierten, generell aber möglichen, unterschiedlichen sozio-kulturellen wie sozio-ökonomischen Rahmenbedingungen). Allerdings können kausale und funktionale Zusammenhänge nicht stets scharf unterschieden werden. Häufig ergibt sich vielmehr ein Zusammentreffen von teils kausalen, teils funktionalen Verflechtungen. Dies trifft in der Regel zu, wenn Menschen unter Anwendung ihnen bekannter physisch-geographischer Faktoren planmäßige Aktivitäten zu deren optimaler Nutzung oder zur Überwindung davon ausgehender Beschränkungen (z. B. Anlage agrarer Anbauflächen in ariden Gebieten unter Einsatz von Bewässerungstechniken) entfalten.

4.3.1.3 Die *Fähigkeit zur Erfassung raumwirksamer Prozesse* zielt auf die Aufdeckung und Erklärung dynamischer Vorgänge innerhalb räumlicher Faktorengefüge und hängt deshalb mit den zuvor erörterten Qualifikationen eng zusammen. Ausgehend von bereits erkannten Faktoren und deren möglicher Wirkung, verhilft der dynamische Ansatz dazu, die ausgelösten Vorgänge erklärend zu beschreiben und durch sie bewirkte Veränderungen besser zu verstehen. Gegenstand solcher Erfassung kann ebenso ein augenblicklich ablaufender Prozeß sein wie die rückschauende Rekonstruktion bereits früherer Vorgänge, aus denen ein gegenwärtig beobachtbarer Zustand herrührt.

Unter Beachtung aller Vorsicht und Vorläufigkeit kann schließlich versucht werden, mögliche zukünftige räumliche Veränderungen (sofern bestimmte gegenwärtig vorhersehbare Bedingungen aufrechterhalten bleiben) im voraus abzuschätzen und außerdem zu bewerten. Dieser prognostizistische Ansatz, über dessen Schwierigkeiten und Fehlerbehaftung man sich keiner Täuschung hingeben darf, ist dennoch ein unverzichtbarer Lernschritt. Aus ihm gewinnen die Schüler rationale Grundlagen für die nachfolgende, letzte Abschlußqualifikation.

4.3.1.4 Die *Fähigkeit, sich raumverantwortlich zu verhalten,* umschließt die Befähigung zu sachgerechter Beurteilung und Bewertung vorfindlicher räumlicher Verhältnisse und raumwandelnder – gegenwärtiger wie zukünftig möglicher – Prozesse mit dem Ziel einer darauf gegründeten (zumindest mit-begründeten) Entscheidungsfindung für das persönliche (private, öffentliche) raumbezogene Verhalten.

Hier darf ein Tatbestand nicht übersehen werden: Das angestrebte Verhalten greift über den kognitiven Bereich hinaus bis in die affektive/emotionale Sphäre des Menschen. Um so bedeutender werden aus dieser Sicht alle Anstrengungen zur rationalen Grundlegung zukünftigen raumverantwortlichen Handelns. Dabei vermag die systematische und nachhaltige Vermittlung instrumentaler Lernziele wichtige Hilfen zu leisten, weil mit diesen der Schüler befähigt wird, auch während seines zukünftigen Lebens Tatbestände sachgerecht und kritisch zu ermitteln, zu prüfen, zu bewerten, kurz: sachlich begründet verantwortlich zu entscheiden und zu handeln.

4.3.2 Fachspezifische instrumentale Grobziele des Geographieunterrichts

Die instrumentalen Richtziele, deren Funktion für geographische Lernprozesse eingehender diskutiert wurde, sind zu komplex und abstrakt formuliert, als daß daraus bereits für eine bestimmte Lernsequenz eine begründete Auswahl getroffen werden könnte. Dazu ist vielmehr eine differenzierte Auflistung, z. B. als »instrumentale Grobziele«, erforderlich. Aus ihr kann der Lehrer für eine bestimmte Unterrichtseinheit Feinziele formulieren, bei denen er (u. a.) berücksichtigt, welche konkreten Lernoperationen bestimmte Schüler an festgelegten fachlichen Inhalten unter Berücksichtigung der zu deren Erschließung verfügbaren (zu verwendenden) Medien vollziehen sollen.

Bislang gibt es keinen allgemein verbindlichen, nach Lernstufen geordneten Katalog instrumentaler geographischer Lernziele, sondern nur Ansätze dafür (vgl. u. a. BAUER, 1976, S. 90; BIRKENHAUER, 1975, Teil 2, S. 114–115). Ein relativ differenzierter »*Katalog instrumentaler Groblernziele*« wurde vom INSTITUT FÜR SCHULPÄDAGOGIK (München) vorgelegt:

»1. Arbeit mit Karten
1.1 Die wichtigsten kartographischen Darstellungsmittel und Darstellungsmethoden kennen.
1.2 Auf Karten unterschiedlichen Inhalts Lagebeziehungen und Distanzen richtig feststellen und sich orientieren.
1.3 Die Aussagen physischer und thematischer Karten lesen.
1.4 Aus kartographischen Chiffren eine Vorstellung von der Wirklichkeit entwickeln und diese beschreiben.
1.5 Die Aussagen verschiedener thematischer Karten synoptisch auswerten (z. B. Übertragung in transparente Folien gleichen Maßstabs).
1.6 Bei der Karteninterpretation geographische Erscheinungen vergleichen und in Kategoriesysteme einordnen.
1.7 Wichtige kartographische Darstellungsmethoden der Sozial- und Wirtschaftsgeographie kennen.
2. Arbeit mit Plänen
2.1 Die spezifischen Darstellungsmethoden auf Plänen kennen.
2.2. Sich auf Plänen unterschiedlichen Maßstabes orientieren sowie Lagebeziehungen und Distanzen richtig feststellen.
2.3 Die Aussagen von Plänen unterschiedlichen Maßstabes erfassen und in eigenen Formulierungen wiedergeben.
2.4 Auf Plänen bestimmte Strukturen erkennen und beschreiben.

2.5 Pläne über örtliche Planungsvorhaben interpretieren.
3. Arbeit mit graphischen Darstellungen
3.1 Die gebräuchlichen graphischen Darstellungsformen im geographischen Arbeitsbereich kennen.
3.2 Graphische Darstellungen richtig lesen.
3.3 Graphische Darstellungen interpretieren.
3.4 Statistisches Material in graphische Darstellung umsetzen und die Darstellungsmethode kritisch bewerten.
3.5 Zum gleichen Sachverhalt verschiedene graphische Darstellungsformen verwenden und nach dem Grade ihrer Anschaulichkeit bewerten.
4. Arbeit mit Skizzen
4.1 Einfache topographische Skizzen maßstäblich richtig zeichnen.
4.2 Planförmige Grundrißkarten maßstäblich richtig zeichnen.
4.3 In Lage- und Grundrißskizzen sozialgeographische Sachverhalte eintragen.
4.4 Einfache Profilskizzen maßstäblich richtig zeichnen.
4.5 Die Ergebnisse statistischer Erhebungen bzw. anderweitig beschafftes statistisches Material in Kartenskizzen eintragen.
4.6 Skizzen gleichen Umfanges mit je verschiedener Aussage auf Deckblättern anlegen.
4.7 Kausalprofile entwerfen.
5. Arbeit mit geographischen Texten
5.1 Geographische Aussagen aus allgemeinen Publikationen (Zeitungen, Zeitschriften, Prospekte u. ä.) und aus der Fachliteratur ermitteln und auswerten.
5.2 Die wichtigsten geographischen Nachschlagewerke benützen.
5.3. Spezielle Fachliteratur zu einem bestimmten Thema ermitteln und beschaffen.
5.4. Geographische Informationen aus verschiedenen Quellen kritisch bewerten.
6. Arbeit mit geographischem Bildmaterial
6.1 Bildmaterial nach dem Grad des geographischen Aussagewertes unterscheiden können.
6.2 Aus ausgewählten Luftbildern Größen und Distanzen schätzen, Oberflächenformen, Bodenbewachsung und Gewässer, landschaftliche Gegebenheiten, Siedlungs- und Wirtschaftsformen und die Art der Verkehrserschließung erkennen und beschreiben.
6.3 Anderes Bildmaterial (Diapositive, Filme, Fernsehsendungen) entsprechend dem geographischen Aussagewert auswählen, beurteilen und in Verbindung mit kartographischen Unterlagen interpretieren.
6.4 Ausgewählte Bilder (insbesondere Luftbilder) nach geographischen Kategorien interpretieren(in Verbindung mit Karten bzw. Plänen).
6.5 Bildmaterial von geographischem Aussagewert für ein bestimmtes Thema beschaffen (oder selbst herstellen).
7. Arbeit mit statistischem Material
7.1 Einige wichtige statistische Nachschlagewerke kennen und benützen.
7.2 Statistisches Material zu einem bestimmten Sachverhalt interpretieren.
7.3 Statistisches Material mit sozialgeographischen Aussagen zu naturgeographischen Gegebenheiten in Beziehung setzen.

7.4 Statistisches Material über mehrere Sachverhalte synoptisch betrachten und auswerten.

7.5 Statistisches Material über einen bestimmten Sachverhalt aus verschiedenen Unterlagen beschaffen und zusammenstellen.

7.6 Statistisches Material über einen bestimmten Sachverhalt durch eigene Erhebung beschaffen und auswerten.

7.7 Statistisches Material über einen bestimmten Sachverhalt kritisch bewerten.

7.8 An Beispielen das Problem der Datengewinnung und Datenverarbeitung diskutieren.

8. Arbeit auf Besichtigungen und Exkursionen

8.1 Vorgegebenes Kartenmaterial (bzw. Pläne) auf Unterrichtsgängen und Exkursionen zur Orientierung verwenden.

8.2 Ausgewählte Beobachtungsobjekte (z. B. Planungsvorhaben) in Ansätzen nach geographischen Kategorien bewerten.

8.3 In Gruppen: Eine Erkundung bzw. Besichtigung eines Betriebes, eines Bauernhofes, eines Dorfes, eines Stadtviertels u. ä. vorbereiten, durchführen und die Ergebnisse auswerten.

8.4 Auf Unterrichtsgängen bzw. Exkursionen einfache Kartierungsarbeiten durchführen.

8.5 Bei ausgewählten Objekten einen kritischen Vergleich zwischen Planung/Zielsetzung und Effektivität vornehmen.

8.6 Im Rahmen eng begrenzter Fragestellungen eigene Erhebungen vornehmen« (INSTITUT FÜR SCHULPÄDAGOGIK, München₁ zit. n. HAUBRICH, 1977, S. 25–27).

Die Art der Systematisierung der aufgelisteten instrumentalen Groblernziele fällt auf. Sie deutet unmittelbare Beziehungen an, die zwischen einzelnen Arbeitstechniken und solchen Medien bestehen, zu deren Erschließung sie offenbar spezifisch geeignet sind. Weil aber jedes dieser Medien wiederum in besonderer Form einen bestimmten Ausschnitt einer Raumwirklichkeit im Lernprozeß repräsentiert, ergeben sich weiterreichende Verknüpfungen zwischen

– der auszuwählenden, im Unterricht vom Schüler zu erlernenden oder anzuwendenden Arbeitstechnik,

– dem im Lernprozeß durch ein Medium repräsentierten, aus ihm zu erschließenden Lerninhalt und

– dem Lernziel, auf welches der einzelne Lernschritt (oder eine daran zu vollziehende Lernschrittfolge) als operatives Tun des Schülers ausgerichtet sein soll.

J. BIRKENHAUER (vgl. 1975, Teil 2, S. 114–115) ordnet instrumentale Lernziele in eigener, z. T. etwas abweichender Formulierung, aber inhaltlich weitgehend verwandt, vorwiegend nach geographischen Hilfsmitteln oder Objekt-Typen. Erkennbare Unterschiede erhärten ebenso die Vorläufigkeit beider Auflistungen wie deren Ergänzungsbedürftig-

keit. So fehlen im vorstehenden Katalog u.a.:
»Geographische Fachbegriffe verstehen, erklären und richtig anwenden ...;
Beobachtungen an Experimenten, ... an Modellen, ...
Messen geographischer Erscheinungen mit Instrumenten ...« (BIRKENHAUER, 1975, Teil 2, S. 115).

Zahlreiche Formulierungen fachlicher instrumentaler Grobziele – z. B.: beobachten, messen, beschreiben, ... – verweisen darauf, daß sie – als selber noch komplexe Qualifikationen – einen breiten Fächer allgemeiner, nicht zwingend fachspezifischer instrumentaler Lernziele einschließen und deren Beherrschung voraussetzen.

4.3.3 Nicht fachspezifische instrumentale Lernziele

Sie spielen für jeweils mehrere Unterrichtsfächer eine wichtige Rolle. Bei ihrer Vermittlung können sich die betroffenen Fächer prinzipiell sinnvoll unterstützen.

Ein Vergleich der Funktionen, die nicht fachspezifische instrumentale Lernziele innerhalb von Lernprozessen erfüllen, erlaubt es – wenn auch nur in grober Annäherung –, zwei Gruppen zu unterscheiden:
– Beobachten im weitesten Sinne (einschließlich Befragen, Messen, Experimentieren) dient vor allem der Untersuchung von Erscheinungen auf deren Merkmale (Eigenschaften) hin. Es handelt sich folglich um »*instrumentale Qualifikationen der Datenerhebung*«.
– Beschreiben im weitesten Sinne, Verallgemeinern (einschließlich Vergleichen und Unterscheiden, Abstrahieren, Klassifizieren und Systematisieren) sowie Konstruieren zielen hingegen (zumindest vorrangig) auf die Auswertung bereits zuvor erfaßter Merkmale ab. Wenngleich dabei unvermeidlich ist, daß zusätzliche Merkmale aufgefunden oder bereits erfaßte noch präzisiert werden (müssen), so können sie dennoch generell nach ihrer Hauptrolle als »*instrumentale Qualifikationen der Datenauswertung*« bezeichnet werden.

4.3.3.1 Beim *Beobachten* nimmt der Beobachtende über seine Sinne (vor allem den Gesichts-, ggf. auch den Gehör-, Geruchs-, Geschmacks- und/oder Tastsinn) bewußten Kontakt zu einer Erscheinung auf. Dadurch unterscheidet sich Beobachten von flüchtigem Wahrnehmen, wird planmäßig vollzogen und ist folglich von vorgegebenen Zielen gesteuert. Es dient der Ermittlung von Merkmalen einer Erscheinung. Je komplexer diese mit Merkmalen ausgestattet ist, um so differenzierterer Merkmalserfassung bedarf es. Beobachten ist eine spezielle Technik der Datenerhebung. Gewonnene Beobachtungsergebnisse können einen Lernprozeß nicht abschließen. Sie lösen zwangsläufig weitere Lernschritte aus:

- Sie bedürfen der Fixierung, zu der selten eine verbal-additive Beschreibung ausreicht.
- Sie bedürfen kritischer Überprüfung und ggf. Korrektur, machen also gezielte, zusätzliche Beobachtungen ebenso notwendig wie die Einbeziehung zusätzlicher, dazu geeigneter Arbeitstechniken.
- Sie bedürfen der Auswertung, welche in der Regel erneut nicht auf rein geistige Operationen beschränkt werden kann. Oft ist die Erhebung ergänzender Informationen geboten, besonders wenn eine Erscheinung mit dem zugehörigen Formalbegriff verknüpft oder eine Formalstruktur umfassend abgeleitet werden soll.

Eine breite fachliche wie fachdidaktische Literatur hebt die Bedeutung der Beobachtung für die Geographie hervor. Doch ist diese weder die einzige noch überhaupt eine fachspezifische Arbeitstechnik (vgl. OTREMBA, 1970, S. 66). Alle Erfahrungswissenschaften bedienen sich ihrer als komplexer Wahrnehmungs- und Erkenntnismethode, darunter auch die Geographie (vgl. RITTER, 1976, S. 7). Für sie ist Beobachten eine Arbeitstechnik, die von Fragestellungen ausgeht, zu deren Erhellung eben diese Beobachtungen gezielt vorgenommen werden (vgl. HARD, 1973, S. 49; BOBEK, 1970, S. 439). Beobachten soll zur Entwicklung einer übergeordneten Theorie bzw. allgemeiner gültiger Modelle führen. Deshalb muß ihm eine möglichst exakte Zielbeschreibung voraufgehen, die als Arbeitshypothese das Arbeitsfeld genau umreißt und den Beobachtungsvorgang steuert. Nach D. BARTELS (1968, S. 20) darf die Beobachtung nicht den Charakter der subjektiven Leistung des einzelnen haben, sondern muß die Kriterien einer durch »Reflexion ... kontrollierten Auffassung und Wiedergabe von Erfahrung« erfüllen. Die elementaren Kategorien empirischer geographischer Arbeit werden von ENGELHARDT/MÜLLER (1976, S. 105−106) wie folgt als »idealtypische Stufenfolge« beschrieben:

»1. ›Lernen an der Wirklichkeit‹ kann in aller Regel nicht ohne ausdrückliche Fragestellung, ohne Arbeitshypothese erfolgen.

2. Unmittelbar mit der Hypothese ist die Reflexion möglicher und letztlich verwendeter Methoden gekoppelt.

3. Die Phase der Datenerhebung und Aufzeichnung ›vor Ort‹.

4. Mit der ›Beobachtung‹ ist die Arbeit nicht abgeschlossen; es folgt der wichtige Abschnitt der Interpretation und Bewertung der Ergebnisse, in dem weitere Überlegungen der Methodenkritik gelten müssen.

5. Insbesondere im schulischen Unterricht scheint es unumgänglich – mit aller gebotenen Vorsicht und Vorläufigkeit – auf Regelhaftigkeiten zu schließen, ›allgemeingültige‹ Komponenten in den gewonnenen Erkenntnissen aufzuspüren.« (Vgl. auch RITTER, 1976, S. 8.)

Die Arbeitstechnik des Beobachtens ist für wissenschaftliche Forschung unverzichtbar. Sie muß bereits, den Rahmenbedingungen der

Schule angepaßt, dem Grundschüler vermittelt und nachfolgend ständig geübt und verfeinert werden; denn »erdkundliches Lernen, das junge Menschen befähigen soll, mit Hilfe der in der Schule erworbenen Qualifikationen Raumprobleme ihrer Umwelt zu erschließen und gedanklich zu durchdringen, kann kein Lernen allein an ›fremden Beobachtungsergebnissen‹ und Erkenntnissen sein« (ENGELHARDT/MÜLLER, 1976, S. 103). Objekte sind ebenso statische wie dynamische Erscheinungen und aus diesen ablesbare Merkmale.

4.3.3.2 Das *Befragen* ist eine dem Beobachten im Grunde verwandte instrumentale Qualifikation und dient unter vergleichbaren Voraussetzungen der Datenerhebung und Erkenntnisgewinnung. Seine besondere Rolle gewinnt es dort, wo das unmittelbare Auffassen mit den Sinnen alleine nicht mehr zum Ziel führt, also bei der Ermittlung spezieller Fragen der Wirtschafts- und Sozialgeographie. Mit dieser Arbeitstechnik werden Informationen von Menschen abgerufen. Die Befragung setzt folglich eine steuernde Arbeitshypothese (Zielbeschreibung) voraus. Aus dieser werden der Adressatenkreis und die an ihn zu richtenden Fragen entwickelt. Dabei muß berücksichtigt werden, daß bereits mit der Auswahl des Adressatenkreises und der Festlegung der ihm vorzulegenden Fragen auf das mögliche Ergebnis Einfluß genommen wird. Oft wird die Anwendung von Fragebögen vorgeschlagen. Davon wird die Erleichterung der Erhebung gezielter Informationen und ihrer Auswertung ebenso erwartet wie eine Präzisierung und bessere Vergleichbarkeit der Ergebnisse. Das Verfahren sollte – angepaßt an die jeweiligen besonderen Lernbedingungen – in allen Schulstufen angewendet werden. Sinnvoll kann seine Einbeziehung in solche Lernprozesse sein, welche »am Objekt«, »im Gelände« vollzogen werden sollen (vgl. u. a. EILMES, 1977, S. 61–77; HÖFER, 1974, S. 41–47; LANZL, 1978, S. 25–30; SCHUY, 1979, S. 86–91).

Ähnliches gilt für die »*Betriebserkundung*«, welche als Kombination von Beobachten und Befragen angelegt sein kann (vgl. dazu u. a. BEELITZ, 1967; CALVIS, 1975, S. 67–76; GEIPEL, ²1975, S. 21, 165; HEYN, 1954, S. 477–479; ders. 1973, S. 181–217; LAMPARTER, 1971, S. 177–185).

4.3.3.3 Beim *Messen* werden genau festgelegte Merkmale von Erscheinungen mit einem objektiven (d. h. absoluten, jederzeit reproduzierbaren) Vergleichsmerkmal (eben einem »Maß«) in Beziehung gebracht. Messungen richten sich u. a. auf die Ermittlung von in Zahlenwerten darstellbaren Anzahlen, Längen von Strecken (Entfernungen), Größen von Flächen, Zeit- und Geschwindigkeitswerten, Daten über Wettererscheinungen. Derart gewonnene quantitative Aussagen geben die gemessene Erscheinung zwar stets nur in einem äußerst engen Teilausschnitt wieder, sind für diesen jedoch allen anderen Beobachtungsergebnissen an Genauigkeit und Vergleichbarkeit überlegen. Sie präzisieren deshalb bereits anderweitig über eine Erscheinung vorhandene Vorkenntnisse.

Messen erfordert den Umgang mit Meßgeräten, setzt folglich beim Schüler eine entsprechende Fähigkeit voraus. Für bestimmte Meßaufgaben sind häufig ganz bestimmte Meßgeräte geeignet. Deshalb muß der Schüler ebenso befähigt werden, das für einen bestimmten Meßvorgang geeignete Gerät auszuwählen. Dazu aber bedarf er der Kenntnis von Meßinstrumenten und ihrer besonderen Verwendungszwecke. M. F. WOCKE (1968, S. 75) hebt hervor, daß Schüler beim Messen zu erhöhter Aktivität angeregt und zu größtmöglicher Arbeitsgenauigkeit angeleitet werden.

Die Arbeitstechnik des Messens erfährt für den Geographieunterricht vor allem bezüglich ihrer Anwendung bei der Auswertung oder Anfertigung kartographischer Raumdarstellungen eine ausführlichere Erläuterung (vgl. dazu 5.5). Darüber hinaus wird sie meist nur als erforderlich erwähnt (z. B. BIRKENHAUER, 1975, Teil 2, S. 115).

4.3.3.4 Beim *Experimentieren* wird planmäßig eine Situation herbeigeführt, welche – ausgehend von einer genau definierten Ausgangslage – das (messende) Beobachten von Abläufen und ihrer Ergebnisse ermöglicht. Ausgangsverhältnisse, Ablauf und Ergebnis sind unmittelbarer Beobachtung zugänglich. Deshalb ist das Experimentieren auch eine Arbeitstechnik des »Beobachtens im weiteren Sinne«. Vom üblichen Beobachten unterscheidet es sich allerdings deutlich. Ist dort eine Beobachtungsmöglichkeit – z. B. nach Ort, Zeit – erheblich abhängig von fremden Einflüssen, die sich der Steuerung durch den Lehrer zumindest z. T. entziehen, so kann er beim Experiment über Zeit, Ort und weitere Ausgangsbedingungen (weitgehend) frei entscheiden. Kennzeichnend für ein Experiment ist, daß unter Einhaltung gleicher Ausgangsbedingungen jederzeit Ablauf und Ergebnis exakt wiederholt werden können. Ein Ziel jeden Experiments ist die Aufklärung naturwissenschaftlicher Zusammenhänge zwischen darin wirkenden Faktoren und die Offenlegung von Ursachen und Wirkungen.

Anlaß zum Experimentieren im geographischen Unterricht ist die Lösung oder Veranschaulichung einer fachlichen Frage – meist aus dem Gebiet der Physischen Geographie (vgl. HAUBRICH, 1977, S. 178). Dem Lernprozeß können daraus mehrere Vorteile erwachsen:
— Experimente können in der Regel beliebig oft wiederholt werden, bis über die allgemeine Gültigkeit dabei gewonnener Erfahrungen keine Zweifel zurückbleiben.
— Ursachen und Wirkungen können voneinander exakt unterschieden werden.

– Die Zahl der an einem Vorgang beteiligten Faktoren kann planmäßig festgelegt und verändert werden; dadurch werden sie im Vergleich mit einer in der Regel komplexeren Wirklichkeit überschaubarer.
– Ort und Zeitpunkt des Ablaufes können bestimmt werden. Damit können Experimente Beobachtungen ermöglichen, wenn sich ein entsprechender Vorgang in der Wirklichkeit aus zeitlichen oder räumlichen (o. ä.) Gründen unmittelbarer Beobachtung entzieht.
Experimentalreihen können mithin Beobachtungen an der Wirklichkeit überlegen sein. Gegenüber der komplexeren Realität haben sie indessen – nur begrenzt – Modellcharakter (vgl. KONOPKA, 1977, S. 248), kommen durch ihre bessere Überschaubarkeit dafür allerdings der Lernfähigkeit der Schüler auch besser entgegen (vgl. HAUBRICH, 1977, S. 178).

O. LEHMANN (1964) diskutiert eingehend die Elemente experimenteller Untersuchung. Folgende Phasen zeichnen sich innerhalb des Unterrichtsverlaufes dabei ab:
– Auftreten einer konkreten Fragestellung zur Physischen Geographie innerhalb eines Lernprozesses;
– vereinfachende Herauslösung und Anpassung an für die Schüler durchschaubare Versuchsbedingungen;
– Diskussion vorgeschlagener Lösungswege;
– experimentelle Überprüfung der Richtigkeit vermuteter Lösungsverfahren;
– gegebenenfalls mehrfache planmäßige Veränderung der eingangs festgelegten Versuchsbedingungen;
– Beschreibung experimentell gefundener Ergebnisse;
– Verknüpfung der experimentell gefundenen Lösung (Erklärung) mit dem im Lernprozeß aufgetretenen Anlaß (vgl. auch: HAUBRICH, 1977, S. 178).
Beim Einsatz dieser Arbeitstechnik ist der Geographieunterricht allerdings in der Regel darauf angewiesen, Inhalte des naturwissenschaftlichen Unterrichts als Grundlagen zu übernehmen und auf seine speziellen Fragen hin anzuwenden. Unter geeigneten Bedingungen lassen sich ausgesuchte Fragen auch im Sinne fächerübergreifender Zusammenarbeit (z. B. als »Projekt«) durchführen (vgl. u. a. MÜNZINGER, 1979, S. 108–114; SALZMANN/BROSOWSKI, 1977, S. 217).
Experimente zu Einzelerscheinungen der Morphologie und Klimatologie erläutern u. a. O. LEHMANN (1964), H.-D. KONOPKA (1977, S. 249–251) sowie SALZMANN/BROSOWSKI (1977, S. 217–220). Versuche zu bodenkundlichen Problemen werden beschrieben von BRUCKER/HAUSMANN (1972, S. 41–42), M. GROSSERT (1955), H. JÄGER (1977, S. 320–328), O. SCHWEGLER (1976, S. 259–261), zur Luftbelastung durch Abgase von W. MÜNZINGER (1979, S. 108–114); ferner G. NIEMZ (1979).

4.3.3.5 Das *Beschreiben* (auch: Berichten, Darstellen) dient der Sicherung eines genauen, unverfälschten Ergebnisses dessen, was mit den Sinnen aufgefaßt oder mit geistigen Kräften gewonnen wurde. Diese Ergebnissicherung kann vorrangig als Stütze des eigenen Gedächtnisses, ebenso aber der unmittelbaren Weitergabe an Dritte oder für eine erst später beabsichtigte Weiterverarbeitung (Auswertung) quasi als Datenspeicherung dienen.

Gegenstand einer Beschreibung können sein: augenblicksgebundene Zustände einer Erscheinung, Abläufe von Vorgängen oder Wege zur Erkenntnisgewinnung über ein Wirkungsgefüge mit den darin als Ursachen und Folgen verknüpften Faktoren.

Eine mögliche Form des Beschreibens ist die mündliche und/oder schriftliche Sprache, die seit Beginn geographischer Tätigkeit für das Fach unverzichtbar ist. ERATOSTHENES (276–195 v. Chr.) verfaßte eine mehrbändige »Geographika« als Beschreibung der damaligen Kenntnis der Erde »mit graphischen Mitteln«. IMMANUEL KANT (1720–1804) gab noch der reinen Beschreibung des im Raum beieinander Vorfindlichen mit besonderer Betonung physisch-geographischer Erscheinungen den Vorrang, während ALEXANDER VON HUMBOLDT (1807: »Ansichten der Natur«) eine erklärende Beschreibung forderte. Trotz aller Umorientierung wissenschaftlicher Forschungsansätze der Geographie seither gilt auch gegenwärtig noch: »Geographische Wissenschaft ist also in einem allgemeinen Sinn Beschreibung und Erklärung von Sachverhalten hinsichtlich ihrer erdoberflächlichen Verbreitungs- und Verknüpfungsmuster« (BARTELS, 1970, S. 20).

Neben die Sprache treten gerade in der Geographie u. a. die (bildhafte) Zeichnung, Fotos, die Umsetzung in spezifische Signaturen-Systeme als Karte (Kartogramm, Kartodiagramm) oder andere durch Erläuterung bzw. generelle Absprache verständliche Signaturen bzw. Graphiken (z. B. Diagramme) (vgl. u. a. EBINGER, 1976, S. 86, 182; SCHMIDT, 1976, S. 238). Die unverzichtbare Rolle der Sprache und ihrer Begriffe auch für nicht-verbale Formen der Beschreibung geht daraus hervor, daß in jedem derartigen Fall stets in einer Erläuterung (»Legende«) die benutzten – abstrakten – Signaturen (Zeichen) den verbalen Begriffen zugeordnet werden müssen, für die sie stellvertretend benutzt werden. Nicht-verbale Beschreibung unterscheidet sich jedoch nicht nur dadurch von sprachlicher Beschreibung, daß sie – andere – Zeichen benutzt. Bei verbaler Beschreibung können Informationen ausschließlich nacheinander festgehalten bzw. übermittelt werden. Im Gegensatz dazu gibt die nicht-verbale Beschreibung (z. B. als Karte, Diagramm o. ä.) sämtliche Informationen zur gleichen Zeit wieder. Die Informationsentnahme muß bei verbalen Beschreibungen in der Regel der vorgegebenen Reihung folgen. Dagegen können z. B. in Karten, Diagrammen o. ä. enthaltene Informationen in beliebiger Folge (und deshalb auch

Kombination) entschlüsselt und ausgewertet werden. Folglich sind nicht-verbale Formen der Beschreibung nicht nur Ersatz für verbale Beschreibung, sondern eröffnen ergänzende Möglichkeiten.

Die elementare Rolle des Beschreibens für das Fach erfordert eine Vermittlung und ständig übende Verbesserung dieser Arbeitstechnik. Dabei wird die Fähigkeit, Aufgefaßtes mit entsprechenden, unverwechselbaren Begriffen gedanklich zu verknüpfen, gefordert und gefördert (d. h.: Identifizierung von realer Erscheinung mit »Zeichen« im weitesten Sinne). Sie umschließt Abstraktionsakte und setzt Fähigkeiten dazu voraus. Sie bewirkt im Interesse eindeutiger Aussagen eine fortwährende Erweiterung des Begriffsschatzes und Sprachvermögens (vgl. dazu auch: BIRKENHAUER, 1975, Teil 1, S. 178; GEIPEL, 1969, S. 155).

4.3.3.6 *Vergleichen* und, damit eng verknüpft, *Unterscheiden* beruhen auf Beobachtungen und Befragungen, die mit präzisem Auftrag vorgenommen wurden. Beobachten wie Befragen kann sich prinzipiell einem Einzelobjekt zuwenden. Vergleichen und Unterscheiden erfordert die Gewinnung von Informationen über mindestens zwei Einzelobjekte. Diese können beliebig ähnlich oder unterschiedlich sein. Ähnlichkeit oder Unterschiedlichkeit ergeben sich in unserem Bewußtsein als Ergebnis des Vergleichens. Erst dieses gestattet, eine Unterscheidung vorzunehmen. Im Gegensatz zum Messen werden vorwiegend qualitative Aussagen erzielt. Sie ergänzen und verfeinern dennoch andere, bereits zuvor durch erstes Beobachten bzw. Befragen gewonnene Ergebnisse und führen deshalb zu einer genaueren Kenntnis. Geographischer Unterricht bedient sich ebenso des Vergleichens und Unterscheidens einzelner Erscheinungen wie komplexer räumlicher Gebilde (vgl. u. a. BIRKENHAUER, 1975, Teil 1, S. 111; SCHMIDT, 1976, S. 203f.).

4.3.3.7 *Verallgemeinern* ist ein mehrschichtiger geistiger Prozeß mit einander ergänzenden und aufeinander aufbauenden Teilfähigkeiten. Als instrumentale Qualifikation beruht er darauf, daß zahlreiche Einzelerscheinungen ebenso ihnen individuell zukommende Merkmale aufweisen wie weitere, die sie mit anderen gemeinsam haben.

Mit der Ermittlung jener Merkmale, die mehreren Einzelerscheinungen gemeinsam anhaften, wird die Grundlage zur *Klassifizierung* gewonnen. Dabei werden Erscheinungen, die mit einem gemeinsamen (oder einer Gruppe gemeinsamer) Merkmal(e) ausgestattet sind, wegen eben dieser Merkmalsgemeinsamkeit zu einer Gruppe von Erscheinungen zusammengefaßt. Bei diesem Vorgang treten alle übrigen Merkmale der betroffenen Erscheinungen in den Hintergrund und bleiben unberücksichtigt.

Darin äußert sich die mit jeder Klassifizierung verbundene *Abstraktion,* die folglich als Fähigkeit zugleich mitvermittelt bzw. benutzt werden muß. Eine derart gebildete Gruppe von Erscheinungen wird überdies mit einem sie bezeichnenden, abstrakten Begriff verknüpft.

Mit der Klassifizierung werden notwendige Ordnungsraster gebildet für die ansonsten schier unüberschaubare Fülle von Tatbeständen, die der Schüler fortwährend neu und zusätzlich erfaßt. Sie sind eine Grundbedingung für die Erreichung der Verfügungsgewalt über ein wachsendes, begrifflich geordnetes Tatsachenmaterial und daraus ableitbare Erkenntnisse.

Das *Systematisieren* beruht auf konsequenter Erweiterung des Klassifizierens, setzt mithin die Fähigkeiten des Klassifizierens und Abstrahierens voraus. Durch verfeinerte Merkmals-Analyse können innerhalb bereits klassifizierter Gruppen von Erscheinungen nach entsprechenden Teil-Merkmals-Verknüpfungen »Untergruppen« gebildet und mit einem besonderen Begriff verbunden werden. Dabei bleibt die zuvor gebildete Gruppe nun als »Obergruppe« erhalten. Damit erfolgt der Ausbau von zunächst einander nebengeordneten Gruppen merkmalsgleicher Erscheinungen zu einem ständig differenzierteren System einander über- bzw. untergeordneter »Klassen« von Erscheinungen als umfassendem Ordnungsraster, innerhalb dessen bereits aufgefaßte, aber auch alle neu hinzukommenden Erscheinungen abstrakt-begrifflich und systematisch geordnet sind und eben deshalb auch zugleich überschaubarer und besser verfügbar werden (vgl. u.a. BARTH, 1969, S. 32–33; HALFEN/KUROWSKI/SCHREIBER, 1978, S. 11–14; SCHACHT/SCHREIBER, 1978, S. 196–221).

4.3.3.8 *Konstruieren* beinhaltet die Anwendung von dazu als geeignet erfahrenen Hilfsmitteln zur Herstellung eines im voraus festgelegten technischen Gebildes als Endresultat. Insofern unterscheidet es sich vom spielerisch-intuitiven Probieren ohne präzise Problemstellung. Es fördert zweckgerichtetes gestaltendes Tun und ein allgemeines Problemlösungsverhalten. Es erfordert die Verwendung von Geräten und Materialien, die verfügbar und zur Bewältigung der Konstruktionsaufgabe geeignet sein müssen, ferner (als »angewandte Naturwissenschaft«) den Transfer bereits erworbener naturwissenschaftlich-technischer Fähigkeiten. Zu konstruierende Objekte werden meist als zwar verkleinerte, aber dennoch funktionstüchtige Modelle angefertigt. »Das praktische Konstruieren hat ... den eindrucksvollen Vorzug, daß die Folgen einer Fehlkonstruktion sich deutlich bemerkbar machen und eine Korrektur geradezu erzwingen« (FIEGE, 1972, S. 83). Nicht zuletzt aus diesem Grunde ist es auch als Lernkontrolle verwendbar.

5 Medien im Geographieunterricht

Beim Überblick über die generell für den Geographieunterricht verfügbaren Medien muß deren breite Vielfalt auffallen. »Es dürfte wenige Fächer, vielleicht gar keines geben, das so viele verschiedenartige Bildungsmittel aufzuweisen hat wie gerade die Erdkunde« (SCHMIDT, 1976, S. 271). Dies läßt sich ebenso mit der komplizierten Struktur geographischer Sachverhalte erklären wie mit den verschiedenartigen Lernzielen, zu deren Erreichung diese Hilfsmittel innerhalb von Lernprozessen erforderlich sind. Trotz der breiten Vielfalt gibt es indessen kein einziges Hilfsmittel, das ein anderes völlig gleichwertig ersetzen könnte (vgl. SCHMIDT, 1976, S. 306).

Die wichtigsten Arten fachspezifischer Medien können nachfolgend nur recht summarisch erläutert werden. Über spezielle Probleme und Anwendungsmöglichkeiten liegt indessen eine Fülle von Veröffentlichungen vor, aus denen umfassendere Informationen entnommen werden können. Beachtung verdienen daneben auch allgemein-mediendidaktische Publikationen, enthalten sie doch nicht minder grundlegende Anregungen. Verlage und einige öffentliche Institutionen bieten ein breites Medien-Programm an, dessen wachsender Umfang sich u. a. in regelmäßigen Ausstellungen abzeichnet. Darunter fanden die DIDACTA und die INTERSCHUL (Dortmund) breite Aufmerksamkeit. Vor allem informieren Fachkataloge über das laufende Programm und wichtige Neuentwicklungen der Verlage wie Institutionen.

Die nachfolgende Aufzählung von Medien im Geographieunterricht ist an folgender Systematik orientiert: Zunächst werden Abbildungen der Wirklichkeit (Bilder aller Art, Unterrichtsfilm) vorgestellt. Anschließend werden mehr oder weniger modellhafte resp. symbolische Nachbildungen der Wirklichkeit (dreidimensionale Modelle; Karte und Atlas; Zahl/Statistik; Diagramm; Kartogramm) erläutert. Gestaltungsmittel, die als solche noch nicht didaktisch intentioniert sind, sind der Sandkasten und der Arbeitsprojektor. Abschließend werden Schulbuch, Schulfunk und -fernsehen als eigene Gruppe behandelt.

5.1 Didaktische Vorüberlegungen zum Einsatz von Medien

Originäres Objekt des Geographieunterrichts ist der Raum der Erde, ein beliebiger Ausschnitt daraus oder in bestimmten Fällen auch ein fiktives Objekt. Soweit als Unterrichtsobjekt ein bestimmter räumlicher Ausschnitt gewählt wird, liegt es auf der Hand, daß dieser mit den darin vorhandenen, für den Unterricht wesentlichen geographischen Erscheinungen nicht in jedem Falle unmittelbar in der Wirklichkeit aufgesucht werden kann. Daraus ergibt sich die Notwendigkeit, das ausgewählte reale Objekt durch solche Medien, welche zu dessen Repräsentation im Unterricht geeignet sind, zu ersetzen. Die Eignung des einzelnen Mediums muß danach beurteilt werden, ob an ihm bestimmte Schüler beabsichtigte Lernprozesse vollziehen und vorgegebene Lernziele erreichen können. Ein Medium muß also geeignet sein, dem Schüler fachliche Kenntnisse zu vermitteln. Ebenso muß es ihn zum Erwerb und/oder zur Anwendung fachspezifischer Arbeitstechniken befähigen können. Daher unterliegen alle Medien zugleich der Anforderung einer Eignung als Arbeitsmittel (vgl. ENGELHARD, 1977b, S. 146–147; WITTERN, 1975, Bd. I, S. 57f., S. 75–77).

Die spezifische Eignung jeder einzelnen Medienart für Lernprozesse und deren Funktion innerhalb derselben führt sinnvoll und ebensooft geradezu zwangsläufig dazu, daß innerhalb voranschreitender Lernvorgänge mehrere Hilfsmittel unterschiedlicher Art in geeigneter Weise als »Medienverbund« miteinander kombiniert werden können oder gar müssen. Dabei entsteht »eine funktionsspezifisch differenzierte, arbeitsteilige Kombination verschiedener Medien« (DOHMEN, 1971, S. 111). Medienverbunde sind »Wirkungssysteme, die auf verschiedene Weisen Methoden und Mittel des Unterrichts verknüpfen, um die Effizienz von Lehren und Lernen zu steigern« (ZIELINSKI, 1971, S. 331). A. BRUCKER (1977, S. 216) unterscheidet nach der gegenseitigen Zuordnung der einzelnen Medien innerhalb des Medienverbundes
»– die Medienkombination, bei der einzelne Medien additiv einander ergänzen;
– das Medienpaket, das in locker strukturierter Form die verschiedenen Medien anbietet;
– das Mediensystem, bei dem die Einzelmedien streng strukturiert sind und der Unterrichtsgang vom Einsatz dieser Medien abhängt«. (Vgl. auch: WITTERN, 1975, Bd. 1, S. 129–132.)

Der Einsatz unterschiedlicher Medien im Verbund wird nicht nur mit ihrem spezifischen Beitrag zur Information und ihrem unterschiedlichen Abstraktionsgrad begründet, sondern ebenso damit, daß dadurch die Möglichkeit gegeben ist, innerhalb des Lernprozesses die verschiedenen Sinne des Lernenden umfassender zu aktivieren, die verschiedenen Begabungen besser zu berücksichtigen, eine breitere Zahl von instrumentalen Qualifikationen zu nutzen und durch all dies endlich die Leistung generell zu steigern (vgl. BRUCKER, 1977, S. 218).

Vor dem Einstieg in die konkrete Planung einer Unterrichtssequenz sollte sich der Lehrer deshalb einen Überblick über die verfügbaren, spezifisch geeigneten Medien verschaffen, damit er deren Einsatz gezielt vorsehen kann. Dazu muß er genau wissen, was jedes einzelne dieser

Medien im Unterricht zu »leisten« vermag, welche Qualifikationen die Schüler mit seiner Hilfe erwerben oder an ihm anwenden können. Von gleicher Bedeutung ist die Berücksichtigung der beim Schüler bereits vorhandenen Fähigkeiten/Fertigkeiten. Sind sie im Umgang mit einem einzusetzenden Medium noch zu gering qualifiziert oder gänzlich unerfahren, bedarf es geeigneter Maßnahmen zur Einführung in den Umgang damit. Aus diesem Blickpunkt wird die grundsätzliche Frage nach den »instrumentalen Fertigkeiten« gestellt, welche der Geographieunterricht vermitteln bzw. zu deren Anwendung er die Schüler befähigen muß. Um dies alles bei der Unterrichtsplanung und -vorbereitung abschätzen zu können, muß der Lehrer die Medien kennen, sie nach lernpsychologischen und didaktischen Gesichtspunkten beurteilen und gegebenenfalls für spezielle Ziele solche selber entwickeln können (vgl. BRUCKER, 1976b, S. 250–257).

5.2 Bilder aller Art

Das Bild ist im Unterricht »ein vorzügliches und . . . unentbehrliches Hilfsmittel zur Veranschaulichung geographischer Objekte, die die Schüler mit eigenen Augen nicht sehen können und von denen sie doch eine richtige und deutliche Vorstellung gewinnen sollen« (HINRICHS, 1968, S. 575). Seine verstärkte Einbeziehung in den Geographieunterricht forderte schon H. HARMS (1895), als er sich gegen die damals überragende Rolle der Karte wandte; denn: »Die Fähigkeit der Schüler, sich auf Grund der Karte eine Vorstellung von einer Landschaft zu machen, wird häufig überschätzt« (WAGNER, 1955, S. 125; vgl. auch GERBERSHAGEN, 1971, S. 93). Dies gilt gleichfalls für alle anderen visuellen Erscheinungsformen beliebiger Objekte, welche die Schüler selber noch nicht gesehen haben.

Im Geographieunterricht können Einzelbilder unterschiedlicher Art verwendet werden, vor allem das *Dia,* das *Transparentbild,* das *Schulbuchbild,* das *Schulwandbild* und endlich das *Handbild* (z. B. geographische Fotos, Bildbeilagen zum Schulfunkprogramm). Nach der Blickrichtung, aus der sie aufgenommen wurden, unterscheidet man Bilder in der »Seitenansicht« (»*Erdbilder*«), in der »Schrägaufsicht« und in der »Senkrechtaufsicht« (»*Luftbilder*«). Häufig empfiehlt sich die Zusammenstellung von Einzelbildern zu themen- bzw. problemorientierten *Bildreihen.* W. GRAU (vgl. 1976, S. 83–86; ebenso SCHRETTENBRUNNER, 1975, S. 18–20; RITTER, 1972, S. 53; BIRKENHAUER, 1975, Teil 2, S. 69) weist auf die Problematik der Verwendbarkeit solcher Dia-Reihen hin, die unter länderkundlichem Aspekt zusammengestellt wurden und häufig einem »sight-seeing-Prinzip« folgen. Er macht Vorschläge für mögliche Umstellungen bzw. Neuordnungen zur Anpassung an Themen und

Ziele des lernzielorientierten Geographieunterrichts. Allen Bildern gemeinsam ist, daß sie im Gegensatz zu Schulfilm und Schulfernsehen (vgl. 5.10.2 u. 5.10.3) beliebig lange, oft und gründlich betrachtet werden können (vgl. GERBERSHAGEN, 1971, S. 93).

5.2.1 Der »didaktische Ort« des Bildes

Die Frage nach dem »didaktischen Ort« eines Bildes kann nur beantwortet werden in Abhängigkeit von der dem Bild übertragenen bzw. der von ihm ausfüllbaren Funktion innerhalb des Lernprozesses.

Das Bild »ist das einzige Unterrichtsmittel, das eine Ersatzanschauung ... vermitteln kann« (RITTER, 1972, S. 38–39). In der Wiedergabe visuell erfaßbarer Merkmale eines Sachverhaltes weist das fotografische Bild die größtmögliche Wirklichkeitstreue auf, wenngleich auch die Aussage einer Fotografie z. B. durch Wahl von Bildausschnitt und Aufnahmezeitpunkt eine subjektive Interpretation der Wirklichkeit einschließt. Mit diesen Einschränkungen können aus ihm in engster Annäherung an die Wirklichkeit Informationen über visuelle Merkmale entnommen und bei deren Auswertung Ergebnisse gewonnen werden, die denen nahekommen, die durch die unmittelbare Objektbeobachtung erreichbar sind. Das Bild »ist deshalb das wichtigste Unterrichtsmittel für den Geographieunterricht, erlaubt es doch ein Nachvollziehen des induktiven, von der Beobachtung ausgehenden Verfahrens« (RITTER, 1972, S. 39). Im Vergleich zum Bild enthalten alle übrigen Hilfsmittel ihre Informationen zum gleichen Objekt in abstrakterer Form (vor allem: Karten, Statistiken, Blockbilder o. ä.). Selbst eine noch so wirklichkeitsnahe Beschreibung muß das räumliche Beieinander in ein begrifflich-abstraktes sprachliches Nacheinander umformen (vgl. u. a. BIRKENHAUER, 1975, Teil 2, S. 66f.; GERBERSHAGEN, 1971, S. 92; RITTER, 1972, S. 38).

Grundsätzlich kann das Bild »an verschiedenen Stellen mit verschiedenen Zielsetzungen im Unterricht« Verwendung finden (RITTER, 1972, S. 57). Einsatzmöglichkeiten bieten sich an beim Einstieg, bei der Erarbeitung, zur Erläuterung und Vertiefung, zur Zusammenfassung und Wiederholung und schließlich bei der Lernkontrolle. Weiterhin können Bilder geeignet sein zur Vor- und Nachbereitung von Schülerexkursionen, von Unterrichtsfilmen, Schulfernseh- und Schulfunksendungen (vgl. u. a. GERBERSHAGEN, 1971, S. 99–100; RITTER, 1972, S. 57–58). Wandbild und Schulbuchbild eignen sich zur Auswertung durch die gesamte Klasse, dgl. alle Projektionsbilder. Schulbuch- und Handbild können ebenso in Gruppen- und/oder Einzelarbeit eingesetzt werden (vgl. RITTER, 1972, S. 42–45). Die Verwendung kann teils ohne technische Vorbereitung erfolgen, ist z. T. aber auch an bestimmte Organisationsformen und weitere Randbedingungen gebunden (z. B. unmittel-

bare Bildbeobachtung oder Beobachtung eines Projektionsbildes, dies
mit oder ohne volle Raumverdunkelung).

5.2.2 Forderungen an das Bild als Hilfsmittel bzw. Arbeitsmittel für den Geographieunterricht

Die Rolle des Bildes als Unterrichtsmittel verlangt vor dessen Einsatz
die sorgfältige *Beurteilung seiner Eignung.* Diese muß mehrere Gesichtspunkte beachten. Abzuschätzen sind (nach RITTER, 1972,
S. 49–52; vgl. auch: SCHMIDT, 1976, S. 285; GERBERSHAGEN, 1971,
S. 94–96):

Die fachliche (fachspezifische) Eignung: Das Bild muß technisch hinreichend vollkommen und sein Inhalt geographisch relevant sein. Damit
die Formalstruktur des Objektes exakt ablesbar ist, müssen bei der Herstellung optimale Bedingungen beachtet werden (u. a. Wahl des günstigsten Bildausschnittes und der geeignetsten Blickrichtung). Dazu ist u. a.
die Beobachtung variabler Beleuchtungsbedingungen im tages- wie jah-
reszeitlichen Rhythmus ebenso notwendig wie die Beachtung von Veränderungen innerhalb des thermischen und/oder hygrischen Jahresgan-
ges. Entspricht die Bildwiedergabe nicht absolut der dem Auge gewohn-
ten Erscheinung (z. B. Filterverwendung), so liegt darin noch kein Ver-
stoß gegen die Forderung nach Wahrheitstreue. Die Forderung nach
fachspezifischer Eignung zwingt auch nicht zur Ablehnung älterer Bilder, weil diese einen früheren Zustand wiedergeben; sie können eine
Dokument-Funktion ausfüllen, um Veränderungen zu ermitteln, sofern
zumindest deren Aufnahmezeitpunkt bekannt ist. Abzulehnen sind hingegen Bilder (zumeist Postkarten, Gelegenheitsfotos, Ausschnitte aus
Zeitschriften u. a.), die zwar technisch perfekt und aktuell, aber durch
das Fehlen geographisch relevanter Inhalte gekennzeichnet sind (vgl.
RITTER, 1972, S. 43). Bereits mit der Bildauswahl fällt die Entscheidung
darüber, ob dem Schüler irreführende Landschaftsklischees samt einseitiger Beurteilungskriterien vermittelt werden (vgl. FICK, 1967, S. 666).

Die fachdidaktische Eignung: Im Sinne durchschaubarer Bildstruktur
sollten möglichst wenig periphere Elemente enthalten sein, welche die
Bildauswertung beeinträchtigen könnten. Dagegen sollten für das Unterrichtsziel wesentliche Inhalte möglichst eindeutig ablesbar sein, weil
den Schülern in der Regel die erforderlichen »Suchbilder« oft fehlen;
deshalb wird eine möglichst typische bzw. charakteristische Objektab-
bildung verlangt.

Die lernpsychologische Eignung: Sie beansprucht u. a. einen vom Bild
ausgehenden motivierenden Impuls. Er kann auf Interesse bzw. Wis-
sensbedürfnis, aber auch darauf beruhen, daß der Bildinhalt beim Schüler Staunen, motorisches Erleben, provozierendes Widerspruchsbe-

dürfnis und/oder ästhetisches Werterlebnis auslöst (vgl. Fick, 1967, S. 665–684).

Die *Grenzen der Aussagekraft eines Bildes* sind z.T. bedingt durch die technischen Herstellungsverfahren. Jedes Bild ist begrenzt auf einen festgelegten Ausschnitt der Wirklichkeit, der aus einem bestimmten Abstand und unter vorgegebenem Blickwinkel aufgenommen wurde. Ein dreidimensionales Objekt kann nur zweidimensional verebnet in seinem für den Aufnahmezeitpunkt gültigen Zustand erfaßt werden. Hingegen sind Zustände des gleichen Sachverhaltes zeitlich vor oder nach diesem Augenblick, d.h. Veränderungen und/oder Bewegungen, mit einem einzigen Bild nicht dokumentierbar (vgl. Ebinger, 1976, S. 180; Gerbershagen, 1971, S. 93). Selbst mit diesen Einschränkungen kann dem Bild nicht bedingungslos die Qualität objektiver Dokumentation zuerkannt werden. Beim Hersteller können während der Aufnahmevorbereitung bereits manipulierende Entscheidungen erfolgen (u.a. durch Wahl des Objektes, des Bildausschnittes, des Aufnahmezeitpunktes; vgl. Ritter, 1972, S. 13). Deshalb müssen solche – auch gemalte – Bilder abgelehnt werden, welche zwar »Typisches« enthalten, jedoch in solch enger räumlicher Verflechtung, wie dies in der Wirklichkeit nie vorkommt (vgl. Ebinger, 1976, S. 180; Fick, 1967, S. 680). Die einschränkendste Begrenzung der Auswertungsmöglichkeit rührt daher, daß ein Bild ausschließlich visuell erfaßbare Informationen zum darin enthaltenen Objekt vermitteln kann. Folglich konzentriert sich während der Informationsentnahme die gesamte Aufmerksamkeit auf das menschliche Auge als einziges dazu geeignetes Sinnesorgan. Daraus resultierende Rahmenbedingungen und z.T. recht komplizierte Prozesse und Zusammenhänge werden von G. Ritter (vgl. 1972, S. 9–34) ausführlich erörtert und mit Testergebnissen belegt. Beachtenswert ist die Forderung, daß Schüler aus dem Vergleich zwischen der unmittelbaren Beobachtung eines bestimmten Raumausschnittes und dessen Wiedergabe im Bild befähigt werden sollten, Unterschiede der Aussagefähigkeit beider Beobachtungssituationen zu erkennen und dadurch wesentliche Grenzen möglicher Aussagen durch ein Bild festzustellen.

5.2.3 Formen und Verfahren der Bildauswertung

Bilder können ihre Arbeitsmittelfunktion nur durch zielgerichtete Auswertung erfüllen. Andernfalls sind sie didaktisch wertlos (vgl. u.a. Birkenhauer, 1975, Teil 2, S. 68; Schmidt, 1976, S. 284; Wocke, 1973, S. 18–22).

Jede Bildauswertung umfaßt mehrere aufeinander folgende *Teilschritte*. Als Grundsatz sollte gelten: »Zuerst spricht das Bild, dann der Schüler und zuletzt der Lehrer« (Adelmann, 1955, S. 108; auch u.a. Gerbershagen, 1971, S. 100–102; Birkenhauer, 1975, Teil 2,

S. 67–68; SCHMIDT, 1976, S. 284–285; vor allem RITTER, 1972 – mit Unterrichtsbeispielen – S. 58–63). Mit der Entnahme visuell faßbarer Informationen gewinnt der Schüler durch die Arbeitstechnik des Beobachtens, welche im Geographieunterricht »die Rolle des Ausgangspunktes/Ursprunges der Erkenntnis« spielt (RITTER, 1972, S. 37), Kenntnisse vom abgebildeten Gegenstand, die er zu Erkenntnissen/Einsichten erweitern soll. Visuell erfaßbare Merkmale bedürfen der Ordnung nach ihrer Aussagekraft für

– die Beschreibung (und Benennung sowie verallgemeinernde Klassifizierung und Systematisierung) des Objektes,
– die Beschreibung räumlicher Elemente des Objektes und deren Unterscheidung,
– die Erklärung (Deutung) seiner Entwicklung,
– die Erklärung kausaler/funktionaler Verflechtungen, in welche das Objekt eingebunden ist.

Gründliche Bildauswertung zwingt zur *Begrenzung der Anzahl der Bilder.* Bildpaare eignen sich hervorragend für bildvergleichende Beobachtung und Auswertung (z. B. die gleiche Hallig bei Tideniedrigwasser und Tidehochwasser, das gleiche Savannengebiet gegen Ende der Trokken- und der Regenzeit, die gleiche Hauptgeschäftsstraße zeitig vor Geschäftsbeginn und während der Hauptgeschäftszeit o. ä.). Mit anderer Zielsetzung können sich eine »Totale« und ein daraus entnommenes »Detailbild« zum gleichen Objekt ergänzen, wenn es z. B. um die Ermittlung von »Typischem« und »Individuellem« geht (vgl. u. a. GERBERSHAGEN, 1971, S. 94; SCHMIDT, 1976, S. 286).

Jede nicht ausschließlich auf visuell erfaßbaren Merkmalen beruhende oder sich darauf beschränkende Objekterfassung bedarf der *Ergänzung durch weitere Hilfsmittel* zur Präzisierung. Die Bildauswertung steht deshalb »mit anderen Hilfsmitteln und Methoden in Konkurrenz und ... muß auf der Stufe der Erarbeitung von Gesetzmäßigkeiten ergänzt werden durch andere Arbeitsmittel« (RITTER, 1972, S. 41). Dies gilt für physisch-geographische Tatbestände wie für sozialgeographische Problemfelder, weil Bilder nur Symptome und Individuen visuell nachzeichnen. »Um Strukturen in ihrem eigentlichen Wesen zu erkennen, sind neben Tatsachenberichten vor allem Statistiken, Diagramme und kartographische Darstellungen erforderlich« (WOCKE, 1968, S. 99).

Die Bildauswertung ist ein Akt, welcher dem Schüler Kenntnisse und Einsichten vermittelt. Ebenso fordert und fördert sie die allgemeinen instrumentalen Qualifikationen des Beobachtens, des Beschreibens, Verallgemeinerns und Erklärens, ferner die fachspezifischen Qualifikationen des räumlichen Erfassens und räumlichen Denkens (vgl. BIRKENHAUER, 1975, Teil 2, S. 68; SCHMIDT, 1976, S. 285). Aus dem Bild entnommene Inhalte können nicht nur in sprachliche Formen der Beschreibung, sondern auch in zeichnerische (graphische) Beschreibungsformen umgesetzt werden. Dabei ist eine isolierende und vereinfachende Umsetzung wesentlicher Bildelemente möglich (vgl. BIRKENHAUER, 1975, Teil 2, S. 71). Unter bestimmten Bedingungen bietet sich weiterhin die Umsetzung eines Bildinhaltes in die abstrakte Darstellungsform der Karte an, zu deren Verständnis wiederum auch Bilder herangezogen werden können (vgl. u.a. BIRKENHAUER, 1975, Teil 2, S. 68; RITTER, 1972, S. 59).

Über Besonderheiten, welche beachtet werden müssen, wenn im Unterricht (Senkrecht-)Luftbilder eingesetzt werden, informieren E. ERNST, W. FRICKE, S. SCHNEIDER, W. SPERLING und K. VÖLGER (1972) ausführlich.

5.3 Der Unterrichtsfilm

Das bewegte (lebendige) Bild des Films kann Abläufe aller Art (Naturvorgänge ebenso wie Prozesse innerhalb menschlicher Daseinsäußerungen) technisch exakt wiedergeben. Durch die Farbe wird seine Wirklichkeitstreue noch erhöht (während die Umsetzung von Farben in Grautöne bereits eine Abstraktion wesentlicher Merkmale bedeutet). Ebenso ermöglicht der Ton eine größere Wirklichkeitsnähe im Vergleich zum stummen Bild, weil er ergänzende, visuell nicht erfaßbare Merkmale vermittelt (vgl. u.a. BIRKENHAUER, 1975, Teil 2, S. 72; KETZER, 1972, S. 16; SCHMIDT, 1976, S. 287–288). Eine Förderung der Behaltensleistung der Schüler als Ergebnis der Kombination von Bild und Ton gilt zudem als erwiesen (vgl. KETZER, 1972, S. 18). Günstig ist ferner, daß im Film einmal festgehaltene Abläufe jederzeit und beliebig oft reproduziert werden können (vgl. KETZER, 1972, S. 13). Dadurch wird deren Beobachtung unabhängig von äußeren Schwierigkeiten, die einer Realbeobachtung entgegenstehen, möglich. Allerdings lassen sich gegenüber dem Einzelbild einige Nachteile nicht leugnen. Technisch bedingt ist »ein Verweilen bei Einzelheiten nur so lange möglich, wie dies der Hersteller vorgesehen hat. Der Film hat ... einen bestimmten dramaturgischen Aufbau, den man nicht ändern kann, ohne den Zusammenhang der Sequenzen zu stören« (KETZER, 1972, S. 6). Einige Projektoren gestatten allenfalls ein kurzfristiges »Anhalten« eines Bildes.

Typen des geographischen Unterrichtsfilms unterscheiden (u.a.) A. BRUCKER (1977, S. 272), TH. HORNBERGER (1970, S. 5f.) und M. GEIGER (1980). Eine umfassende Literaturübersicht gibt G. KETZER (1972, S. 85–91).

5.3.1 Der »didaktische Ort« des Films im Unterricht

Aus der spezifischen Eignung eines bestimmten Films und der didaktisch-methodischen Planung eines konkreten Unterrichtsablaufes läßt sich erst festlegen, ob ein bestimmter Film – der dazu dem Lehrer genauestens bekannt sein muß – in der Motivationsphase, als Lösungshilfe in der Erarbeitungsphase oder für die Vertiefung bereits erreichter Teilziele am besten geeignet ist (vgl. u. a. BIRKENHAUER, 1975, Teil 2, S. 73; bes.: KETZER, 1972, S. 58–81). Der Vorwurf der Verleitung zur Oberflächlichkeit wird als Vorurteil zurückgewiesen. Diese Erscheinung ist eine Folge methodisch falschen Filmeinsatzes, z. B. Film als Zeitfüller, oder unterbliebener Auswertung. Beide Tatbestände haben im lernzielorientierten Unterricht keinen Platz. Allerdings muß der Schüler zum sachgerechten Umgang mit dem Film als Informationsträger angeleitet werden (vgl. KETZER, 1972, S. 13, 17). Häufig wird vor einer Bildübersättigung gewarnt mit daraus folgender Ermüdung, Langeweile, nachlassender Aufmerksamkeit und letztlich relativ hohem Aufwand gegenüber bescheidenen Lernerfolgen bis hin zum Rückgang der Denkleistung (vgl. u. a. BIRKENHAUER, 1975, Teil 2, S. 72; HEYN, 1969, S. 342; KETZER, 1972, S. 13, 17).

5.3.2 Anforderungen an den Unterrichtsfilm

Die Forderung nach Wirklichkeitstreue kann vom Film offenbar nur unter bereits genannten Einschränkungen erfüllt werden. Soll er für den Unterricht geeignet sein, dann darf er weder den Lehrer, erst recht nicht den vom Schüler zu vollziehenden Lernprozeß ersetzen bzw. vorwegnehmen (vgl. EBINGER, 1976, S. 181; BELSTLER, 1965, S. 70). Er soll dokumentarisch, sachlich und möglichst kurz sein; er soll sich auf möglichst überschaubare Inhalte/Objekte beschränken (vgl. KETZER, 1972, S. 34–38). Die Darstellung mancher Sachverhalte erfordert den Trickfilm (vgl. KETZER, 1972, S. 21 f.).

Rechtzeitig erkannte Schwächen eines Filmes, auf den man nicht verzichten will, können manchmal kompensiert werden, z. B. durch Weglassen des Tones (bei überholtem oder ablenkendem Kommentar), durch Auswahl nur einer oder weniger Bildsequenzen (u. a. bei Film-Überlänge, mangelnder Lernziel-Anpassung des Gesamtfilms, überholten Teil-Inhalten, ...), Wechsel zwischen Filmbetrachtung und -auswertung (gegliedert in sachlich zusammenhängende Bildsequenzen), Aufdeckung der im Film verborgenen Leitgedanken, Herauslösung und Gegenüberstellung bzw. Korrektur zutreffender wie veralteter Aussagen (vgl. JAKAT, 1977, S. 332–334 mit konkreten Beispielen; KETZER, 1972, S. 58–81).

5.3.3 Filmauswertung

Die Bedeutung der Auswertung wird dadurch hervorgehoben, daß erst mit der Versprachlichung die geistige Auffassung und Verarbeitung möglich – und kontrollierbar – wird (vgl. u. a. HEYN, 1969, S. 345). In aller Regel sichert nicht das Medium Film an sich bereits den angestrebten Lernerfolg; es ist vielmehr auf die ergänzende Hinzunahme erforderlicher Vorkenntnisse ebenso angewiesen wie auf die Informationserweiterung durch zusätzliche Unterrichtsmittel (u. a. Karte/Atlas, Statistik, Graphiken; vgl. KETZER, 1972, S. 29).

Kontrovers beurteilt wird vor allem die im Film latente Manipulationsgefahr, deren Auswirkung und mögliche Eingrenzung. Der Film kann – stärker als das Einzelbild – durch Ausschnittwahl, vor allem aber durch Szenenlänge und beigefügte Kommentare beabsichtigte wie unbeabsichtigte Wirkungen auslösen (vgl. u. a. KETZER, 1972, S. 27–29; WEMBER, 1972, S. 91). Deshalb genügt u. U. nicht die Entnahme optischer und akustischer Informationen, sondern es bedarf dazu deren kritischer Diskussion und Beurteilung (vgl. JAKAT, 1977, S. 332).

5.4 Modelle – dreidimensionale Nachbildungen der Wirklichkeit

Modelle als Hilfsmittel im Geographieunterricht machen dem Schüler eine Wirklichkeit in deren dreidimensionaler Wiedergabe zugänglich. Deshalb sind sie ein geeigneter – nach H. EBINGER sogar der beste – Ersatz für die Wirklichkeit (vgl. EBINGER, 1976, S. 180).

Allerdings bildet nicht jedes Modell den dargestellten Sachverhalt maßstabsgetreu ab. Weiterhin sind selbst maßstabsgetreue Nachbildungen einer Wirklichkeit bereits zwangsläufig generalisiert. Doch ist anzuerkennen, daß geeignete Generalisierungen – z. B. das Weglassen unwesentlicher, peripherer Einzelheiten – zugleich eine Hervorhebung wesentlicher Tatbestände nach sich ziehen. Damit können sie den zu repräsentierenden Sachverhalt für den Schüler durchschaubarer machen, ohne ihn bereits zugleich in wesentlichen Teilen zu verfälschen.

Vormals erwuchs aus der »Arbeitsschule« der Reformpädagogik eine Fülle von Impulsen zur Anfertigung zahlreicher Modelle für den Unterricht auch in der Geographie, die von den Schülern im »Werken« selber konstruiert wurden (vgl. SCHMIDT, 1976, S. 300–302). Ähnlich bietet sich derzeit für einige Modell-Arten u. U. eine Kooperation mit der »Technik« an (z. B. innerhalb des Sachunterrichts der Grundschule).

5.4.1 Der Globus

Das von allen Modellen im Geographieunterricht wohl verbreitetste dürfte der Globus sein. Gegenüber allen anderen Formen der Abbildung der Erde als Ganzes zeichnet er sich durch mehrere Vorzüge aus:
- Er bildet als einzige Darstellungsform die ganze Erde dreidimensional und maßstabsabhängig formengetreu ab.
- Erscheinungen auf der Erdoberfläche werden in flächentreuer Verbreitung, in längen- und winkeltreuer Lage zueinander dargestellt.
- Er bietet die Möglichkeit, die räumliche Anordnung des geographischen Gradnetzes verlaufsgetreu zu veranschaulichen.
- Mit ihm können Verlauf und Richtungen kürzester Entfernungen selbst zwischen entfernten Punkten auf der Erdoberfläche und deren wahre räumliche Lage zueinander veranschaulicht und gemessen werden.

Deshalb kann der Globus im Unterricht dazu dienen, in anschaulicher Weise Kenntnisse und Einsichten zu vermitteln über
- die Kugelgestalt der Erde,
- die Erdrotation und die Schiefe der Ekliptik und
- damit zusammenhängende weitere Erscheinungen.

Der Globus kann folglich Hilfe leisten bei der globalen räumlichen Orientierung, zum Verständnis für die gegenseitigen Lagebeziehungen nach den Himmelsrichtungen, zum Verständnis globaler Verteilungen und gegenseitiger räumlicher Beziehungen in der politischen wie der Wirtschaftsgeographie (Welthandel, Weltverkehr, globale Produktion u.a.), zur Einsicht in Erscheinungen der mathematischen Geographie und zur Ableitung von Kartenprojektionen (vgl. u.a. BIRKENHAUER, 1975, Teil 2, S. 84–85; BRUCKER, 1977, S. 248–250; NEWIG, 1975, S. 21–22; SCHMIDT, 1976, S. 274–275). Obschon der Globus als Modell die Erde erheblich generalisiert abbilden muß, wird seine Einbeziehung als Unterrichtsmedium bereits für die erste Hinführung zur Erfassung der Erdgestalt angeraten (vgl. HOFFMANN, 1971, S. 277–278; SANDROCK/DAHM, 1973, S. 151–155; ITTERMANN, 1977, S. 184f. mit Auflistung von Lernzielen). Unter den vorgenannten Zielen eignet er sich nicht nur im Unterricht als Demonstrationsmittel vor Großgruppen, sondern besonders als Arbeitsmittel im Gruppenunterricht (vgl. HEYN, 1973, S. 78–82; HOFFMANN, 1971, S. 277–278). Eine umfassende Bibliographie veröffentlichte W. SPERLING (1974, S. 40–48).

5.4.2 Das Tellurium

Mit einem Tellurium können die gegenseitige Anordnung von Sonne, Erde und Mond sowie deren relative Bewegungen zueinander demonstriert werden. Allerdings geben käufliche Tellurien die relativen Größen und Entfernungsverhältnisse nicht maßstabsgetreu wieder. Weiterhin müssen die damit vorführbaren relativen Bewegungen im Verhältnis zur Wirklichkeit ganz erheblich beschleunigt nachvollzogen werden. Das Tellurium kann bei der Überwindung des in der Regel traditionell verbreiteten geozentrischen Weltbildes eine Hilfe leisten (vgl. u. a. BRUCKER, 1977, S. 250; SCHMIDT, 1976, S. 275). Das grundsätzliche Umdenken weg von geozentrischen Vorstellungen erfordert jedoch eine hohe Abstraktionsfähigkeit. Dabei ist eine möglichst anschauliche Unterstützung unentbehrlich. Ein Tellurium bleibt aber ein ebenso finanziell aufwendiges wie im Unterricht ausgesprochen selten nutzbringend einsetzbares Modell. Für die meisten damit unterstützbaren Lernprozesse genügt entweder der Globus alleine oder eine Kombination von Globus und Stehlampe (als Sonne), ergänzt durch einen Tennisball (als Mond), wenn Globus und »Mond« entsprechend um die lichtspendende Lampe herumgeführt werden (vgl. u. a. BIRKENHAUER, 1975, Teil 2, S. 85; SCHMIDT, 1976, S. 275).

5.4.3 Das Planetarium

Beim Planetarium (System Baader) umgibt ein Himmelsglobus, der die Anordnung der Fixsterne und Planetenbahnen zueinander – allerdings auf eine gemeinsame gewölbte Fläche projiziert – angibt, ein verkleinertes Tellurium. Dessen die Sonne repräsentierende Lampe ist im Zentrum angeordnet und vermag das wechselnde Erscheinungsbild des Nachthimmels über die bereits mit dem Tellurium demonstrierbaren Abläufe hinaus optisch vorzuführen. Zum Verständnis wird dem Benutzer dennoch ein besonders hohes Abstraktionsvermögen abverlangt. Schließlich ist ein Planetarium ein finanziell sehr aufwendiges Gerät, das de facto nur selten benutzt werden kann. Den üblichen Erdglobus hingegen kann es nicht ersetzen (vgl. BRUCKER, 1977, S. 250–252).

5.4.4 Relief-Modelle

Das dreidimensionale Relief vermittelt eine plastische Vorstellung eines Raumausschnittes. Es muß nicht begrenzt bleiben auf die Wiedergabe der Oberflächengestalt, welche allenfalls um zur Orientierung erforderliche topographische Einzelheiten ergänzt wird (z. B. Gewässer, Siedlungslagen, Namen, . . .). Vielmehr sind verbreitungs- bzw. lagegerechte inhaltliche Ergänzungen zu ausgewählten Erscheinungen der Landesnatur und/oder kulturräumlichen Ausstattung durchaus möglich und oft sinnvoll. Häufig besteht auch die Möglichkeit, den geologischen Aufbau des Untergrundes als Geländeprofil darzustellen. Man kann ein derart ausgestaltetes Relief-Modell auch als die dreidimensional-räumliche Umsetzung des zeichnerisch konstruierten Blockbildes ansehen. Mit seiner Hilfe lassen sich deshalb nicht nur wirklichkeitsnähere Vorstellung über gegenseitige Lageverhältnisse von Erscheinungen und deren räumliche Verbreitung sowie Einordnung vermitteln. An Relief-Modellen, die mit einer ergänzenden Profil-Darstellung ausgestattet sind, können auch Zusammentreffen bzw. Verflechtungen zwischen Erscheinungen des Untergrundes bzw. der Oberfläche aufgezeigt (nicht aber bereits erklärt!) werden. Um Relief-Verhältnisse eindrucksvoll wiederzugeben, bedarf es in vielen Fällen einer maßstäblich überhöhten Darstellung. Dennoch kann das Relief bei der Vermittlung des Verständnisses der Höhendarstellung (Reliefdarstellung) auf Karten eine nützliche Hilfe leisten (vgl. u.a. BRUCKER, 1977, S.252; SCHMIDT, 1976, S.300–301).

Die Herstellung von Relief-Modellen und deren Anwendung im Geographieunterricht wird in zahlreichen Veröffentlichungen erläutert (vgl. u.a. BENTZIEN, 1953; HEBEL, 1951; JOSWIG, 1970; MEYER, 1954a; SCHLÄGER, 1965; SCHÖNICH, 1958; SCHWINN, 1966; WINKLER, 1953; WAGNER, 1970). A. SCHMIDT (1976, S.300–302) weist auch auf die damit verbundenen Nachteile hin, vor allem auf den für die Herstellung benötigten Zeitaufwand und die erforderlichen Handfertigkeiten bei der Herstellung. (Zur Bibliographie vgl. W. SPERLING, 1974, S.31–37).

5.4.5 Funktionsmodelle

Im Gegensatz zu »statischen« Reliefmodellen, die das plastische Bild eines Raumausschnittes wiedergeben, müssen die »Funktionsmodelle« genannt werden. An ihnen sollen die Schüler Abläufe beobachten, (evtl. experimentell) untersuchen und erklären können. Im Rahmen der modellhaften Nachbildung geht es folglich – auch – um die Erhellung kausaler und/oder funktionaler Zusammenhänge (vgl. auch 5.4.2 und 5.4.3). Beispiele zur physischen Geographie sind Modelle, mit deren Hilfe etwa Erscheinungen bei der Bildung eines Grabenbruches (vgl. BRUCKER, 1977, S.252) oder die Funktionsweise eines Geysers erklärt werden können. Zur Anthropogeographie können Funktionsmodelle einer Schleuse (vgl. SCHMIDT, 1976, S.302), eines Deiches oder eines Sieltores bei auf- bzw. ablaufender Tide als Beispiele genannt werden. Einige davon können funktionsfähig im Sandkasten konstruiert werden.

5.5 Karte und Atlas

Die (geographische) Karte ist »eine verebnete, maßstäblich verkleinerte, generalisierte und erläuterte kartographische Darstellung von Erscheinungen und Sachverhalten natürlicher und gesellschaftlicher Art der Erde, der anderen Weltkörper und des Weltraumes« (MEYNEN,

1972, S. 305). Nach den Hauptinhalten und damit verknüpften Funktionen ist folgende Unterscheidung üblich:

Topographische Karten dienen der Darstellung »der Situation (...), Gewässer, Geländeformen, Bodenbewachsung und eine(r) Reihe sonstiger zur allgemeinen Orientierung notwendiger oder ausgezeichneter Erscheinungen« (MEYNEN, 1972, S. 305). Sie sind durch die Kartenbeschriftung allgemein erläutert und dienen vorrangig »der allgemeinen Orientierung auf der Erdoberfläche« (JENSCH, 1970, S. 97–98). Nach ihrer Hauptfunktion im Unterricht können ihnen die (meist kleinmaßstäbigeren) »physischen Karten« zugeordnet werden, während großmaßstäbigere »amtliche topographische Karten« nur geringe Anwendung im Unterricht erfahren (vgl. EBINGER, 1976, S. 183; ITTERMANN, 1977, S. 182–183).

Thematische Karten stellen auf einer – oft vereinfachten – topographischen Situation eine (oder einige) ausgewählte reale bzw. abstrakte Erscheinung(en) um deren Problematik willen dar (vgl. MEYNEN, 1972, S. 305; eingehender über deren Grundformen und Aussagemöglichkeiten: vgl. u. a. ARNBERGER, 1970, S. 573–577; IMHOF, 1972, S. 13 f.; ferner in Verbindung mit unterrichtlicher Zielsetzung: ENGELHARD, 1977 c, S. 160–167). (Kartogramme: vgl. 5.7.3, S. 142).

Als unkonventioneller Kartentyp umfaßt die *»geographische Grundkarte«* (des Alexander-Weltatlas) als »länderkundlich orientierte Karte die Landschaften und Länder in ihrer Individualität entsprechend möglichst vollständig und anschaulich ... Kennzeichnend ist die Vereinigung von plastischem Relief, Vegetation und Bodennutzung sowie eine exakte Topographie und eine vollständige Schriftbearbeitung. Hinzu kommen Informationen über Bergbau und Industrie, über landwirtschaftliche Produktion und über Viehhaltung und Fischerei« (SCHULZE, 1975, S. 21).

5.5.1 Die Aufgaben der Karte als Hilfsmittel im Geographieunterricht

Die Karte ist keineswegs das einzige oder wichtigste fachliche Unterrichtsmittel, wohl aber das fachspezifischste (vgl. u. a. BIRKENHAUER, 1975, Teil 2, S. 87). Außer dem Atlas werden im Geographieunterricht weitere Einzelkarten (z. B. »Handkarten«) benutzt. In der Regel enthalten auch die Schulbücher auf spezielle Themen (Fragestellungen, Inhalte) orientierte thematische Karten, welche als Informationsquellen bzw. als Arbeitsmaterial bestimmten Kapiteln zugeordnet sind. Sie alle liegen dem einzelnen Schüler bzw. einer kleinen Schülergruppe unmittelbar zur Auswertung vor. Deshalb kann darin eine vergleichsweise große Zahl von Einzelinformationen eingetragen sein. Diese vorgenannten Karten ersetzen indessen nicht die großformatige »Schulwandkarte«. Letztere muß inhaltlich stark entlastet sein, damit ihre Fernwirkung nicht beeinträchtigt wird. Wandkarten dienen der gemeinsamen Verständigung (vgl. SCHMIDT, 1976, S. 183). Als vollwertiger Ersatz für die kostenaufwendigen Wandkarten werden auch entsprechende Projektions-Transparent-Karten angeboten.

So unentbehrlich einerseits die Karte als Arbeitsmittel ist, »an dem sehr viel und sinnvoll geübt werden muß« (WOCKE, 1968, S. 86), so ergänzungsbedürftig ist sie zum anderen gerade wegen ihrer abstrakten – auch generalisierten – Objektdarstellung durch geeignete weitere Medien (vgl. u. a. SCHMIDT, 1976, S. 277; WOCKE, 1968, S. 80–83).

5.5.2 Schulatlanten als Arbeitsmittel

Der Atlas ist eine systematische Zusammenstellung von Karten in Buchform. Das darin gespeicherte Wissen macht ihn zu einer wesentlichen und vielseitigen Informationsquelle (vgl. u. a. GROTELÜSCHEN, 1970, S. 5; OTREMBA, 1970b, S. 17–18). Nach ihren spezifischen Aussagefeldern werden unterschieden:
– »*Physische Karten*« (»in Gegenüberstellung zur ›politischen‹ Karte auch ›geographische Karte‹ genannt« – ITTERMANN, 1977, S. 182) dienen vorrangig einer allgemeinen räumlichen Orientierung, während
– »*thematische Karten*« (vormals auch »Nebenkarten«) sehr differenzierte und zugleich spezialisierte Aussagen enthalten. Ihnen können Karten zur Bevölkerung, Siedlung, Produktion, zum Verkehr, zu politischen und historischen Sachverhalten zugeordnet werden. Weitere »Themen« beziehen sich auf physisch-geographische Inhalte (z. B. Geologie, Böden, Klima, Vegetation). Karten mit sozio-ökonomischen Inhalten nehmen gegenwärtig den größten Anteil unter den thematischen Karten ein (vgl. auch: MITTELSTÄDT, 1978, S. 102–120). Ergänzungen durch Graphiken und Kartogramme präzisieren qualitative Aussagen zu quantitativen Informationen, soweit nicht bereits die benutzten Symbole gestufte Wert-/Mengen-Aussagen bedeuten (vgl. u. a. ENGELHARD, 1977c, S. 160–171).

Die Revision des geographischen Curriculums löste inhaltliche *Veränderungen der Atlanten* aus, die sich besonders im verringerten Anteil physischer Karten zugunsten vermehrter thematischer Karten niederschlagen. Die Kontroverse über den Sinn physischer Karten (vgl. SCHULZE, 1975, S. 14–22) bedarf noch der Klärung. Doch zumindest derzeit wird mit einer einzigen Ausnahme von allen Schulatlanten ein angemessener Anteil physischer Karten für unerläßlich gehalten (vgl. ITTERMANN, 1977, S. 183; zur Entwicklung von Schulatlanten in der Vergangenheit vgl. FICK, 1970, S. 55–91). In Anpassung daran, daß der lernzielorientierte Geographieunterricht sich häufig räumlich und inhaltlich-thematisch eng umrissener »Fallstudien« bedient, wurden in vermehrter Zahl dafür geeignete Kartenbeispiele in die Atlanten aufgenommen. Teils sind sie der generell räumlich geordneten Kartenfolge eingefügt, teils aber auch nach bestimmten, umfassenderen allgemein-geographischen Problemkreisen thematisch geordnet (im Gegensatz zur regional geordneten Kartenfolge; vgl. z. B. LIST GROSSER WELTATLAS, ALEXANDER WELTATLAS). Lehrermaterialien bilden eine Ergänzung mancher neuerer Schulatlanten. Deren Sachinformationen und didaktisch-methodische Hinweise – zu Einzelkarten und/oder Kartengruppen – erleichtern Lehrervorbereitung und unterrichtliche, lernzielorientierte Kartenauswertung (vgl. u.a. FRIESE/SCHREIBER, 1976; MAYER u.a., 1976; PFROMMER, 1971; SCHULZE, 1975; SCHÜSSLER/SCHREIBER, 1977). Eine umfassende Literaturübersicht zu Schulatlanten veröffentlichte W. SPERLING (1970c, S. 92–101).

5.5.3 Verfahren zur Einführung in das Kartenverständnis

Die Befähigung zum sachgerechten Umgang mit Karten bildet nicht nur eine fundamentale fachspezifische Qualifikation, sondern besitzt den Rang einer elementaren, allgemein unverzichtbaren Kulturtechnik (vgl. u.a. BIRKENHAUER, 1975, Teil 2, S. 93; SPERLING, 1974, S. 2). »Karten lesen können heißt nicht allein, daß der Schüler die Kartenzeichen übersetzen kann, sondern dahinter steht die Fähigkeit, Karteninhalte miteinander zu verknüpfen und aus ihnen Schlüsse zu ziehen sowie zu konkreten Vorstellungen über den dargestellten Erdraum zu kommen« (RICHTER, 1977, S. 238). Ein derartiges Kartenverständnis kann nicht mit wenigen Einzelschritten vermittelt werden. Vielmehr wird allzuoft in der Sekundarstufe übersehen, daß darauf abzielende Anstrengungen sich durch die gesamte Schulzeit hindurchziehen und ständig erweitert werden müssen (vgl. GLÖCKEL/ENGELHARDT, 1973, S. 123). Die erste unterrichtliche Einführung in den Umgang mit Plänen und Karten erfolgt in der Regel im Sachunterricht der Grundschule. Dabei werden erste kindliche Alltagserfahrungen genutzt und zugleich in – zumindest anfangs – altersspezifischer Form in Kartenbilder umgesetzt.

Heftig und kontrovers diskutiert wurde die Frage nach dem besten Weg der Vermittlung der offenbar komplexen Fähigkeit des Kartenverständnisses. Dazu werden *drei »klassische« Verfahren* unterschieden (vgl. u.a. POPP, 1965, S. 466–476):

Das *»synthetische Verfahren«* vermittelt die erforderlichen Teilfähigkeiten in Form eines Einführungslehrganges. Damit verbunden ist oft eine systematische Ausweitung von eng begrenzten zu größeren Raumausschnitten (vgl. u.a. MAYER, 1964, S. 204f.; ders. 1966, S. 75f. Einen systematischen Kurs samt Tests zur Lernkontrolle entwickelte M. RAUCH, 1976).

Das *»analytische Verfahren«* beruht auf dem Vergleich zwischen (fertigen) Karten/Plänen und der darauf abgebildeten Wirklichkeit. Letz-

134

tere wird dazu unmittelbar aufgesucht oder muß als bildhafte Wiedergabe (Foto, Luftbild) verfügbar sein. Die Fähigkeit zur Entschlüsselung der Kartendarstellung wird über den Vergleich zwischen den darin eingetragenen Signaturen (einschließlich deren räumlicher An- und gegenseitiger Zuordnung) und den in der Wirklichkeit beobachtbaren Objekten angebahnt.

Das »genetische Verfahren« verzichtet auf einen Einführungskurs und nutzt die Verbindung zwischen bestimmten Themen bzw. Lernzielen und Möglichkeiten, diese (thema-)kartographisch darzustellen. Es zeichnet sich damit durch spezifisch orientiertes kartographisches Tun aus (vgl. u. a. WILL, 1937, S. 347f.; KRÄMER, 1965, S. 309f.; ders. 1966, S. 177f. – alle erneut abgedruckt in: GLÖCKEL/ENGELHARDT, 1973; ferner: ENGELHARDT/WENDEL, 1975, S. 74–82). Für den »genetischen Weg« zum Kartenverständnis spricht, daß dabei der kindlichen Gestaltung der breiteste Freiraum gewährt wird, daß das Kind dabei nicht bereits zu Beginn mit fertigen Karten konfrontiert wird, sondern selber zunächst quasi die geistige Entwicklung der Menschheit (in Sachen Kartographie) nachvollziehen kann (vgl. SCHMIDT, 1976, S. 283; SPERLING, 1965, S. 58) und daß vor allem die Hinführung zum Kartenverständnis in engster Verflechtung mit den dem Kind jeweils bereits einsichtig bedeutsamen, seine Aktivität motivierenden konkreten Problemen erfolgen kann, aus denen es seinerseits bereits den »Wert« der Kartendarstellung für bestimmte Sachverhalte erfährt. Aus dieser Sicht wird gegenwärtig der Ausgang von thematischen Kartierungen vorgeschlagen (vgl. ENGELHARDT/WENDEL, 1975, S. 74–81; HAUS, 1977, S. 34–37).

Vorrangige Lehrziele bei der Einführung in das Kartenverständnis sind:
– Verständnis der Grundrißdarstellung,
– Verständnis der Symbolsprache (Signaturen, Abstraktionen),
– Verständnis der maßstäblichen Verkleinerung,
– Verständnis der Generalisierung,
– Verständnis der – doppelten – Verebnung,
– Verständnis der Orientierung nach den Himmelsrichtungen
(vgl. u. a. GLÖCKEL/ENGELHARDT, 1977, S. 162; BIRKENHAUER, 1975, Teil 2, S. 88).

Zum Verständnis der Grundrißdarstellung kann das (im Sandkasten oder anderweitig konstruierte) Modell eines Raumausschnittes ebenso beitragen (vgl. SCHMIDT, 1976, S. 281 u. a.) wie das Senkrechtluftbild (vgl. u. a. SPERLING, 1972, S. 42–43). Gute Dienste vermag auch die Kombination entsprechender Blätter der Deutschen Grundkarte (DGK 5) und des gleichmaßstäbigen Senkrechtluftbildes (DGK 5 L) des Schulstandortes zu leisten (vgl. u. a. GROBE, 1975, S. 69–73).

Die Generalisierung der Karte einschließlich ihrer abstrakten Symboldarstellung für reale Tatbestände fußt auf einer mehrschichtigen geistigen Umsetzung eines realen Raumausschnittes. Um dies zu begreifen, muß vom Schüler der geistige Nachvollzug gefordert werden. Dieser wird durch den unmittelbar beobachtenden Vergleich eines geeigneten realen Raumausschnittes mit dessen kartographischer Darstellung erleichtert (vgl. GLÖCKEL/ENGELHARDT, 1977, S. 162).

Die Notwendigkeit verkleinerter Abbildung ist in der Regel leicht einzusehen. Zahlenmäßig faßbare Verkleinerungsverhältnisse können hingegen erst dann aufgefaßt werden, wenn die erforderlichen mathematischen Fähigkeiten beim Schüler vorhanden sind. Ein zu jeder Karte gehörender »Leitermaßstab« ermöglicht indessen auch bereits ohne Kenntnis der Umrechnungsverfahren über die Maßstabsangabe die Ermittlung von Entfernungen. Derartiges Tun bleibt allerdings so lange relativ wertlos, wie die ermittelten Ergebnisse nicht von den Schülern mit diesen bereits bekannten Distanzen verglichen werden (können) (vgl. u. a. BIRKENHAUER, 1975, Teil 2, S. 90).

Häufig wird darauf verwiesen, daß die zur Reliefdarstellung in »physischen Karten« übliche Farbskala den Schülern deshalb Schwierigkeiten bereitet, weil gleiche Farbtöne auf Karten verschiedenen Inhalts – auch im gleichen Atlas – für unterschiedliche Aussagen als Signaturen benutzt werden. Derart bedingte Mißdeutungen lassen sich nur dadurch verhindern, daß regelmäßig der zu jeder einzelnen Karte gehörenden Legende die erforderliche Aufmerksamkeit gewidmet wird, um vor allem einer assoziativen Verknüpfung als »Landschaftsfarben« vorzubeugen. Eine weitere häufige Anfangsschwierigkeit bildet die Einsicht, daß sich auf der Karte die Orientierung nach den Himmelsrichtungen nicht ändert, gleich wo und wie diese hingelegt oder aufgehängt wird.

Von Schülern frei gestaltete Phantasielandkarten erweisen den Umfang kindlichen Kartenverständnisses und gestatten dessen differenziertere Untersuchung (vgl. ODENBACH, 1957, S. 217–226; SPERLING, 1970b, S. 41–50).

5.6 Skizze / Zeichnung; Profil / Blockbild

5.6.1 Skizze und Zeichnung

Komplexere Karten bereiten den Schülern bei der lernzielorientierten Auswertung oft erhebliche Schwierigkeiten. Mit vereinfachenden Kartenskizzen, welche die jeweils wesentlichen Elemente isoliert darstellen, können diese zumindest verringert werden. Außerdem können solche Skizzen der Ergebnis-Sicherung dienen (vgl. u. a. THIERSCH, 1963, S. 5–13; ACHILLES, 1977, S. 388). Ähnliche Schwierigkeiten treten bei der Auswertung eines Bildes ebenso auf wie bei der unmittelbaren Beobachtung eines Raumausschnittes. In beiden Fällen kann die vorfindliche Fülle von Einzelerscheinungen die Unterscheidung zwischen lern-ziel-bedeutsamen Sachverhalten und randlichem Beiwerk behindern. Hier wird eine vereinfachende, wesentliche Elemente hervorhebende, u. U. schematische Skizze/Zeichnung sinnvolle, manchmal gar unerläß-liche Hilfe leisten können (vgl. u. a. SCHMIDT, 1976, S. 288–289; ACHIL-LES, 1977, S. 388). Prozesse/Abläufe können als Abfolge skizzenhaft vereinfachter Einzelzustands-Bilder innerhalb des Veränderungsablau-fes zugleich anschaulich und übersichtlich dargestellt bzw. festgehalten werden (z. B. als »Entwicklungsreihe«; vgl. THIERSCH, 1963, S. 8). Bei allen Skizzen/Zeichnungen geht es mithin ausdrücklich nicht um eine möglichst wirklichkeitsgetreue Abbildung, sondern um eine auf nur we-nige, dafür aber elementare Inhalte reduzierte bildhafte Wiedergabe.

Wesentlich wertvoller wird die Skizze/Zeichnung im Unterricht, wenn sie nicht bereits vorgefertigt zum Einsatz gelangt, sondern ange-paßt an die einzelnen Lernschritte während des Unterrichts vor den Au-gen der Schüler entwickelt wird (vgl. ACHILLES, 1977, S. 389; BIRKEN-HAUER, 1975, Teil 2, S. 96). Dabei können die Schüler den Gang der Ein-sichtsgewinnung begrifflich und visuell leichter mitvollziehen.

Dieses Verfahren erleichtert zudem eine nachfolgende Übernahme ausgewählter Skizzen durch die Schüler in deren Arbeitsheft (vgl. u. a. SCHMIDT, 1976, S. 289). Vereinfachende Skizzen zu projizierten Bildern können unmittelbar auf der Projektionsfläche (auch: Tafel) entworfen werden (vgl. BIRKENHAUER, 1975, Teil 2, S. 99; als Beispiel dazu: ZEPP, 1950, S. 387); ausführliche Hilfen und Anleitungen gibt G. THIERSCH (1963). In ähnlichem Zusammenhang nennt A. BRUCKER (1977, S. 224) auch »Funktionsskizzen«, die der »Erarbeitung kausaler oder geneti-scher ... Zusammenhänge« dienen, sowie »Schemazeichnungen«. Letzteren ordnet er sämtliche »strukturierten Tafelanschriebe« eben-falls zu.

5.6.2 Profilskizze und Blockbild

Amtliche topographische Karten und ebenso die unterrichtlich viel häu-figer verwendeten physischen Karten enthalten mannigfaltige Angaben zum Relief abgebildeter Raumausschnitte in Gestalt unterschiedlicher Signaturen. Dennoch haben viele Schüler Schwierigkeiten, aus derarti-gen Relief-Darstellungen zu einer angemessenen Vorstellung des drei-dimensionalen Raumbildes zu gelangen (vgl. u. a. FREBOLD, 1951, S. 3). Das *Profil* (auch als »Querschnitt«, »Landschaftsquerschnitt« o. ä. bezeichnet) ist ein Hilfsmittel zur Anbahnung einer besseren, adäquate-ren Vorstellung der vertikalen Geländegestalt. In der Regel muß sich ein Profil auf die vereinfachte Wiedergabe der wesentlichen Elemente be-schränken. Im Vergleich zum Maßstab der Bezugskarte (für die hori-zontalen Distanzen) verlangt die Anschaulichkeit häufig die Benutzung eines anderen Maßstabes für die Vertikale. Profile müssen oft überhöht gezeichnet werden (vgl. BÜSCHENFELD, 1977, S. 172). Schwierigkeiten bei der Profilkonstruktion beruhen meist auf bestimmten Eigenheiten der verfügbaren Kartengrundlage (z. B. kaum oder nicht erkennbare Höhenschichten-Grenzen in physischen Karten, vor allem, wenn diese geschummert sind). Maßstäbliche Profile mit hoher Ablesegenauigkeit erfordern einen vergleichsweise hohen Konstruktionsaufwand, während angenäherte, schematische Profile relativ einfach entwickelt werden können. Dabei genügen letztere in der Regel den ihnen im Unterricht zugedachten Zwecken vollständig (vgl. u. a. BIRKENHAUER, 1975, Teil 2, S. 100–102; BÜSCHENFELD, 1977, S. 172). Ein Weg zum Verständnis des Profils führt über die unmittelbare Geländebeobachtung zur Reliefkonstruktion (-nachbildung) im Sandkasten und deren nachfolgendes »Aufschneiden« (vgl. SCHMIDT, 1976, S. 290).

Blockbilder (auch »Blockdiagramme«) sind perspektivisch erweiterte Profile. Sie vermögen Relief-Vorstellungen anschaulicher als Profile zu vermitteln, weil die dritte Dimension der Gelände-Gestalt mitenthalten ist. Zu ihrer Konstruktion bedient man sich der Zentralperspektive, günstiger jedoch der Parallelperspektive (vgl. BÜSCHENFELD, 1977, S. 173; THIERSCH, 1963, S. 18–19; zur Konstruktion von Blockbildern vgl. FORSTER, 1966, S. 70–72; LEHMANN, 1952, S. 395–397). Die Vereinfachung bei Hervorhebung der wesentlichen Elemente erhöht den unterrichtlichen Wert.

Ähnliche Darstellungen größerer Raumausschnitte (z. B. aus Staaten, Kontinenten) verbinden als »*Landschaftsquerschnitte*« (auch: »Übersichtsprofile«) ein vereinfachtes Geländeprofil mit dessen dreidimensionaler Erweiterung (vgl. KNÜBEL, 1977, S. 176–180).

5.6.3 Kausalprofil und Kausalblockbild

Beide werden aus der Profilskizze bzw. dem Blockbild dadurch entwickelt, daß den einzelnen Abschnitten (Bereichen) der Profilskizze oder den Ausschnitten des Blockbildes ausgewählte Sachverhalte/Erscheinungen zugeordnet werden. Dazu bestehen grundsätzlich zwei Möglichkeiten: Entweder werden in das Profil bzw. Blockbild Eintragungen durch Symbole oder Begriffe vorgenommen, oder diese werden in tabellarischer Form unterhalb der Abbildung(en) angeordnet. Letztere Form wird auch als »Stichwort-Tabelle« oder »synoptisches Schema« bezeichnet (vgl. BENZING, 1963, S. 421; BÜSCHENFELD, 1977, S. 173). Dieses Verfahren fordert und fördert zum einen eine möglichst differenzierte Zuordnung ermittelter Einzelerscheinungen zu ganz bestimmten Teilausschnitten eines Geländes, zum anderen ermöglicht es, das Zusammentreffen unterschiedlicher Einzelerscheinungen an gleicher Stelle innerhalb des Geländeausschnittes festzustellen (vgl. HAAS, 1958,

S. 269). Die Bezeichnung »Kausal . . .« darf nicht dahin mißdeutet werden, daß ein derart ermitteltes räumliches Zusammentreffen von Erscheinungen zwingend im Sinne gegenseitiger kausaler Verflechtung gedeutet werden müsse bzw. dürfe. Vielmehr muß bewußt bleiben, daß zunächst ausschließlich vorfindliche räumliche Verteilungen auf diese Weise differenziert zur Darstellung gebracht werden. Zwischen einzelnen dargestellten Elementen können darüber hinaus auch naturwissenschaftlich-kausal erklärbare oder funktional-wirksame Verflechtungen vorliegen. Dies müßte gesondert erörtert und geklärt werden.

Bei der inhaltlichen Ergänzung von Profilen bzw. Blockbildern sollte man ein rein schematisches Vorgehen vermeiden, z. B. eine Anlehnung an Einzelstichworte in der Reihenfolge des »länderkundlichen Schemas« (vgl. BIRKENHAUER, 1975, Teil 2, S. 103). Dieses Schema zielt auf umfassende regionalgeographische (»länderkundliche«) Erfassung ab, dürfte aber in der Regel im Widerspruch zu den konkreten Absichten des lernzielorientierten Unterrichts stehen.

Weil die Arbeit am und mit einem Kausalprofil bzw. Kausalblockbild zu differenzierterer Erfassung der räumlichen Verteilung ausgewählter geographischer Erscheinungen zwingt und weil das Ergebnis in einer geradezu optimal übersichtlichen Ordnung verfügbar wird, darf diesem Verfahren ein hoher Rang zuerkannt werden. Wie bei allen Skizzen gilt auch hier, daß dabei die Entwicklung von Kausalprofil bzw. -blockbild vor den Augen der Schüler erfolgen sollte. Für Kausalprofil bzw. -blockbild gibt es keinen Ersatz, wenn es um die übersichtliche Darstellung der räumlichen Verbreitung geographischer Erscheinungen sowohl in der Horizontalen als auch in der Vertikalen, d. h. innerhalb eines Profilschnittes, sowie um räumliches Zusammentreffen von (und/oder Zusammenhänge zwischen) Erscheinungen an der Erdoberfläche und innerhalb der Gesteinskruste geht (vgl. u. a. FREBOLD, 1951, S. 3).

Umfassende Literaturverzeichnisse findet man bei W. SPERLING (1974, S. 37–40) und L. BAUER (1968, S. 496–497).

5.7 Zahl / Statistik; Diagramm; Kartogramm

5.7.1 Zahl und Statistik

Die Fähigkeit, statistische Informationen auszuwerten, zählt zu den zukunftsrelevanten Kulturtechniken (vgl. EBINGER, 1976, S. 112). Gerade in jüngster Zeit haben – in offensichtlich enger Verbindung mit verstärkten Bemühungen um Quantifizierungen in der geographischen Wissenschaft – entsprechende Bestrebungen stärker als je zuvor auch in den Geographieunterricht ihren Einzug gehalten. Doch darf dabei nicht übersehen werden, daß nur unter der »Voraussetzung der tatsächlichen

Notwendigkeit des Einsatzes quantitativer Verfahren zur Problemlösung sowie der Beziehungshaftigkeit des Problems selbst« (LEUSMANN, 1977, S. 10) derartige Verfahren fachdidaktisch sinnvoll eingesetzt werden.

Zahlenangaben vermögen qualitative Aussagen über geographische Erscheinungen zu präzisieren. Für die Geographie sind isolierte Zahlen in dieser Funktion jedoch bedeutungslos. Zahlen können diese Rolle nur beim Vorliegen geeigneter Vergleichswerte für bestimmte Erscheinungen übernehmen (vgl. RÖSSLER, 1958, S. 304–307). Erst dadurch können Gleichheit oder Unterschiedlichkeit quantitativer Angaben vergleichend ermittelt werden. Deshalb wird in der Regel nicht die Einzelangabe, sondern eine umfassendere Statistik erforderlich sein. Die »Statistik als Informationsträger stellt in Tabellenform eindeutig definierte Mengentatsachen zur Verfügung. Neben der Gesamtmenge liefert sie im allgemeinen auch deren Gliederung in Teilmengen sowie die Mengenentwicklung in bestimmten Zeiträumen (sog. Zeitreihen). Zum Ausdruck gebracht wird dabei jeweils lediglich die Quantität der erfaßten Tatbestände« (BÜSCHENFELD, 1977, S. 152). Aus Zahlenreihen können quantitative Aussagen über die Veränderungen der Bezugserscheinungen im Zeitablauf gewonnen werden (z. B. Veränderung der Einwohnerzahl einer Siedlung, . . .). Neben absoluten werden häufig relative Zahlen benutzt. Der Umgang damit erfordert ein höheres Abstraktionsvermögen, weil sie nicht tatsächlich meßbare oder im Gelände beobachtbare Größen repräsentieren – wie absolute Zahlen –, sondern mathematisch abgeleitete Aussagen zu begrifflich-abstrakten Sachverhalten (z. B. Einwohner je Flächeneinheit, Produktionswert-Anteil an einer bestimmten Grundmenge der Güterproduktion, Produktionswert je Einwohner eines bestimmten Raumes innerhalb einer vorgegebenen Zeitspanne . . .). Aus längere Zeiträume umfassenden Zeitreihen werden oft Mittelwerte gebildet, die ebenfalls begrifflich-abstrakte Aussagen machen (z. B. mittlere Werte bestimmter klimatischer Erscheinungen oder ausgewählter sozio-ökonomischer Inhalte; vgl. BIRKENHAUER, 1975, Teil 2, S. 92).

Daraus ergeben sich mehrere Grundsätze: Verwendung möglichst aktueller Zahlen; Angabe der Einzelwerte nur so genau wie nötig; Operation mit Zahlen in der Regel grob-abschätzend ohne übertriebene, wertlose Rechengenauigkeit; Benutzung solcher Zahlen, die mit angemessenen Vorstellungen verbunden werden können; Anbahnung einer kritischen Einstellung gegenüber der anscheinend »objektiven«Aussage einer Zahl durch Hinterfragen ihrer Herkunft, ihres Zustandekommens und des dabei verfolgten Zweckes. Unter den vorgenannten Bedingungen bilden absolute wie daraus abgeleitete relative Zahlen unersetzliche Quellen zur Gewinnung quantitativer Aussagen über geographische Tatbestände (vgl. u. a. EBINGER, 1976, S. 171–172; ENGELHARD, 1977,

S. 228; SCHWEGLER, 1976, S. 283–287). Das vormals übliche Auswendiglernen von Zahlenwerten zu bestimmten Erscheinungen (z. B. aus Atlas oder Schulbuch entnehmbare Angaben über Höhenlagen, Distanzen, Größenordnungen von Einwohnerzahlen der Siedlungen usw.) ist weder notwendig – weil derartige Werte jederzeit abgelesen werden können – noch in all jenen Fällen überhaupt sinnvoll, in denen diese innerhalb kürzerer Fristen oft erheblichen Veränderungen unterliegen (z. B. Werte über Produktion bzw. Transport von Gütermengen, Angaben über soziale Verhältnisse, . . .).

Eindringlich zu warnen ist vor leichtfertigem Umgang mit Zahlen und Statistiken, u.a. vor einer Überinterpretation daraus entnehmbarer Aussagen etwa im Sinne vorschneller Deutung als Abhängigkeitsbeziehungen zwischen bestimmten Tatbeständen und deren »Größen« (vgl. SCHMIDT, 1976, S. 294–296) wie vor einem Zahlenvergleich bei unterschiedlicher Bezugsgrundlage (vgl. BÜSCHENFELD, 1977, S. 153).

Eine ausführlichere Darstellung – samt umfangreichem Literaturverzeichnis – gibt B. EHRENFEUCHTER (1966). Anwendungsbeispiele enthalten fast alle jüngeren Schulbücher für den Geographieunterricht, ferner zahlreiche Veröffentlichungen über erprobte Unterrichtseinheiten (vgl. außerdem bes.: BÜSCHENFELD, 1977; FITZGERALD, 1975, S. 51–60; GEIST, 1963, S. 2–14; HANISCH, 1964, S. 223–231; KIRCHBERG, 1973; KÖCK/MEIER-HILBERT, 1977, S. 68–123; PREIS, 1977, S. 15–30; RÖSSLER, 1958, S. 304–307; SCHICKHOFF, 1977, S. 31–67).

5.7.2 Diagramme

Die Auswertung von in Zahlen ausdrückbaren Informationen wird durch deren graphische Umsetzung erleichtert, weil die vergleichende optische (visuelle) Erfassung von Figuren eine intensivere sinnenhafte Kontaktaufnahme gestattet (vgl. BÜSCHENFELD, 1977, S. 155; ENGELHARD, 1977, S. 228; SCHMIDT, 1976, S. 294–298). »Das Diagramm ist graphisches Ausdrucksmittel von Mengentatsachen und ihren Beziehungen. Die Graphik setzt abstrakte Zahlenwerte in Ausdehnungen um und vermittelt dadurch einen anschaulichen Eindruck von Mengenverhältnissen« (BÜSCHENFELD, 1977, S. 115). Die einzelnen Formen des Diagramms eignen sich zur Anbahnung ganz bestimmter Einsichten:
- »*Säulen- (Stab-) und Banddiagramme*«: Abbildung von absoluten/relativen Gesamtmengen und deren absoluten Teilen oder relativen Anteilen;
- »*Kurvendiagramme*« (ähnlich: Mehrfachsäulen-, Mehrfachbanddiagramme): Darstellung von Mengenveränderungen in anzugebenden Abhängigkeitsbeziehungen, die nicht zwingend kausal, sondern ebenso funktional oder anderweitig bedingt sein können;
- »*Kreisdiagramme*«: Verbindung der Abbildung absoluter (relativer) Mengen/Werte und relativer Anteile daran in einer Gesamtfigur (vgl. BÜSCHENFELD, 1977, S. 155).

Die Umsetzung statistischer Informationen in Diagramme und deren Auswertung sind elementare Kulturtechniken, die im Alltagsleben breite Anwendung finden (vgl. SPERLING, 1978, S. 227). Folglich müssen die Schüler mit den zugehörigen Qualifikationen ausgestattet werden. Die diesbezüglich für den Geographieunterricht erforderlichen Fähigkeiten stehen allerdings in enger Abhängigkeit zu den entsprechenden, im Mathematikunterricht anzubahnenden Voraussetzungen, welche im Geographieunterricht benutzt, d.h. angewendet und dadurch in konkretem Sinnbezug geübt werden. Beispiele, meist eingebunden in konkrete unterrichtliche Anwendungen, findet man in fast allen jüngeren Schulbüchern für den Geographieunterricht (ferner u.a. bei BÜSCHENFELD, 1977, S. 155–158; ENGELHARD, 1977, S. 228–235; FLIRI, 1972; SAMEL, 1966, S. 27–33; WAGNER, 1979, S. 257–261).

5.7.3 Kartogramme

»Das Kartogramm vermittelt anhand graphischer Ausdrucksmittel quantitative Informationen in anschaulicher Form. Insoweit entspricht sein Zweck dem des Diagramms ... Darüber hinausgehend aber stellt es die Zahlenzeichen in ein – im allgemeinen recht sparsames – topographisches Grundgerüst, so daß ihre Lage im Raum erkennbar wird. Allerdings decken sich dabei Quantitätssignatur und räumliche Verbreitung des dargestellten Sachverhaltes nicht, denn bei strenger Lagetreue würde es sich nicht mehr um ein Kartogramm, sondern um eine – thematische – Karte handeln« (BÜSCHENFELD, 1977, S. 159; vgl. auch ARNBERGER, 1970, S. 573–574; MEYNEN, 1952, S. 422–434). Nach ihren besonderen Anwendungsmöglichkeiten wie nach ihrer Konstruktion werden unterschieden:

– »*Flächenkartogramme*«, in denen über wertmäßig gestufte flächendeckende Signaturen vornehmlich relative Werte oder Mittelwerte veranschaulicht werden;
– »*Figurenkartogramme*«, die vorwiegend zur Darstellung absoluter Werte durch geometrische oder »sprechende« (bildhafte) Signaturen herangezogen werden;
– »*Kartodiagramme*«, in denen durch in das topographische Orientierungsgerüst eingetragene Diagramme statistische Werte nach ihrer zeitlichen Veränderung oder in Relation zueinander dargestellt werden.

Die Einbeziehung von Kartogrammen in den Geographieunterricht ist nicht nur begründet durch deren Anwendung in der Fachwissenschaft und ihr Auftreten in Schulatlanten und anderen fachspezifischen Unterrichtshilfsmitteln (z.B. Schulbüchern). Weil uns Kartogramme auch im Alltag in vielfältiger Verwendung innerhalb zahlreicher Informationen – vor allem bei Massenmedien – regelmäßig begegnen, erweist sich die

Fähigkeit zu deren sachgerechter Anwendung und Auswertung als allgemein wichtig. Bemühungen zu deren Vermittlung im fachlichen Rahmen des Geographieunterrichts dienen folglich zugleich fachlicher wie genereller Bildung. Grundlegende Fähigkeiten zum Umgang mit Statistiken und Diagrammen müssen vorausgesetzt werden. (Über Teilschritte und Anwendungsmöglichkeiten im Geographieunterricht vgl. BÜSCHENFELD, 1977, S. 159–160; ENGELHARD, 1977, S. 236.)

5.8 Der Sandkasten

Der Sandkasten ist ein vielseitig verwendbares Hilfsmittel eigener Prägung. Bei einer Abwägung der Haupteinwände gegen die Sandkastenbenutzung (besonders: Zeitaufwand, zahlenmäßige Begrenzung der gleichzeitig aktiv arbeitenden Schüler) überwiegen die Vorteile. Besonders ins Gewicht fällt, daß die Schüler in geradezu günstigster Verbindung visuelle und sensomotorische Erfahrungen innerhalb eines Lernprozesses miteinander verknüpfen können. Die begabungsausgleichende Rolle dieser Arbeitsmöglichkeit wird hervorgehoben (vgl. SCHMIDTKE, 1977, S. 293–299). Im Sandkasten können Schüler das Relief eines beliebig ausgewählten Raumausschnittes modellieren. Durch eigene, unmittelbare Umsetzung einer wirklich erfahrenen Geländegestalt (oder die Umsetzung einer mit Hilfsmitteln zweidimensional dargestellten Geländegestalt) in ein plastisch-räumliches Bild wird das Raumvorstellungsvermögen allgemein erweitert und verfeinert. Dies gilt vor allem für die Bildung einer wirklichkeitsnahen Vorstellung von der gegenseitigen räumlichen Zuordnung der im modellierten Gelände-/Raumausschnitt auftretenden geographischen Erscheinungen (vgl. SCHMIDT, 1976, S. 301).

Häufig wird der Sandkasten in die erste Einführung des Kartenverständnisses einbezogen (vgl. u. a. BIRKENHAUER, 1975, Teil 2, S. 86, 90; RAMM/PLANER, 1968; GLÖCKEL/ENGELHARDT, 1977, S. 170), besonders zur Vermittlung der Einführung in das Verständnis des Reliefs. Auch unabhängig von dieser Rolle können Reliefmodelle konstruiert werden, um daran bestimmte Formen(typen) begrifflich zu erklären. Mit Hilfe von Funktionsmodellen können außerdem Abläufe genauer beobachtet und darin vorhandene Wirkungen bzw. Folgen ermittelt werden. Ein Beispiel dafür ist der Vorgang der Bodenabtragung, wenn eine schützende Vegetationsdecke fehlt (vgl. SCHMIDTKE, 1977, S. 296; dort auch weitere Beispiele). Am Modell eines Flußlaufes können Vorgänge der Ufer-Veränderung und des Materialtransportes durch fließendes Wasser simuliert werden (vgl. KONOPKA, 1977, S. 248–251). Da jedes Sandkastenmodell gegenüber der darin nachgebildeten Wirklichkeit vereinfacht sein muß, ist ihm eine vermittelnde Stellung und Rolle zwischen wirklichkeitstreuer und generalisierend-abstrahierender Wiedergabe eines Objektes eigen. Arbeiten am Sandkasten können deshalb den Schülern bei geistigen Generalisierungs- und Abstraktionsprozessen helfen. Im Sandkasten können nicht nur reale räumliche Objekte »nachgeschaffen«, sondern ebenso fiktive räumliche Objekte modellhaft-plastisch geschaffen werden, z.B. eine aus der Vorstellung der Schüler zu entwickelnde Siedlung und deren Ausstattung mit aus ihrer Sicht für wünschenswert bzw. notwendig angesehenen Einrichtungen für bestimmte Zwecke (vgl. SANDER, 1973, S. 290f.; SCHMIDTKE, 1977, S. 297). Schließlich können Nachbildungen ausgewählter Raumausschnitte durch deren dreidimensionale Gestalt zur modellhaften Lösung von Planungsaufgaben oft geeignetere Hilfsmittel sein als nur zweidimensional-kartographische Darstellungen (z.B. Planung einer Verkehrswegführung durch einen Gebirgszug; vgl. ACHILLES, 1976, S. 474).

Zur Bibliographie vgl. SPERLING, 1974, S. 31–37.

5.9 Arbeitsprojektor und Transparente

Im Gegensatz zu »traditionellen Projektionstechniken« (wie Dia-, Film-, Epiprojektion) hat der Einsatz des Tageslichtprojektors (auch: Arbeits-, Overheadprojektor) den Vorzug, daß dabei in der Regel der Klassenraum nicht oder allenfalls mäßig verdunkelt werden muß. Andere notwendige, projektionsbegleitende Arbeitstechniken und Lernschritte können folglich unbehindert von Beleuchtungsmängeln ablaufen (vgl. u.a. HÜBNER/NICKEL, 1975, S. 10–11; JÄGER, 1977, S. 206).

Transparente ersetzen weder Dia-, Epi- und Filmprojektion noch Atlas, Schulwandkarte und Tafel. Letztere kann – von einem Teil ihrer vormaligen Funktionen befreit – nun z.B. zur Fixierung gewonnener (Teil-, Zwischen-)Ergebnisse besser eingesetzt werden (vgl. HÜBNER/NICKEL, 1975, S. 3–6). Transparente sind Arbeitsmittel im engeren Sinn, sofern sie nicht nur vorgefertigte, visuell ablesbare Informationen enthalten, sondern im Unterrichtsverlauf mit ergänzenden Eintragungen durch Lehrer und/oder Schüler versehen werden können (vgl. JÄGER, 1977, S. 207). Bei Durchsicht der für den Geographieunterricht verfügbaren Transparente zeigt sich eine breite Palette möglicher Inhalte. Sie reichen von Texten (einschließlich Stichwörtern, Tabellen, Flußdiagrammen), Statistiken, Graphiken, Skizzen und Zeichnungen über Karten aller Art bis hin zu Fotos (einschließlich Luftbild- Großdias). Vom Lehrer für spezielle Lernziele selbst angefertigte Transparente spielen in der Unterrichtspraxis noch vor kommerziell vorgefertigten Transparenten meist die Hauptrolle. Dies ist nicht nur eine Folge des oft beträchtlichen Anschaffungspreises, sondern vor allem die Frage der Eignung für ganz bestimmte Lernziele.

Nach spezifischen Merkmalen und damit verknüpften unterrichtlichen Funktionen können unterschieden werden:

- »*Aufbautransparente*«: Sie umfassen eine Grundfolie und eine oder mehrere Deckfolien (»Overlays«). Letztere enthalten aufeinander abgestimmte Ergänzungen zum Inhalt der zugehörigen Grundfolie. Durch das Auflegen einer oder mehrerer Deckfolien können während des Unterrichtes ausgewählte Ergänzungen der Grundfolienaussage vorgenommen werden. Ebenso kann allerdings auch die zunächst komplexere, aus Grund- und Deckfolie(n) bestehende Gesamtdarstellung in ausgewählte vereinfachte (inhaltlich entleerte) Teildarstellungen aufgelöst werden (vgl. u.a. SCHREIBER, o.J.; HÜBNER/NICKEL, 1975, S. 20–31; S. 35–39). Hierzu zählen u.a. die Ergänzung einer Grundkarte durch beliebige, gruppenweise vorgeordnete Signaturen, die Erweiterung eines Profilschnittes bis zum umfassenden Kausalprofil, die Ergänzung einer Tabelle etc. Zur Demonstration des Ablaufes einer Erscheinung lassen sich durch Verschieben einer Deckfolie über der Grundfolie auch Bewegungen (und Bewegungsphasen) veranschaulichen (z. B. Aufeinanderfolge bestimmter Wettererscheinungen beim Durchzug aufeinanderfolgender Kalt- und Warmfronten, Auswirkung der Hebung und Senkung des Meeresspiegels im Tideverlauf an einer Flachküste etc.; vgl. u.a. BIRKENHAUER, 1975, Teil 2, S. 98; HÜBNER/NICKEL, 1975, S. 16–20).
- »*Einzeltransparente*«: Darauf sind alle vorgesehenen Informationen zu einem Sachverhalt ungeteilt enthalten. Ihr Inhalt kann deshalb nicht – wie bei Aufbautransparenten – unmittelbar während des Unterrichts durch Wegnehmen einzelner Tatbestände vereinfacht bzw. in Teilinhalte zerlegt werden.
- »*Leerfolie*« und »*Transparentrolle*«: Beide können gleiche Funktionen übernehmen. Sie können solche Inhalte optisch wiedergeben, die erst während des Unterrichtsablaufes entwickelt werden und nicht auf bereits vorbereiteten Transparenten bereitliegen. Sie stellen eine praktisch unbegrenzte Arbeitsfläche für schriftliche und zeichnerische Inhalte bereit. Einmal auf einer Folie fixiert, können sie bei Bedarf beliebig reproduziert werden, während ein wegen Platzmangels weggewischter Tafeltext (o.ä.) erst rekonstruiert werden müßte (vgl. HÜBNER/NICKEL, 1977, S. 12). Ferner können auf Leerfolien ausgewählte Inhalte einer Einzelfolie übertragen und dadurch isoliert dargestellt werden.

Auf Leerfolien schreiben, zeichnen o.ä. können ebenso Schüler wie Lehrer. Letztere können dabei die Schüler besser im Auge behalten als bei der Benutzung der Wandtafel (vgl. FUHR, 1968, S. 480).

Wegen der vielfältigen Einsatzmöglichkeiten bildet das Transparent das z. Zt. wohl geeignetste Hilfsmittel, um besonders komplexe Erscheinungen in Teilsachverhalte aufzulösen und/oder aus ihren Teilerscheinungen visuell zu rekonstruieren, dadurch zu veranschaulichen, vor allem aber einsichtig zu machen (vgl. BIRKENHAUER, 1975, Teil 2, S. 98).

5.10 Schulbuch, Schulfunk, Schulfernsehen

5.10.1 Schulbücher für den Geographieunterricht

Gemessen an seiner Verfügbarkeit für den Schüler ist das Schulbuch nach dem Atlas das zweitwichtigste Hilfsmittel im Geographieunterricht. Über dessen Entwicklung vom »Leitfaden« bis zu seinen gegenwärtigen Formen informiert A. BRUCKER (vgl. 1977b, S. 24–27; 1977c, S. 242–245). Im lernzielorientierten Geographieunterricht hat das Schulbuch als Arbeitsmittel »den Lernprozeß zu unterstützen, die Lernmotivation zu fördern, indem es das selbständige Arbeiten des Schülers innerhalb des lernzielorientierten Rahmens ermöglicht und veranlaßt« (BRUCKER, 1977b, S. 25). Mit dieser Zielvorgabe ist es eine didaktisch aufbereitete Zusammenstellung von Arbeitsmaterialien; mit ihrer Hilfe sollen die Schüler geographische Tatbestände kennenlernen, Probleme erkennen und beschreiben und über geeignete Lernschrittfolgen (die ebenso dem jeweiligen konkreten geographischen Sachverhalt wie den eigenen spezifischen Lernbedingungen konkreter Schüler angepaßt sind) zu sachgerechten Lösungen gelangen. Schulbücher enthalten als Arbeitsmaterialien vor allem Texte, Bilder, Karten, statistische Angaben und Graphiken. Aufeinander abgestimmt und angepaßt an den jeweils beabsichtigten Lernprozeß fordern und fördern sie gleichermaßen die Vermittlung und Anwendung der zu ihrer Auswertung geeigneten Arbeitstechniken (»instrumentale Qualifikationen«), welche eine Bedingung für die Gewinnung angestrebter fachlicher Erkenntnisse sind (vgl. u. a. BIRKENHAUER, 1975, Teil 2, S. 110–112).

Wesentliche Forderungen an das Schulbuch als Arbeitsmittel sind:
– eine »didaktisch offene Informationsstruktur«; d.h., die darin vorhandenen Informationen sind nicht bereits umfassend vollständig und in sich abgeschlossen, sondern können wahl- und bedarfsweise ergänzt (erweitert) werden;
– eine »methodisch offene Struktur«; d.h., die Lerninhalte sollen nicht bereits zwingend bestimmten Sozialformen des Lernens oder nur über die Anwendung unausweichlich vorgeschriebener Arbeitstechniken erreichbar sein;
– die Verbindung zwischen informativer und kommunikativer Funktion;
– die Verwendungsmöglichkeit im Unterricht ebenso als einziges Hilfsmittel wie in additiver Verbindung mit nach deren besonderer Eignung auswählbaren weiteren Medien

(vgl. u.a. BRUCKER, 1977b, S. 29; ders. 1977c, S. 242–244; SCHMIDT, 1976, S. 300).

Die Informationsstruktur des Schulbuches und die darin enthaltenen Arbeitsimpulse sollten zur ergänzenden Arbeit mit dem Atlas geradezu herausfordern (vgl. EBINGER, 1976, S. 184–185).

Arbeitsbücher bedienen sich gegenwärtig häufig der »*Fallstudie*«. Zur Erreichung eines begrenzten Bündels von Lernzielen werden dazu besonders geeignete geographische Beispiele ausgewählt und durch solche Materialien vorgestellt, welche – nach der Beurteilung der Autoren – dem Schüler zur optimalen Lernziel-Erreichung verhelfen. Dazu zählen die Aufdeckung des jeweils zentralen Problems, der Erwerb oder die Anwendung bestimmter (d.h. durch vorgegebene Ziele, Inhalte und Arbeitsmaterialien festgelegter) Arbeitstechniken und die Erreichung daraus ableitbarer Einsichten/Erkenntnisse (kognitiver Lernziele), die wiederum umfassender im Dienst der Anbahnung vorgesehener Verhaltensdispositionen (affektiver Lernziele) stehen (vgl. BIRKENHAUER, 1975, Teil 2, S. 112; EBINGER, 1976, S. 134). In jedem Schulbuch ist die Entscheidung für bestimmte geographische Beispielmuster und die spezielle Weise ihrer lernzielgerechten Aufbereitung samt deren Anordnung innerhalb der Aufeinanderfolge aller Unterrichtseinheiten erforderlich. Mit diesen Entscheidungen bei der Schulbuch-Konzeption erfolgt allerdings eine Reduzierung der Entscheidungsfreiheit, welche dem unterrichtenden Lehrer für die Beispielauswahl in der Regel durch die Richtlinien übertragen ist. Dafür erleichtert jedoch das Angebot didaktisch aufbereiteten Materials die Planungs- und Vorbereitungsarbeit des Lehrers. Dennoch muß die im Schulbuch vorfindliche Themen- bzw. Beispielauswahl und -anordnung nicht bedingungslos als Vorgabe für den klassenbezogenen Lehrplan übernommen werden (vgl. EBINGER, 1976, S. 184–185). Auf die mögliche Rolle von Schulbüchern als »heimliche Lehrpläne« und die ihnen innewohnenden Manipulationsgefahren muß der Lehrer als für den von ihm durchgeführten Unterricht Verantwortlicher achten (vgl. BRUCKER, 1977b, S. 24; KNAB, 1971, S. 225; SCHMIDT, 1976, S. 299). Die ausschließliche Verwendung isolierter Fallstudien zieht auch nachteilige Folgen nach sich. Deshalb bedarf es der Schaffung geeigneter Möglichkeiten, an einzelnen Fallstudien bereits erworbenes Wissen auf geeignete ergänzende Beispiele zu transferieren. Singuläres Wissen erhält seinen vollen geographischen Wert erst durch die überprüfte Einsicht in dessen allgemeinere Gültigkeit und gegebenenfalls deren räumliche (globale, zonale, regionale) Geltung (vgl. BIRKENHAUER, 1975, Teil 2, S. 112; vgl. 2.2, 3.1).

Zur Analyse und Eignungsbeurteilung geographischer Schulbücher vgl. u.a. CASSUBE/ENGEL, 1971, S. 309–319; ERNST/VOLKMANN, 1978, S. 247–252; FILIPP, 1973, S. 57–67; FREY, 1971a, S. 93; ders. 1971b, S. 139–140; ders. 1972, S. 189–190; MUUSS, 1976, S. 107–108; RAUCH, 1969, S. 27ff., 113ff., 153ff.;

SCHANZ, 1977, S. 84–89; SCHOLL, 1977, S. 343–352; SCHRAND, 1977, S. 148–152; VOLKMANN, 1976, S. 242–247; WEIS, 1975.

5.10.2 Schulfunk

Nachteile und Vorzüge des Schulfunks beruhen vor allem darauf, daß man sich seiner zumindest scheinbar mühelos bedienen kann, weil er nur den »teilnehmenden Hörer« erfordert. Er nimmt unter Ausklammerung aller anderen Sinne ausschließlich das Gehör in Anspruch. Seine Wirkungsmöglichkeit endet folglich dort, wo akustische Mittel unzureichend sind (vgl. DAHLHOFF, 1971, S. 37). Gerade in der Konzentration auf die akustische Vermittlung liegt der eigentliche Vorzug. »Bei allen ... Untersuchungen zur Intensität eines Lernvorganges erwies sich unser Gehör als das stärkste Sinneszentrum lernenergetischer Aktion. Im Zuhören ... schärft sich die Aufmerksamkeit des Schülers stärker als im Hinsehen ...« (HEINRICHS, 1972, S. 67).

Der Schulfunk liefert in unterschiedlichen Sendungstypen (Bericht, Gespräch/Dialog, Hörspiel, Reportage/Interview u.a.) Arbeitsmaterial für den Unterricht (vgl. RIEDLER, 1976, S. 33–99; 135–152). Es kann (abhängig von Sendungstyp und -ziel) auf Sachinformationen beschränkt sein oder auch Probleme aufreißen. Ob nun innerhalb einer Sendung lediglich relativ abgerundete Informationen dargeboten oder Fragenkreise aufgeworfen werden – in jedem Falle ist deren lernzielorientierte Auswertung unerläßlich (vgl. STENZEL, 1976, S. 66; STONJEK, 1978, S. 60). Die Möglichkeit des Schulfunks, flexibler als andere Medien (z. B. Atlas, Schulbuch) bedeutende Wandlungen und neuere Probleme aufzugreifen, hebt dessen Bedeutung als Hilfsmittel von ausgesprochen aktueller Wirklichkeitsnähe hervor. In einer sich dynamisch entwickelnden Welt und Gesellschaft kann diese Möglichkeit nicht hoch genug bewertet werden (vgl. SCHMIDT, 1976, S. 304). Seine besondere Funktion erwächst ihm aus der didaktischen Absicht, aktuelle »Prozesse und Konflikte, die Räume verändern, und die Kräfte, die diese sozialräumlichen Wandlungen steuern«, aufzugreifen und darzulegen. Diese Absicht »fordert geradezu den Schulfunk bzw. das gesprochene Wort der Träger der räumlichen Prozesse, nämlich der sozialen Gruppen bzw. deren Vertreter« (HAUBRICH, 1977, S. 280). Auf die daraus möglichen Auswertungsformen des Rollen- oder Planspieles weist H. HAUBRICH (vgl. 1977, S. 280) hin und gibt allgemeine Vorschläge für den unterrichtlichen Einsatz von Schulfunksendungen.

Als »Ort« des Schulfunks innerhalb des Lernprozesses werden häufig die Motivation und/oder die Darbietung angegeben (vgl. u.a. BIRKENHAUER, 1975, Teil 2, S. 83; EBINGER, 1976, S. 169; STONJEK, 1978, S. 59–61).

Geographische Sachverhalte bedürfen in der Regel ergänzender

Lernhilfen, u. a. zur räumlichen Einordnung oder zur physiognomischen Erfassung der wesentlichen Sendungsinhalte. Deshalb erfordern geographische Schulfunksendungen oftmals die Einbindung in einen Medienverbund (vgl. HEINRICHS, 1972, S. 75–76). Der häufigeren Einbeziehung des Schulfunks in den Unterricht stellen sich mehrere Randbedingungen entgegen, die eigentlich eher technischer und organisatorischer Art sind. Dazu zählt die Schwierigkeit, den Lehrplan einer Klasse auf den festliegenden Sendeplan abzustimmen (bezüglich der Zeiten lösbar durch Tonbandmitschnitt). Um die Eignung einer bestimmten Sendung für die eigenen Lernziele beurteilen zu können, genügen meist die vorher zugänglichen Informationen nicht. Erst die Kenntnis der Sendung selber befähigt den Lehrer, über mögliche wie erforderliche vorbereitende und auswertende Lernschritte ein Urteil zu fällen und danach die Auswahl begleitender (ergänzender) Medien zu treffen (vgl. SCHMIDT, 1976, S. 305).

Umfassende Literatur bietet besonders D. STONJEK (vgl. 1978, S. 61–62).

5.10.3 Schulfernsehen

Das Schulfernsehen stellt dem Lehrer Sendungen als Arbeitsmaterial bereit. Die Sendungen sind nicht nur eine – hin und wieder willkommene – »Bereicherung« informativer Art, sondern ein Unterrichtsmittel sui generis. Schulfernsehen teilt mit dem Schulfunk den Vorzug, jüngere und aktuelle Wandlungen schneller aufgreifen und Sachverhalte folglich wirklichkeitsnäher darstellen zu können, als dies manche vorgefertigte Unterrichtsmittel (u. a. Atlas, Wandkarte, Schulbuch, Unterrichtsfilm, . . .) vermögen.

Vom Schulfunk unterscheidet sich das -fernsehen dadurch, daß es nicht ausschließlich akustische, sondern eng darauf abgestimmte optische Informationen ebenso überträgt. Es richtet sich folglich zugleich an Auge und Ohr als aufnehmende Sinnesorgane, ist daher ein »audio-visuelles Hilfsmittel« im eigentlichen Sinn. Dem Schüler kommt die enge Verbindung visueller und auditiver Informationen wegen dessen bildhafter Denkweise entgegen (vgl. KOCH, 1977, S. 369). Ferner bedeutet dieses Verfahren eine ausgezeichnete, merklich ausgleichende Hilfe gerade für solche Schüler, die entweder stärker zu auditiver oder visueller Objekterfassung befähigt sind. Unter seiner Einwirkung kann sich das gegenseitige Verhältnis der Aufnahmefunktionen von Auge und Ohr durchaus wandeln (vgl. STÜCKRATH, 1976, S. 25). Schulfernsehen »bereitet Unterrichtsinhalte dramaturgisch auf, relativiert den Gegensatz von Nah- und Fernraum, . . . steigert durch die Kombination von Bild und Kommentar den Behaltenseffekt, steigert bei Kombination von Fernsehsendung und Begleitmaterial den Lerneffekt, ermöglicht selbständiges Lernen, ermöglicht Individualarbeit und Binnendifferenzierung, ist ein operationalisierbares Arbeitsmittel, trägt zur Standardisierung von Lerninhalten bei, spricht eine größtmögliche Schülerzahl an, schafft eine möglichst große Chancengerechtigkeit für alle Schüler, entlastet den Lehrer von der Aufgabe der Wissensvermittlung, unterstützt die Dissemination und Implementation curricularer Neuerungen, ermöglicht eine größere Öffentlichkeit des Unterrichts, ermöglicht dem Lehrer, noch stärker als bisher die Rolle des Beraters, Helfers, Organisators von Denk- und Verhaltensprozessen anzunehmen« (Koch, 1977, S. 369). Als mögliche unerwünschte Begleitwirkungen werden genannt: Flüchtigkeit der Eindrücke, Gefahr der Manipulation und Reizüberflutung, Verführung zum Konformismus und Abdrängung in passives Lernverhalten (vgl. u.a. Haubrich, 1977, S. 282; Koch/Weinreuter, 1977, S. 223). Neben der Verfügbarkeit technischer Voraussetzungen dürfte aus der Sicht des lernzielorientierten Geographieunterrichts die auf dessen Ziele abgestimmte Vor- und Nachbereitung der Sendung ein Hauptproblem bilden. Sie erfordert wiederum aus genauer Kenntnis der Sendung die Bereitstellung ergänzender Unterrichtsmittel. Vorteilhafter wäre die Einbindung in ein umfassenderes Medien-System, vor allem zur Aktivierung der Schüler (vgl. u.a. Heinrichs, 1972b, S. 210; Meyer, 1974, S. 5f.). Hinderlich für die Einbeziehung einer Sendung in den Unterricht sind mangelnde Übereinstimmung von Sendeinhalt und -zeit mit dem Lehr- und Stundenplan einer Klasse besonders dann, wenn lediglich ein Fernsehempfangsgerät verfügbar ist. Zeitliche Hemmnisse können allerdings z.T. durch die Benutzung von Video-Band-Aufzeichnungen überwunden werden. (Deren Anfertigung unterliegt bestimmten Rechtsvorschriften, welche in der Regel den Sendeprogrammen beiliegen.) Vorschläge für die Einbeziehung und Auswertung von –z.T. konkreten – Fernsehsendungen legen u.a. vor: Koch, 1977, S. 369–373; Koch/Schäfer, 1977, S. 195–199; Haubrich, 1977, S. 283; Nebel, 1978, S. 23–40.

6 Lernkontrolle, Leistungsmessung und Leistungsbewertung

Seit geraumer Zeit verbreitet sich gegenüber den traditionellen Verfahren zur Kontrolle des Lernerfolges wachsendes Unbehagen. Sie leiden unter irrationalen Einflüssen, zeichnen sich durch bemerkenswerte Systemlosigkeit aus, verfügen kaum über allgemeingültige bzw. allgemein verwendbare Beurteilungskriterien und führen zu wenig objektivierbaren Ergebnissen (vgl. u.a. INGENKAMP, 1973; MÜLLER-TEMME, 1967, S. 269–271; REIMERS, 1968, S. 347–350; SCHANZ, 1973b, S. 22). Selbst wohlgemeinte Vorschläge, Einzelleistungen nach bestimmten Kriterien zu unterscheiden (z.B. Wissen, Fähigkeiten), führten nicht dazu, daß gleiche bzw. vergleichbare Leistungen von verschiedenen Beurteilern gleich bewertet wurden (vgl. u.a. BIRKENHAUER, 1975, Teil 2, S. 123; NIEMZ, 1972, S. 102). Statt dessen wurden prinzipiell unerwünschte Nebenwirkungen zunehmend bewußt, wie die von relativ schlechter Beurteilung herrührende Minderung der Leistungsfähigkeit und Leistungsbereitschaft, vor allem aber die davon ausgehende mögliche soziale Diskriminierung (vgl. HENTIG, 1971, S. 38). Ein umfassend gegliederter Katalog von nach Schwierigkeitsstufen geordneten Lernzielbeschreibungen, mit dessen Hilfe eine gerechtere Ergebnisfindung ermöglicht werden soll, wurde vom STAATSINSTITUT FÜR SCHULPÄDAGOGIK (München) entwickelt und von L. BAUER (vgl. 1978, S. 127) vorgelegt.

6.1 Die Funktionen der Lernkontrolle

Die traditionelle Lernkontrolle zielt hauptsächlich ab auf die Beurteilung fachlicher Schülerleistungen, d.h. auf die Zensurengebung. Tatsächlich aber umfaßt sie ein erheblich breiteres Anwendungsfeld:
- Sie ermöglicht dem Schüler, den persönlichen Lernerfolg festzustellen, auch im Vergleich zu seinen Mitschülern (vgl. BAUER, 1978, S. 125; SCHANZ, 1973a, S. 9–10). Daraus resultiert ein wichtiger motivierender Effekt, der genutzt werden sollte. Er beruht auf der persönlichen Leistungserfahrung und -bestätigung, die gerade durch sinnvolle Lernkontrolle vermittelt werden können (vgl. SCHOLZ/BIELEFELDT, 1978, S. 160).
- Sie bietet dem Lehrer eine – objektive – Grundlage für die in Zensuren auszudrückende Leistungsbewertung. Allerdings hat Lernkontrolle zunächst lediglich Leistungsmessung zum Gegenstand, wäh-

rend die nachfolgende Beurteilung ein darauf fußendes, aber besonderes Verfahren darstellt (vgl. u.a. NIEMZ, 1972, S. 103; SCHANZ, 1973a, S. 5–6).

– Sie gibt dem Lehrer Aufschluß über die Effizienz seiner Unterrichtsplanung und -organisation, insofern sich diese im Lernerfolg niederschlägt. Dazu zählt auch die Streubreite des von Schüler zu Schüler unterschiedlichen Lernzuwachses. Nur Messungen dieses Lerngewinns bilden eine verläßliche Grundlage, aufgetretene Lernhindernisse zu ermitteln (vgl. u.a. BAUER, 1978, S. 125; SCHANZ, 1973a, S. 10).

– Sie ermöglicht dem Lehrer für den nachfolgenden Unterricht eine adressatengerechtere Planung und Organisation.

– Sie vermittelt zuverlässigere Daten, um die Eignung von Lernzielen und Lerninhalten für bestimmte Schülergruppen zu erkennen, und bildet damit eine Grundlage wie Hilfe für die längerfristige Revision des geographischen Curriculum; sie ist deshalb eine unverzichtbare Vorbedingung für dessen Evaluation (vgl. u.a. NIEMZ, 1977, S. 121–127; SCHANZ, 1973a, S. 10–11).

Nichtsdestoweniger muß bei Lernkontrollen mit *Schwierigkeiten* gerechnet werden: Einzuräumen ist, daß die Überprüfung abhängig von der jeweiligen Lernzieldimension unterschiedliche Schwierigkeiten bereitet. Die Kontrolle angestrebter Haltungen und Einstellungen, d.h. »affektiver Lernziele«, macht die größten Schwierigkeiten. Einzuräumen ist ferner, daß innerhalb der einzelnen Lernzieldimensionen das jeweils steigende Abstraktionsniveau bzw. der zunehmende Grad der Komplexität eine angemessene Lernkontrolle erschwert. So bereitet beispielsweise die Kontrolle von Lernzielen der 1. Stufe der kognitiven Dimension kaum Probleme, weil dabei elementares »Wissen« abgefragt wird, auf das auch im lernzielorientierten Unterricht nicht verzichtet werden kann. Die Kontrolle kognitiver Lernziele der 3. Stufe (»Erkennen, Einsehen«) betrifft ausgesprochen komplexe Schülerleistungen und setzt dazu besonders geeignetes Überprüfungsmaterial voraus. Der Proband muß dabei an Fachinhalten den Transfer erworbenen Wissens vollziehen, soll fachliche Denkprozesse unter Einbeziehung ihm verfügbarer Arbeitstechniken bewältigen und daraus endlich Erkenntnisse ableiten. In solchen Fällen können die Schwierigkeitsstufen »Bewußtsein«, »Einsicht« und »Verständnis« unterschieden werden. Bei der Überprüfung instrumentaler Lernziele können ebenfalls mehrere Schwierigkeitsstufen unterschieden werden:

– die Fähigkeit, durch Anwendung einer vorgegebenen Arbeitstechnik ein damit erreichbares Ergebnis verfahrensgerecht zu erzielen;

– die Fähigkeit, auf ein vorgegebenes (allgemeineres) Ziel hin unter bekannten Arbeitstechniken die dazu als geeignet beurteilte(n) auszuwählen und durch deren Anwendung (auf ein vorgegebenes oder ein vom Schüler ebenfalls nach seiner Eignung zu beurteilendes bzw. auszuwählendes Hilfs-/Arbeitsmittel) zu einem sach- und verfahrensgerechten Ergebnis zu gelangen.

Bei aller Notwendigkeit, bei allem Nutzen für den gesamten Unterricht auf seiten von Schülern und Lehrern bleibt die Gefahr, daß die Lernkontrollen zu sehr das gesamte Lernen auf Leistung hin orientieren und damit wichtige Bereiche der von der Schule ebenso zu leistenden Persönlichkeitsentfaltung einengen. Gerade deshalb sollten alle Lernkontrollen möglichst auch solche Lernziele berücksichtigen, welche Selbsttätigkeit und persönliches Engagement des Schülers herausfordern (vgl. BAUER, 1978, S. 124–125). Weiterhin dürfen sie keine Ausnahmesituation sein und bedürfen schließlich solcher Verfahren, die von Schülern und Lehrern als objektiv und zuverlässig einsehbar sind (vgl. HENTIG, 1971, S. 38).

6.2 Tests als Verfahren der Lernkontrolle und Leistungsmessung

Vor allem die Erkenntnis der Schwächen traditioneller Verfahren der Lernkontrolle begünstigte die Hinwendung zu Tests. Diese gelten im Vergleich dazu als überprüfbareres, objektiveres und deshalb zuverlässigeres Kontrollverfahren. Zwei Typen werden unterschieden: standardisierte und informelle Tests.

Standardisierte Tests »müssen wissenschaftlich entwickelt, hinsichtlich der wichtigsten Gütekriterien untersucht und unter Standardbedingungen durchführbar sein« (LIENERT, 1967, S. 21). Dazu zählt die Überprüfung an einer großen Zahl von Probanden. Erst sie gestattet eine allgemeingültige, von der konkreten Testgruppe unabhängige Leistungsermittlung und -bewertung (vgl. KIRCHBERG, 1977a, S. 142–143; SCHANZ, 1973a, S. 3). Bislang vorgelegte standardisierte geographische Tests entstanden teils noch unter der Voraussetzung zwischenzeitlich überholter Richtlinien, teils beschränken sie sich vorwiegend auf topographisches Wissen als Minimum-Kompromiß. Deshalb können sie nicht als hilfreich bezeichnet werden (vgl. SCHANZ, 1973a, S. 3). Gewünscht wird bisweilen eine jahrgangsspezifische, landes- und bundesweite Standardisierung. Dazu bemerkt allerdings H. KÖCK (1977, S. 60): »Da diese . . . weder wünschenswert noch durchführbar ist, ist eine standardisierte Leistungsmessung infolge nicht vorhandener Voraussetzungen schlechterdings nicht möglich.«

Informelle Leistungstests dürften zumindest vorläufig als der einzig brauchbare Weg verfügbar sein. Sie dienen der Überprüfung der Lernerfolge konkreter Adressatengruppen in enger Bindung an voraufgegangene Lernprozesse und können vom einzelnen Lehrer (oder gemeinsam mit anderen interessierten Kollegen) für bestimmte Probanden-gruppen konstruiert werden. Wichtigste Bedingung für ihre Mindestzu-verlässigkeit ist, daß die Lernziele des voraufgegangenen Unterrichts mit den Lernzielen identisch sind, die dem Test zugrunde liegen. Die Er-gebnisse ermöglichen einen zufriedenstellenden Leistungsvergleich zwi-schen den Probanden. Sie geben dem Lehrer Hinweise auf den Unter-richtserfolg und damit Daten für die Weiterführung seiner Unterrichts-planung bzw. zu deren Korrektur (vgl. u. a. KIRCHBERG, 1977a, S. 143; NIEMZ, 1972, S. 105; SCHANZ, 1973a, S. 3).

Will man den Lernzuwachs eines bestimmten Unterrichtsabschnittes genau ermitteln, so ist ein *Vortest* erforderlich, welcher über die Aus-gangsleistung Aufschluß gibt (vgl. SCHANZ, 1973a, S. 7–9) und überdies bei Übernahme einer noch unbekannten Klasse dem Lehrer ebenso wichtige Auskünfte über den Leistungsstand als Planungsgrundlage für den Unterricht zu vermitteln vermag.

Ein Test umfaßt eine Reihe einzelner Aufgaben (»Items«). Für deren *Konstruktion* gelten folgende generelle Regeln:
— Der Schüler muß das von ihm erwartete Verhalten aus der kurzen Arbeitsanweisung unmißverständlich ablesen können.
— Es müssen eindeutige Lösungsmöglichkeiten angeboten werden.
— Versteckte Lösungshilfen – in der Aufgabe selber oder in anderen Aufgabenformulierungen des gleichen Tests – sind verboten.
— Versteckte Hindernisse, die nicht in engem Bezug zum überprüften Lernziel stehen, sind nicht erlaubt.
— Jede Einzelaufgabe muß für sich lösbar sein, unabhängig von der rich-tigen Lösung einer voraufgehenden Aufgabe (vgl. KIRCHBERG, 1977a, S. 144).

Generell stehen unterschiedliche *Aufgabenformen* zur Verfügung, die sich teils freier, teils gebundener Antwortmöglichkeiten bedienen. Kon-trovers beurteilt werden die häufig benutzten Auswahl-Antwort-Ver-fahren. Befürworter betonen die relativ einfache und eindeutige Aus-wertbarkeit. In Einwendungen wird darauf verwiesen, daß sie mit der Erinnerung der Schüler an bereits Gelerntes auch eine Lösungshilfe an-bieten, die wirkliche, unbeeinflußte Leistung verschleiern und deshalb eine scheinbar höhere Lernleistung vortäuschen können, besonders ge-genüber freien Antworten (vgl. KÖCK, 1977, S. 55). Über weitere Vor- und Nachteile unterschiedlicher Aufgabenformen für geographische Tests berichten u. a. KIRCHBERG (1977a, S. 144), NIEMZ (1977, S. 123), SCHANZ (1973a), ders. (1973b). Muster für Testaufgaben-Konstruk-tionen bietet SCHANZ (vgl. 1973a, S. 23–37; ders. 1973b, S. 23–24), ferner eine knappe Anleitung für die Aufstellung informeller geographi-scher Tests (vgl. ders. 1973a, S. 62).

Zur Überprüfung geographischer Leistungen dürfen sich Testaufga-ben nicht ausschließlich auf (Quellen-) Texte beschränken, sondern es müssen ebenso andere geographische Darstellungsmittel bzw. Arbeitsmittel einbezogen werden, soweit der sachgerechte Umgang mit diesen zuvor den Probanden vermittelt wurde (vgl. KIRCHBERG, 1977a, S. 143–144).

Veröffentlichte informelle Tests beziehen sich z.T. auf jüngere Unterrichtswerke (vgl. BIRKEL u.a., 1976; KIRCHBERG, 1973b, 1974, 1976) oder auf ausgewählte geographische Sachverhalte (u.a.: »Wetter und Klima«, vgl. HENDINGER u.a., 1972, S. 55–56; »Probleme der Wasserwirtschaft Deutschlands«, vgl. LILJE, 1974, S. 51–54; »Gastarbeiter in der Bundesrepublik Deutschland«, vgl. MEIER, 1976, S. 241–248; »Stadtsanierung«, vgl. SCHRETTENBRUNNER, 1973b, S. 79–94; »Differenzierung der mitteleuropäischen Stadt«, vgl. WAGENHOFF, 1975, S. 29–36), während KOSMELLA (1979, S. 49–81) und SCHÄFER (1980, S. 82–206) Testvorschläge zur Ermittlung elementarer geographischer Fähigkeiten für den Arbeitsbereich der Grundschule entwickelten.

Im Sinne einer generellen *Kritik an Testverfahren* ist festzuhalten: Bei Tests können nur die Ergebnisse der Lernleistung und der diesen zugrundeliegenden eigentlichen Lernprozesse festgestellt werden. Hingegen geben sie häufig keine oder nur geringe Hinweise auf die prozessuale Komponente der damit verbundenen Lernakte beim Schüler. Verbreitet sind lediglich punktuelle Leistungsüberprüfungen, die überdies meist im schriftlichen oder mündlichen Verfahren durchgeführt werden, um einer möglichst exakten Ergebnisberechnung willen. In der Praxis kann entgegen dieser Absicht allzu leicht eine Schein-Objektivität vorgetäuscht werden (vgl. KIRCHBERG, 1977b, S. 330). Bei aller Würdigung der vielfältigen, unverzichtbaren Funktionen informeller Tests dürfen, ja können andere Verfahren zur Leistungskontrolle folglich nicht gänzlich ausgeschlossen werden. Sie sind vielmehr geradezu unerläßlich zur Beurteilung der prozessualen Komponente von Lernakten wie für solche Schülerleistungen, die nicht über einen schriftlichen Weg erfaßt werden können. Deshalb haben neben Tests auch weiterhin die eher traditionellen Verfahren wie das Schülerreferat, das Unterrichtsprotokoll und die Hausaufgabe eine mögliche ergänzende Funktion für die Leistungsmessung und -bewertung.

6.3 Verfahren zur Leistungsbewertung

Jede Leistungsbewertung beruht auf der Auswertung zuvor erfolgter Lernleistungsmessung. Weithin üblich ist ein Verfahren, welches den mittleren Leistungsgrad einer einzelnen Schulklasse zur Grundlage der Bewertungs-Differenzierung macht. Sind die Testleistungen der einzelnen Schüler – z.B. als Rohpunkte – ermittelt, so können die Schüler-Rohleistungen als Reihenfolge innerhalb der Klasse geordnet werden, wobei jedem Schüler ein entsprechender »Rang« zugeordnet wird. Anschließend werden die üblichen Zensuren entweder nach der Stasix-Methode oder dem Verfahren nach Kelley in Annäherung an die Gauß'sche Normalverteilungskurve entsprechend den zuvor ermittelten Rohpunkten verteilt (vgl. u.a. Gaude /Teschner, 1970; Niemz, 1972, S. 102–103; Schanz, 1973a, S. 51; Wendeler, 1969, S. 65). Allerdings ist der ausschließliche Bezug auf den Maßstab der Einzelklasse nicht befriedigend, weil er Leistungsvergleiche über deren engen Rahmen hinaus nicht zuläßt. Überdies berücksichtigt eine solche Bewertung nicht zwingend bereits die mit jeder einzelnen Leistung verbundenen unterschiedlichen Schwierigkeitsgrade (vgl. u.a. Bauer, 1976, S. 188–193; Niemz, 1973, S. 559; Seelig, 1970, S. 51–60, S. 118–127). Deshalb wird dieses Verfahren von J. Birkenhauer (vgl. 1975, Teil 2, S. 124) auch als zu schematisch bemängelt.

Im Gegensatz zur Einzelleistung des für sich lernenden Schülers ist es vergleichsweise schwierig, Einzelleistungen zu ermitteln, die innerhalb der Gruppenarbeit erbracht werden. Ähnlich problematisch ist in solchen Fällen die Festlegung einer Kollektivzensur; sie sollte unterlassen bleiben.

Abschließend sei daran erinnert, daß lernzielorientierter Geographieunterricht nicht primär auf eine mögliche Lernkontrolle um der Leistungsbeurteilung willen angelegt ist, sondern auf die Sicherung des Lernzuwachses (vgl. Kirchberg, 1977b, S. 330).

7 Unterrichtsplanung und -analyse

Unterricht als durch eine auftraggebende Gesellschaft institutionalisierter Prozeß muß zu vorgegebenen Zielen gelangen. Deren Erreichung darf keinem Zufall überlassen bleiben. Deshalb sind Unterrichtsplanung und -analyse eine Alltagspflicht des mit dem Unterricht beauftragten Lehrers.

7.1 Unterrichtsfaktoren: Bedingungs- und Entscheidungsfelder

Unterricht ist ein multifaktorelles Gefüge. Die einzelnen Faktoren werden heute in der Regel als Bedingungs- und als Entscheidungsfelder zusammengefaßt.

7.1.1 Bedingungsfelder des Unterrichts

Sie umfassen jene Faktoren(-bündel), die als »Vorgaben« entscheidende Einflüsse auf den Unterricht ausüben. Die Unterrichtsplanung muß folglich von ihnen als nicht willkürlich abwandelbaren Bedingungen (im Sinne von »Voraussetzungen«) ausgehen (vgl. u.a. SCHOLZ, 1972, S. 360; WITTERN, 1975, S. 29).

7.1.1.1 Die *»anthropologisch-psychologischen Bedingungen«* umfassen personengebundene, individuelle Voraussetzungen der am Unterricht Beteiligten, vor allem: Lernbereitschaft und Lernfähigkeit (Lernstand, -stil, -tempo) jedes einzelnen Schülers sowie Lehrbereitschaft und Lehrfähigkeit (Lehrstand, -stil) des Lehrers (vgl. u.a. PETERSSEN, 1973a, S. 173–180). Die Aufdeckung dieser Bedingungen ist u.a. unerläßlich, um deren teils förderliche, teils hemmende Rückwirkung auf den zu planenden Unterricht abschätzen zu können mit allen daraus notwendigen didaktischen Entscheidungen (vgl. u.a. ENGELHARD, 1977, S. 348–349).

7.1.1.2 Die *»sozio-kulturellen Bedingungen«* umschließen sozio-ökonomische, sozio-ökologische und sozio-kulturelle Voraussetzungen im engeren Sinne (vgl. u.a. PETERSSEN, 1973a, S. 173–180). Sie rühren insgesamt aus der gesellschaftlichen Umwelt (als soziale, wirtschaftliche, historisch-kulturelle, politische, ... Faktoren) her (vgl. u.a. ENGELHARD, 1977, S. 350–353) und schließen schulorganisatorische Rahmenbedingungen (Ort, Zeit, ...) mit ein (vgl. u.a. KÖCK, 1976, S. 106).

157

7.1.1.3 Die »*Unterrichtsziele und -inhalte*« bilden als in den Richtlinien, Lehrplänen (o.ä.) enthaltene Setzungen ebenfalls eine Vorgabe. Sie sind in der Regel in Form von abstrakt formulierten Richt-/Leit- und Grobzielen festgelegt oder als allgemein gültiges Thema. Teilweise enthalten die Richtlinien (o.ä.) auch Vorgaben für die regionale Zuordnung der auszuwählenden Raumbeispiele.

Im Gegensatz zu den übrigen Bedingungen des Unterrichts, welche »Ist-Werte« beschreiben, geben die Unterrichtsziele und -inhalte »Soll-Werte« vor und unterscheiden sich dadurch von den vorab genannten Bedingungen (vgl. u.a. KÖCK, 1976, S. 106; SCHOLZ, 1972, S. 360).

7.1.2 Entscheidungsfelder des Unterrichts

Sie stehen mit den zuvor umrissenen Bedingungsfeldern in engem Wechselbezug. Die hierunter zusammengefaßten Unterrichtsfaktoren unterliegen indessen bei der Planung zwangsläufig einer gewissen Auswahl und didaktischen Aufbereitung durch den Lehrer. Diese muß von der Absicht geleitet sein, den zu planenden Unterricht unter Berücksichtigung aller bekannten wie möglicher nicht vorhersehbarer sowie der variablen wie unveränderlichen Bedingungen zum vorgegebenen Ziel zu führen. Auf die Beachtung der Planungsprinzipien wird deshalb ausdrücklich verwiesen (vgl. 7.2).

7.1.2.1 Die »*Unterrichtsintentionen*« sind zwar durch die Zielvorgabe (vgl. 7.1.1.3) präformiert, bedürfen jedoch noch der Konkretisierung.

7.1.2.2 Die »*Lerninhalte des Unterrichts*« müssen dem fachlichen Potential der Bezugsdisziplin (oder – im Falle des Geographieunterrichts ggf. auch anderen Geo-Wissenschaften, z.B. Geologie, Meteorologie, ...) in enger Bindung an die vorgegebenen Lernziele entnommen werden, weil Lernziele ausschließlich im Vollzug an dazu geeigneten Lerninhalten vom Schüler erreicht werden können. Eine erste Auswahl-Hilfe bietet die Orientierung an der Ordnung geographischer Unterrichtsinhalte nach allgemeinen Typen mit deren gruppenspezifischer Eignung zur Gewinnung bestimmter Lernziel-Gruppen (vgl. 3.1). Ebenso bieten die Richtlinien/Lehrpläne häufig Beispiele zur Auswahl an.

7.1.2.3 Die »*Unterrichtsmethodik*« bildet ein mehrschichtiges Faktorenfeld, in dem zahlreiche Einzelentscheidungen gefällt werden müssen. Dabei geht es u.a. um die Gliederung des Lernprozesses in bestimmte *Phasen, Schritte oder Stufen*. Als allgemeingültig wird folgendes Schema angegeben:

- Begegnung mit dem neuen Unterrichtsziel und -inhalt (-thema) als Information über das Hauptziel und Entwicklung damit vorgegebener Fragestellungen sowie möglicher Problemlösungswege;
- die aus der Problemstellung – ggf. entwickelte Folge von Teilproblemen – folgende Bemühung um die Problemlösung(en);
- die Anwendung (Übung, Festigung, Übertragung/Transfer auf ähnliche Probleme/Themen/Erscheinungen)

(vgl. dazu auch: VOGEL, 1974, S. 25 f.; ders. 1975; SCHULZ, 1968a, S. 63–67; WALTER/EDELMANN, 1980).

Für den Geographieunterricht spielt zudem der »Einstieg« in eine neue Unterrichtseinheit eine entscheidende Rolle, insofern er miteinander verbindet:
- die plausible Entwicklung (Offenlegung) des Zieles und
- die Motivierung der Schüler (d.h. die Auslösung ihrer Bereitschaft, sich dem Unterrichtsziel mit aller Lernenergie zuzuwenden).

Der motivierende Einstieg bildet die »Anstoß-Phase« des Lernens, das ohne Motivation nicht in Gang kommen kann. »Insbesondere geht es darum, den Gegenstand in den Fragehorizont des Schülers zu bringen« (KIRCHBERG, 1977, S. 102) und Antriebserlebnisse des Schülers zu nutzen und zu verstärken. Dabei darf die »Psychologisierung« zur Wekkung des Interesses und zum Aufbau der erforderlichen Spannung beim Schüler nicht zum Verlassen sachlicher Richtigkeit gegenüber dem Unterrichtsziel und -inhalt führen. Ein Einstieg ist ausschließlich dann brauchbar, wenn er auch sachlogischer Prüfung standhält und die Schüleraufmerksamkeit von Anfang an auf den Kern der Unterrichtsabsicht lenkt (vgl. u. a. DARGA, 1965, S. 33–34; EBINGER, 1976, S. 161–163). Als Idealfall bezeichnet L. BAUER (1976, S. 142) eine Einstiegsmotivation, die den Schüler zu quasi von ihm gewollter, spielerischer Betätigung mit dem Lernziel/Thema hinführt, so daß »der Lernvorgang selbst und nicht der Vollzug der Endhaltung die Motivation liefert« (LORENZ, 1973, S. 200); zugleich aber betont er die Schwierigkeit einer sicheren Beurteilung verfügbarer einschlägiger Maßnahmen. Unbeschadet der Einsicht, daß prinzipiell zwischen Einstieg, Motivierung und Methodenwahl ein enger Zusammenhang vorliegt (vgl. KIRCHBERG, 1977, S. 102), muß die Entscheidung für konkrete Verfahren weitgehend der Intuition und Erfahrung des Lehrers überlassen bleiben (vgl. BAUER, 1976, S. 142). BIRKENHAUER (vgl. 1975, Teil 2, S. 120–122) und RÖSSLER (vgl. 1968, S. 346–347) verweisen auf Medien als Hilfsmittel für den Einstieg und die dabei zu entwickelnde Problemstellung. NEWIG (vgl. 1972, S. 63–65) schlägt zur Auslösung einer auf den Kern der Unterrichtsabsicht hinführenden Motivation »Vorgaben« vor, welche überraschend oder rätselhaft oder paradox wirken oder grotesk formuliert sind, und betont den Vorzug »offener Einstiege«, die in ihrer strengen Bindung an die Lernziele ausdauernde Spannung aufzubauen vermögen. (Zur Vertiefung vgl. u.a. BAYER, 1970, S. 244–246; LEUSMANN, 1976, S. 87–98; RASSMANN, 1972, S. 498–525; SCHMIDT, 1976, S. 189–198; ferner: CORELL, 1964, S. 67f.; ROTH, 1962; SKOWRONEK, 1970).

Zentraler Gegenstand der Unterrichtsmethodik sind ferner die *allgemeinen Lehr- und Lernverfahren* (vgl. 4.1), die *Unterrichtsformen* (vgl. 4.2) sowie die *fachspezifischen und fachübergreifenden instrumentalen Lernziele bzw. Arbeitsverfahren und -techniken* (vgl. 4.3).

7.1.2.4 Die *»Medien«* sind für den Unterricht insofern unverzichtbar, als der ausgewählte Unterrichtsinhalt entweder unmittelbar oder repräsentiert durch ein geeignetes Medium für den Lernprozeß verfügbar gemacht werden muß. Jedes Medium (auch die aufgesuchte Wirklichkeit) impliziert indessen unmittelbar die Anwendung bestimmter Arbeitsweisen und Unterrichtsformen bzw. schließt andere davon aus definierbaren Gründen ganz oder teilweise aus. Außerdem kann zur Erreichung eines bestimmten (Teil-)Ziels die Kombination mehrerer Medien erforderlich sein (vgl. 5.).

7.1.2.5 Die *»Lernkontrolle«* (vgl. 6.) kann nur dann die Effizienz des geplanten Unterrichts dokumentieren, wenn bereits die Planung möglichst exakt auf die beabsichtigte Überprüfung abgestimmt wird, u.a. durch die Formulierung exakt operationalisierter und eben deshalb kontrollierbarer Ziele. Ohne derartige Kontrolle hingegen vermag der Lehrer weder eine belegbare Aussage über die Effektivität seines Unterrichts zu erhalten noch Hinweise darauf, welche Korrekturen erforderlich sind und wie ggf. die Fortführung des Unterrichts besonders zielgerecht möglich wäre.

7.2 Unterrichtsplanung: Prinzipien, Planungsschritte, Planungsbeispiele

Die Unterrichtsplanung umfaßt verschiedene Schritte: eine längerfristige Planung (»Makroplanung«) und die Planung für konkreten Unterricht (»Mikroplanung«). Nachfolgend wird vornehmlich letztere betrachtet.

7.2.1 Prinzipien der Unterrichtsplanung

Planungsentwürfe für konkrete Unterrichtseinheiten/-stunden (»Mikroplanung«) und in gewissem Ausmaß ebenso die längerfristige Planung (»Makroplanung«) müssen drei *Grundsätzen* Genüge tun:

7.2.1.1 Das »*Prinzip der Interdependenz*« fordert die widerspruchsfreie gegenseitige Abstimmung aller Planungselemente und -entscheidungen aufeinander. Es beruht auf der Erkenntnis, daß die Unterrichtsfaktoren zu einem komplexen Wechselgefüge verflochten sind. Wird innerhalb eines derartigen Verflechtungs-Komplexes ein beteiligtes Element ausgewechselt oder abgewandelt, dann ergeben sich Rückwirkungen auf das Gesamtgefüge.

7.2.1.2 Das »*Prinzip der Variabilität*« berücksichtigt besonders die Rolle anthropologischer Bedingungen des Lernens. Es schließt das starre Festhalten an einem einzigen vorgeplanten Entwurf aus und gebietet hingegen die vorausschauende Entwicklung alternativer Möglichkeiten. Vom Lehrer verlangt es hinreichende Flexibilität, durch rechtzeitiges Erkennen von auf seiten der Schüler auftretenden Bedingungen, die u. U. nicht voraussehbar waren, den Unterricht entweder auf abgewandelten Lernwegen zum vorgegebenen Ziel zu führen oder gar – begründet – eine Lernziel- und -weg-Korrektur vorzunehmen. Damit wird den Lernenden ein ihren individuellen Ansprüchen angemessener Einfluß auf die Mit-Steuerung des Unterrichts eingeräumt.

7.2.1.3 Das »*Prinzip der Kontrollierbarkeit*« zielt darauf ab, daß die Planung so konstruiert wird, daß deren didaktische Folgerichtigkeit durch den Vergleich zwischen der Zielvorgabe und dem über den Unterrichtsablauf von den Schülern tatsächlich erreichten Lernerfolg überprüfbar wird. Dadurch wird vor allem die Formulierung präziser Lernziele unverzichtbar.

7.2.2 Planungsschritte

Die Unterrichtsfaktoren (vgl. Kap. 7.1) markieren die erforderlichen Schritte der Unterrichtsplanung.

7.2.2.1 Die Planung umfaßt folgende *Teilaufgaben:*
- Gliederung des in Richtlinien (o. ä.) vorgegebenen Grobziels (Themas) in eine Abfolge von Teilzielen (Teilthemen) sowie dessen (deren) Umsetzung in eine adressatengerechte, sachlich zulässige sprachliche Formulierung;
- Ermittlung von bei den Adressaten vorhandenen, zielorientiert nützlich einbeziehbaren Vorkenntnissen, Fähigkeiten/Fertigkeiten, Einstellungen etc.;
- Aufstellung sachlogischer, nach Schwierigkeitsstufen abgestimmter Lernschrittfolgen für jedes Teilziel (Teilthema);
- Festlegung der dazu geeigneten Unterrichtsverfahren und -formen

unter Wahrung der Bezogenheit auf die Vorbedingungen (d.h.: Schü-
ler-, Ziel- und Sachbezogenheit);
– Verknüpfung der Teilziele (Teilthemen) mit als geeignet (notwendig)
  ermittelten Medien;
– Festlegung von Möglichkeiten der Lernkontrolle.
(Zur Ergänzung und Vertiefung vgl. u.a. BIRKENHAUER, 1975, Teil 2,
S. 117–122; ENGELHARD, 1977, S. 338–399; SCHMIDT, 1976,
S. 307–312:)

7.2.2.2 Die – in einem erweiterten Begriffsverständnis – »*didaktische
Analyse*« umfaßt als zentrale Teilschritte: die Zielanalyse, die Inhaltsanalyse (»Sachanalyse«) und die »methodische Analyse«:
Die »*Zielanalyse*« betrifft die adressatengerechte Formulierung von
Lernzielen auf konkreteren Lernzielebenen bis hin zu operationalisier-
ten Lernzielen, soweit diese zur Erreichung des vorgegebenen Grobzie-
les erforderlich sind. Eine nochmalige Legitimation dieser Lernziele er-
übrigt sich durch deren strenge Unterordnung unter die vorgegebenen
Grobziele.
In der »*Sachanalyse*« muß (müssen) der (oder die) Fachinhalt(e) ermittelt werden, der (die) unter den bekannten Lernvoraussetzungen der
Adressaten zur Erreichung des (der) Zieles (Ziele) als besonders geeignet beurteilt werden kann (können). Mit der Entscheidung für einen bestimmten Fachinhalt muß dieser unter erkennbarem Lernzielbezug zunächst aus fachwissenschaftlicher Sicht möglichst umfassend erfaßt werden. Dabei sollten einschlägige Fachbegriffe und zur Aufdeckung von
Strukturen wie Prozessen geeignete Arbeitsverfahren stichwortartig no-
tiert werden. Das Ergebnis dieser Arbeit muß anschließend auf das für
den zu planenden Unterricht Unverzichtbare reduziert werden (vgl. u.a.
ENGELHARD, 1977, S. 358). Zur Ermittlung der geforderten Eignung
schlagen BIRKENHAUER (1972, S. 4) und BRUCKER/HAUSMANN (1972, S.
37–38) die Überprüfung folgender Kriterien vor:
»– Einsehbarkeit der Struktur,
– gesellschaftlicher Bezug, . . .
– fachliche Repräsentanz-Eigenschaft, . . .
– anthropologisch-psychologische und situative Angemessenheit,
– bestmögliche Operationalisierbarkeit« (ENGELHARD, 1977, S. 358).
Die »*methodische Analyse*« dient der Aufdeckung von Möglichkeiten, die mit festgestellten Lernvoraussetzungen ausgestatteten Schüler
mit Hilfe der ausgewählten Fachinhalte zum vorgegebenen Ziel des Unterrichts gelangen zu lassen und entsprechende Vorentscheidungen zu
fällen.

7.2.2.3 *Planungsschemata* wurden nach formalen Gesichtspunkten als
Raster seitens der Allgemeinen Didaktik und Schulpädagogik entwik-

kelt und fanden in die geographiedidaktische Literatur Eingang. Sie sollen dem Lehrer bei der komplizierten Planungsaufgabe helfen, vor allem hinsichtlich der Bemühungen um eine optimale Planung der Verknüpfung zwischen den verschiedenen Determinanten. Aus der wechselseitigen Beurteilung der Rolle von Verflechtungen, die zwischen bestimmten Faktoren vorliegen, rühren in Details unterschiedliche Entwürfe her, ohne daß derzeit ein Konsens über ein als optimal zu beurteilendes Planungsschema erkennbar wäre. Einige Faktoren müssen jedoch als Minimum-Forderung in jedem Falle auftreten: Ziele/Inhalte, Schüler- und Lehrerverhalten sowie – gerade für den Geographieunterricht – die einzubeziehenden Medien. Für die Verlaufsplanung ist eine Gliederung entsprechend der aufeinanderfolgenden »Unterrichtsphasen« erforderlich. Beispiele – in Auswahl – bieten: BAUER, 1976, S. 143; DELLWEG, 1972, S. 28–40; ENGELHARD, 1977, S. 386–387; ders. 1977, S. 396–399; KÖCK, 1976, S. 113–116; aus dem Feld allgemeindidaktischer Literatur besonders HEIMANN/OTTO/SCHULZ, 1970; KLAFKI, 1958; KRAMP, 1962; SCHOLZ/BIELEFELDT, 1978, S. 117–180.

7.2.3 Planungsbeispiele

Beispiele für geplante geographische Unterrichtseinheiten sind in der jüngeren geographiedidaktischen Literatur zahlreich vorfindlich. In Auswahl wird verwiesen auf BIRKENHAUER, 1972; ENGEL u.a., 1979; HEYN, 1975; HILPERT, 1974a; ders. 1974b; KÖCK, 1976, S. 109–116; SCHMIDT, 1970.

7.3 Unterrichtsanalyse

Die Unterrichtsanalyse dient der Aufdeckung des tatsächlichen Unterrichtsablaufes, seiner Interpretation und Beurteilung. Zur Planung, welche die »Soll-Werte« vorgibt, besteht über die Offenlegung der »Ist-Werte« ein enger Zusammenhang. Die Unterrichtsanalyse deckt Hindernisse und förderliche Erscheinungen im Unterrichtsablauf auf, welche das in der Lernkontrolle dokumentierte Lernergebnis im Vergleich mit der Planung zu erklären gestatten. Die Unterrichtsanalyse als Überprüfung der Effizienz voraufgehender Planung an der Wirklichkeit des Unterrichtsverlaufes und -ergebnisses liefert folglich unverzichtbare Grundlagen für die zukünftige Verbesserung von Unterrichtsplanung und -durchführung.

Der Unterrichtsverlauf wird dazu z. B. in der Form eines Unterrichtsprotokolls möglichst detailliert erfaßt. Darauf kann die Beurteilung fußen. Beispiele für Protokoll-Schemata findet man u.a. bei DELLWEG, 1972, S. 41–44; FEIKS u.a., 1977, S. 115–119 bzw. SCHOLZ/BIELE-

FELDT, 1978, S. 188–192; SCHULZ, 1968b, S. 57–63; WALTER/EDEL-MANN, 1980; mit engerem Bezug zum Geographieunterricht bei HAUB-RICH u. a., 1977, S. 403–406 und JÄGER/KERSBERG/SCHÖNBACH, 1980.

Literatur

Benutzte Abkürzungen für Periodika:
BGR Beihefte zur Geographischen Rundschau (ab 9. Jhg., 1979: Praxis Geographie)
DDS Die Deutsche Schule
DG   Die Grundschule
DHS Die höhere Schule
EK   Erdkunde
EU   Der Erdkundeunterricht
GIU Geographie im Unterricht
GR   Geographische Rundschau
GUD Geographie und ihre Didaktik
GZ   Geographische Zeitschrift
HFG Hefte zur Fachdidaktik der Geographie
LS   Lebendige Schule
NWU Neue Wege zur Unterrichtsgestaltung
PR   Pädagogische Rundschau
PW   Pädagogische Welt
SH   Schule heute
SMG Sachunterricht und Mathematik i. d. Grundschule
UH   Unterricht heute
US   Unsere Schule
WDS Welt der Schule
WPB Westermanns Pädagogische Beiträge
ZFP Zeitschrift für Pädagogik

ABLER, R./ADAMS, J. S./GOULD, P.: Spatial Organization; London 1972

ACHILLES, F. W.: Der Sandkasten als Arbeitsmittel im geographischen Sachunterricht – »Verkehr überwindet ein Gebirge«; in: SMG, 4. Jhg., 1976, S. 474–487

ACHILLES, F. W.: Zeichnen und Zeichnung im Geographieunterricht der Sekundarstufe I; in: GIU, 2. Jhg., 1977, S. 388–401

ACHTENHAGEN, F./MEYER, H., Hg.: Curriculumrevision – Möglichkeiten und Grenzen; München [3]1972

ADELMANN, J.: Methodik des Erdkundeunterrichts; München 1955, [2]1962

AEBLI, H.: Psychologische Didaktik. Didaktische Auswertung der Psychologie von Jean Piaget; Stuttgart 1966

ALLENDORF, O./WIESE, J. G.: Taschenbuch der Overhead-Projektion; Köln 1972

ALT-STUTTERHEIM, W. v.: Vorzüge und Mängel der reformierten Oberstufe; in: DHS 1975, S. 336–338

ALTMANN, J./JANSEN, U./KROSS, E./TAUBMANN, W./WAGENHOFF, E.: Unterrichtsmodelle zur Stadtgeographie – Sekundarstufe I; Stuttgart 1975; = EU, Sonderheft 2

ARBEITSANWEISUNGEN für die Grundschulen in Baden-Württemberg – Sachunterricht und Musik; in: Amtsbl. Kultusminist. Baden-Württemberg, 24. Jhg., Sonder-Nr. 1, 22. 8. 1975

ARNBERGER, E.: Thematische Kartographie; in: Westermanns Lexikon der Geographie, Braunschweig 1970, Bd. 4, S. 573–577

ARNDT, H./BRAUN, K.: Die audio-visuellen Mittler im Erdkundeunterricht; München 1969

ASSOCIATION OF AMERICAN GEOGRAPHERS, Hg.: High School Geography Project, Unit 1–6; London 1970

BAHRENBERG, G./THOMÄ, H./WINDHORST, H.-W.: Der programmierte Erdkundeunterricht; Paderborn 1973

BAHRENBERG, G.: Die allgemeine Zirkulation der Atmosphäre; Paderborn 1975

BALTHESEN, A.: Ein Baggersee soll zum Naherholungsgebiet ausgebaut werden. Ein Planspiel f. d. Orientierungsstufe zum Leitthema »Erholungsräume«; in: BGR, 6. Jhg., 1976, H. 2, S. 5–13

BARENSCHEER, F.: Gruppenarbeit im Erdkundeunterricht; in: GR, 1. Jhg., 1949, S. 412ff.

BARTELS, D.: Zur wissenschaftstheoretischen Grundlegung einer Geographie des Menschen; Wiesbaden 1968

BARTELS, D.: Die Zukunft der Geographie als Problem ihrer Standortbestimmung; in: GZ, 56. Jhg., 1968b, S. 124–142

BARTELS, D.: Wirtschafts- und Sozialgeographie; Köln/Berlin 1970

BARTELS, D./HARD, G.: Lotsenbuch für das Studium der Geographie als Lehrfach; Bonn/Kiel 1974

BARTH, L.: Zum Systematisieren von Wissen im Geographieunterricht; Berlin (DDR) 1969

BÄUML-ROSSNAGL, M.-A.: Sachunterricht in der Grundschule. Naturwissenschaftlich-technischer Lernbereich; München 1979

BAUER, L. (Hg.): Erdkunde im Gymnasium; Darmstadt 1968

BAUER, L.: Thesen zur Reform der erdkundlichen Bildungspläne; in: GR, 21. Jhg., 1969, S. 460–468

BAUER, L.: Zum Stand des Geographieunterrichts in der Kollegstufe (Stand Januar 1974); in: GR, 26. Jhg., 1974, S. 106–109

BAUER, L.: Einführung in die Didaktik der Geographie; Darmstadt 1976

BAUER, L.: Geographie in der Sekundarstufe II und Folgerungen für die Lehrerausbildung; in: BAUER, L./HAUSMANN, W. (Hg.): Geographie; München 1976b, S. 213–218

BAUER, L./HAUSMANN, W. (Hg.): Geographie; München 1976

BAUER, L.: Lernkontrolle und Leistungsmessung in der Kollegstufe; in: ERNST, E./HOFFMANN, G. (Hg.): Geographie für die Schule; Braunschweig 1978, S. 124–130

BAYER, W.: Der Einstieg im Erdkundeunterricht; in: GR, 22. Jhg., 1970, S. 244–246

BEELITZ, A.: Die Betriebserkundung; (Hg.: Bildungsabteilung des Deutschen Industrieinstituts) Köln 1967

BEER, G.: Ist die Programmierung des Lernstoffes im Erdkundeunterricht der Gymnasien möglich? In: GR, 20. Jhg., 1968, S. 257–259

BELSTLER, H.: Der erdkundliche Film; in: GRÖSCHEL, H. u. a.: Erdkunde im Unterricht; München 1965, S. 67–70

BENTZIEN, K. H.: Die Herstellung von geographischen Reliefs als Schichtmodelle; in: WPB, 5. Jhg., 1953, S. 309–313

BENZING, A. G.: Blockbilder als Arbeitshilfen für geographische Exkursionen; in: GR, 15. Jhg., 1963, S. 421–424

BERTLEIN, H.: Das Bild als Unterrichtsmittel; München 1971

BEYER, L./ITTERMANN, R.: Wider die herkömmliche Großexkursion. Hochschuldidaktische Überlegungen zu einer Lehrveranstaltung für zukünftige Schulgeographen; in: GR, 25. Jhg., 1973, S. 132–140

BILDUNGSPLÄNE FÜR DIE ALLGEMEINBILDENDEN SCHULEN IM LANDE HESSEN, Teil B: Das Bildungsgut der Volksschule; Wiesbaden 1957

BIRKEL, P. u. a.: Lernerfolgstests Geographie; Stuttgart 1976

BIRKENHAUER, J.: Die Länderkunde ist tot. Es lebe die Länderkunde; in: GR, 22. Jhg., 1970, S. 194–204

BIRKENHAUER, J. (Hg.): Lernzielorientierter Unterricht an geographischen Beispielen für die Sekundarstufe I; in: BGR, 1972, H. 2

BIRKENHAUER, J.: Die Daseinsgrundfunktionen und die Frage einer »curricularen Plattform« für das Schulfach Geographie; in: GR, 26. Jhg., 1974a, S. 499–503

BIRKENHAUER, J.: Didaktisch relevante Aspekte aus der Sicht der physischen Geographie; in: KREUTZER, G. u. a. (Hg.): Didaktik der Geographie in der Universität; München 1974b, S. 28–43

BIRKENHAUER, J.: Erdkunde. Eine Didaktik für die Sekundarstufe I, Teil 1 und 2; Düsseldorf 1971; überarb. [4]1975

BIRKENHAUER, J.: Bibliographie Didaktik der Geographie; Paderborn 1976a

BIRKENHAUER, J.: Didaktisch relevante Aspekte aus der Sicht der Physischen Geographie; in: BAUER, L./HAUSMANN, W. (Hg.): Geographie; Fachdidaktisches Studium in der Lehrerbildung; München 1976b, S. 35–49

BIRKENHAUER, J.: Aufgaben und Stand der fachdidaktischen Forschung; in: BAUER, L./HAUSMANN, W. (Hg.): Geographie; Fachdidaktisches Studium in der Lehrerbildung; München 1976c, S. 103–125

BIRKENHAUER, J.: Die Geographie in der Förderstufe und in der Sekundarstufe I; in: ERNST, E./HOFFMANN, G. (Hg.): Geographie für die Schule; Braunschweig 1978, S. 115–123

BLANKERTZ, H.: Theorien und Modelle der Didaktik; München [2]1969, [8]1973

BLANKERTZ, H.: Analyse von Lebenssituationen unter besonderer Berücksichtigung erziehungswissenschaftlich begründeter Modelle: Didaktische Strukturgitter; in: FREY, K. (Hg.): Curriculum-Handbuch, Bd. II; München 1975, S. 202–214

BLECHSCHMIDT, R./ENGELHARDT, W./GREINER, K. H.: Der »neue« Geographieunterricht in der öffentlichen Diskussion; in: GR, 29 Jhg., 1977, S. 379–387

BLOOM, B. S. (Hg.): Taxonomie von Lernzielen im kognitiven Bereich; Weinheim/Basel 1972, [3]1973, [4]1974

BLOTEVOGEL, H. H./HEINENBERG, H.: Bibliographie zum Geographiestudium, Teil 1; Paderborn 1976

BOBEK, H.: Stellung und Bedeutung der Sozialgeographie; in: EK, 2. Jhg., 1948, S. 118–125; Wiederabdruck in: STORKEBAUM, W. (Hg.): Sozialgeographie; Darmstadt 1968, S. 44–58 und ENGEL, J. (Hg.): Von der Erdkunde zur raumwissenschaftlichen Bildung; Bad Heilbrunn 1976, S. 39–52

BOBEK, H.: Vorträge zur Sozialgeographie; 3. Vortrag am geogr. Inst. d. TH München, gehalten am 3. 12. 1963

BOBEK, H.: Bemerkungen zur Frage eines neuen Standortes der Geographie; in: GR, 22. Jhg., 1970, S. 438–443

BODECHTEL, J./GIERLOFF-EMDEN, H. G.: Weltraumbilder–die dritte Entdeckung der Erde; München 1974

BOEHM, E./POESCHEL, H. C.: Ägypten und der Nil. Eingreifprogramm Erdkunde 8./9. Schuljahr; Stuttgart 1970

BÖRSCH, D./LORENZ, F.: Ziele im Geographicunterricht der Sekundarstufe II; in: HFG, 1. Jhg., 1977, H. 1, S. 101–114

BREUER, H.: Wie werde ich den Anforderungen der Arbeitsschule im Erdkundeunterricht gerecht? In: LS, 14. Jhg., 1959

BREUER, H.: Arbeitsschulprinzip im Erdkundeunterricht; in: WDS, 13. Jhg., 1960, S. 100–101

BREUER, H.: Der Zug zur Küste. Standortverlagerungen am Beispiel Antwerpen; in: KROSS, E./SCHRAND, H./KÖCK, H./Hochschulverband f. Geographie u.i. Didaktik (Hg.): Geographiedidaktische Strukturgitter; Braunschweig 1979, S. 175–185

BRUCKER, A./HAUSMANN, W.: Bodenzerstörung und Bodenerhaltung in den Prärieebenen der USA; in: BGR, 1972, H. 2, S. 36–45

BRUCKER, A.: Neue Medien zur Satellitengeographie; in: Lehrmittel aktuell, 1. Jhg., 1975

BRUCKER, A.: Flurbereinigung (Planspiel); Braunschweig 1975 b

BRUCKER, A.: Erholungsraum (Planspiel); Braunschweig 1975 c

BRUCKER, A.: Satellitenbilder im Geographieunterricht; in: GR, 28. Jhg., 1976, S. 378–380

BRUCKER, A.: Ziele zur mediendidaktischen Qualifizierung des Geographielehrers; in: BAUER, L./HAUSMANN, W. (Hg.): Geographie; München 1976 b, S. 250–257

BRUCKER, A.: Medienverbund (S. 216–218); Geographische Skizze (S. 220–227); Modelle (S. 248–253); Luftbild, Satellitenbild (S. 260–265); Transparent (S. 268–271); Unterrichtsfilm (S. 272–279); alle in: HAUBRICH, H. u.a.: Konkrete Didaktik der Geographie; Braunschweig 1977

BRUCKER, A.: Das geographische Arbeitsbuch. Formale Gestaltung und methodische Einsatzmöglichkeiten; in: GIU, 2. Jhg., 1977 b, S. 24–30

BRUCKER, A.: Arbeitsbuch; in: HAUBRICH, H. u.a.: Konkrete Didaktik der Geographie; Braunschweig 1977 c, S. 242–245

BRUNER, J. S.: Der Prozeß der Erziehung; Berlin/Düsseldorf 1970

BÜHLER, E. A.: Erarbeitung des Wetterbegriffes mit Hilfe eines Lehrprogramms im Erdkundeunterricht der Oberstufe; in: GR, 20. Jhg., 1968, S. 260–263

BÜSCHENFELD, H.: Statistik (S. 152–154); Das Diagramm (S. 155–158); Das Kartogramm (S. 158–160); Das Profil (S. 172–175); alle in: BGR, 7. Jhg., 1977

CALVIS, H.: Die Betriebsbesichtigung im Rahmen der wirtschaftsgeographischen Ausbildung; in: Zur Didaktik geographischer Geländearbeit an Hochschule und Schule; Festschrift für Josef Zepp zum 65. Geburtstag; PH Rheinland, Abt. Köln/Geographie; Selbstverlag, o. J. (1975), S. 67–76

CASSUBE, G./ENGEL, J.: Was leisten unsere neuen Schulerdkunde-Lehrbücher? In: LS, 26. Jhg., 1971, S. 309–319

168

CHORLEY, R./HAGGETT, P. (Hg.): Frontiers in Geographical Teaching; London ²1970

CLOSS, H.-M./GAFFGEN, P./SPERLING, W.: Befragung zum räumlichen Orientierungswissen; in: HFG, 1. Jhg. 1977, H. 3, S. 53–80

CORDES, G.: Das dreidimensionale (stereoskopische) Luftbild; in: GR, 25. Jhg., 1973, S. 433–438

CORDES, R.: Zur Behandlung Deutschlands im Unterricht. Zur Arbeitstagung in Berlin; in: GR, 31. Jhg., 1979, S. 343–346

CORELL, W.: Lernpsychologie; Donauwörth ³1964

CUBE, F. v.: Kybernetische Grundlagen des Lehrens und Lernens; Stuttgart ²1968

CUBE, F. v.: Der kybernetische Ansatz in der Didaktik; in: RÖHRS, H. (Hg.): Didaktik; Frankfurt 1971, ²1974, S. 30–53

CULLEN, S./STROBEL, R.: Erdbeben (Unterrichtsprogramm); Stuttgart 1974 a

CULLEN, S./STROBEL, R.: Vulkanismus (Unterrichtsprogramm); Stuttgart 1974 b

CURRICULARER LEHRPLAN für das Fach Erdkunde in den Jahrgangsstufen 5 und 6 der Hauptschule, des Gymnasiums und der Schulversuche mit der Orientierungsstufe; in: Amtsbl. Bayer. Staatsmin. f. Unterr. u. Kultus; 1976, Sonder-Nr. 10, S. 256–263

CURRICULARER LEHRPLAN für Erdkunde in der Kollegstufe; in: Bayer. Staatsmin. f. Unterr. u. Kultus, 25. 8. 1975, B. 1234 A, S. 478–481, S. 560–587

DAHLHOFF, T. (Hg.): Schulfunk. Zur Didaktik und Methodik; Bochum 1971

DARGA, E.: Vorbereitung, Durchführung und Nachbereitung einer Lehrwanderung; in: LS, 18. Jhg., 1963, S. 147–156

DARGA, E.: Der »Einstieg« als methodisches und psychologisches Problem; in: LS, 20. Jhg., 1965, S. 29–35

DELLWEG, K.: Unterrichtsplanung in Theorie und Praxis mit Anleitungen zur empirischen Beobachtung und Beurteilung; Bergneustadt ²1972; (Hg.): Bezirksseminar Bergneustadt/Oberberg. Kreis

DERBOLAV, J.: Versuch einer wissenschaftstheoretischen Grundlegung der Didaktik; in: ZFP, Beih. 2/1960: Didaktik der Lehrerbildung; Wiederabdruck in: KOCHAN, D.-C. (Hg.): Didaktik – Fachdidaktik – Fachwissenschaft; Darmstadt ²1972, S. 31–74

DEUTSCHER BILDUNGSRAT (Hg.): Empfehlungen der Bildungskommission: Strukturplan für das Bildungswesen; Bonn 1970, ⁴1972

DAUM, E.: Innovationsgeographie durch Lernspiele im Unterricht; in: ENGEL, J. (Hg.): Von der Erdkunde zur raumwissenschaftlichen Bildung; Bad Heilbrunn 1976, S. 132–141

DÖRING, K. W.: Lehr- und Lernmittel: Medien des Unterrichts. Zur Geschichte und Didaktik der materialen unterrichtlichen Hilfsmittel; Weinheim/Basel ²1973

DOHMEN, G.: Fernstudium im Medienverbund; Stichwort in: HEINRICHS, H. (Hg.): Lexikon der audio-visuellen Bildungsmittel; München 1971, S. 111–113

DOLCH, J.: Grundbegriffe der pädagogischen Fachsprache; München 1950, ⁶1965, ⁸1971

DORN, W./JAHN, W.: Vorstellungs- und Begriffsbildung im Geographieunterricht; Berlin (DDR) 1966

169

EBINGER, H.: Erdkunde in der Volksschule; Lübeck/Hamburg 1966

EBINGER, H.: Einführung in die Didaktik der Geographie; Freiburg 1971, 3. veränd. Aufl. 1976

EHRENFEUCHTER, B. (Hg.): Statistik im Erdkundeunterricht; Reihe: EU, H. 4; Stuttgart 1966; darin: Die Zahl als Arbeitsmittel im Erdkundeunterricht; S. 10–26

EILMES, W.: Feldarbeit im Geographieunterricht der Oberstufe: Fußgängerzone Lemgo; in: BGR, 7. Jhg., 1977, S. 61–77

EMPFEHLUNGEN DER ARBEITSGRUPPE »LEHRPLÄNE« DES VERBANDES DEUTSCHER SCHULGEOGRAPHEN: Geographie in der Kollegstufe; in: GR, 23. Jhg., 1971, S. 481–492

EMPFEHLUNGEN FÜR DEN UNTERRICHT IN DER REALSCHULE FÜR DAS FACH ERDKUNDE; Eine Schriftenreihe des Kultusministers des Landes Nordrhein-Westfalen; Ratingen 1973

EMPFEHLUNGEN FÜR DEN KURSUNTERRICHT IM FACH ERDKUNDE (auch für den Teilbereich der Gemeinschaftskunde); in: Schulreform NW, Sekundarstufe II, Arbeitsmaterialien und Berichte; H. 33 II: Curriculum Gymnasiale Oberstufe – Geschichte, Philosophie, Erdkunde; 2. Ausgabe Düsseldorf 1973, S. 51–139

ENGEL, J.: Grundzüge des amerikanischen High School Geography Project (HSGP); in: GEIPEL, R. (Hg.): Wege zu veränderten Bildungszielen im Schulfach Erdkunde; Stuttgart 1971, S. 118–137; = EU, Sonderheft 1

ENGEL, J.: Das »High School Geography Project« – ein Modell für ein deutsches Forschungsprojekt? in: Verh. d. Deutsch. Geogr. Tages, Bd. 38; Wiesbaden 1972, S. 170–180; Auszugs-Abdruck in: ENGEL, J. (Hg.): Von der Erdkunde zur raumwissenschaftlichen Bildung; Bad Heilbrunn 1976, S. 232–239

ENGEL, J. (Hg.): Von der Erdkunde zur raumwissenschaftlichen Bildung. Theorie und Praxis des Geographieunterrichts. Bad Heilbrunn 1976

ENGEL, J. u. a.: 12 mal Geographieunterricht. Raumwissenschaftliche Bildung in Unterrichtsbeispielen; Bad Heilbrunn 1979

ENGELHARD, K.: Das Diagramm (S. 228–235), Das Kartogramm (S. 236–237), Unterrichtsplanung und -analyse (S. 337–384); alle in: HAUBRICH, H. u.a.: Konkrete Didaktik der Geographie; Braunschweig 1977

ENGELHARD, K.: Medien in der Unterrichtspraxis. Zur Einführung; in: BGR, 7. Jhg., 1977b, S. 146–148

ENGELHARD, K.: Die thematische Karte; in: BGR, 7. Jhg. 1977c, S. 160–171

ENGELHARDT, W.: Erdkunde in der Grundschule; Bad Heilbrunn 1978

ENGELHARDT, W./GLÖCKEL, H.: Wege zur Karte; Bad Heilbrunn 1977

ENGELHARDT, W./WENDEL, K. H.: Arbeiten mit Thematischen Karten statt »Einführung in das Kartenverständnis«; in: DG, 7. Jhg., 1975, S. 74–82

ENGELHARDT, W./MÜLLER, D.: Geographisches Beobachten – Sehen und Denken; in: RITTER, G./SCHREIBER, T. (Hg.): Geographische Exkursionen an Hochschule und Schule; München 1976, S. 103–115

ENTWURF ZU EINEM CURRICULUM GEMEINSCHAFTSKUNDE – GRUNDKURS; Hg.: Kultusministerium Rheinland-Pfalz 1974

ERNST, E.: Agrarprobleme als Thema eines fächerübergreifenden Erdkundeunterrichts; EU, H. 8, Stuttgart 1967

ERNST, E./FRICKE, W./SCHNEIDER, S./SPERLING, W./VÖLGER, K.: Das Luftbild im Erdkundeunterricht; EU, H. 10, Stuttgart ^{2}1972

ERNST, E.: Lernziele in der Erdkunde; in: GR, 22. Jhg., 1970, S. 186–194, 202

ERNST, E.: Die Lehrwanderung als Schülerexkursion; in: EU, H. 13; Stuttgart 1971, ²1973

ERNST, E.: Das Luftbild im Erdkundeunterricht; in: EU, H. 10, Stuttgart ²1972, S. 53–80

ERNST, E./SCHRADER, W.: Der Stellenwert der Geographie in der Gesellschaftslehre. Rahmenrichtlinien Sekundarstufe I Hessen; in: GR, 24. Jhg., 1972, S. 477–483

ERNST, E./HOFFMANN, G. (Hg.): Geographie für die Schule. Ein Lernbereich in der Diskussion; Braunschweig 1978

ERNST, E./VOLKMANN, H.: Das geographische Lehrwerk, Wirklichkeit und Forderungen; in: ERNST, E./HOFFMANN, G. (Hg.): Geographie für die Schule; Braunschweig 1978, S. 247–252

FEIKS, D./SALLER, M./VOLLMER, W. (Hg.): Der Grund- und Hauptschullehrer in der II. Phase. Ausgabe Baden-Württemberg; Stuttgart 1977

FICHTINGER, R./GEIPEL, R./SCHRETTENBRUNNER, H.: Studien zu einer Geographie der Wahrnehmung; EU, H. 19; Stuttgart 1974

FICK, K.E.: Das geographische Lichtbild, Wandbild, Lehrbuchbild; in: PR, 19. Jhg., 1967, S. 665–684

FICK, K.E./HEYN, E./HINRICHS, E./NEHLSEN, F./PLAPPER, W./SPERLING, W.: Der Atlas im Erdkundeunterricht; EU, H. 11, Stuttgart 1970

FICK, K.E.: Schulatlanten im 18. und 19. Jahrhundert; in: EU, H. 11, Stuttgart 1970, S. 55–91

FICK, K.E.: Wirtschaftsgeographie und Arbeitslehre. Tendenzen und Probleme gegenwärtiger curricularer Entwicklungen; in: PR, 28. Jhg., 1974, S. 88–97

FICK, K.E. (Hg).: Innovationen in der Didaktik der Geographie; in: BGR, 6. Jhg., 1976

FIEGE, H.: Sachunterricht in der Grundschule; Bad Heilbrunn ³1972 (1. Aufl. 1967: Der Heimatkundeunterricht)

FILIPP, K.: Italien und Finnland im Erdkundeunterricht, oder: Geographische Freizeit- und Sauberkeitserziehung; in: DDS, 65. Jhg., 1973, S. 57–67

FILIPP, K.: Geographie und Erziehung. Zur erziehungswissenschaftlichen Grundlegung der Geographiedidaktik; München 1978

FITZGERALD, B.P.: Wissenschaftliche Methoden und quantitative Verfahren im Geographieunterricht; in: WALFORD, R. u.a.: EU, H. 22, Stuttgart 1975, S. 51–60

FLIRI, F.: Statistik und Diagramm; Braunschweig 1969, ²1972;

FORSTER, F.: Perspektomat P 40, Ein selbstzeichnender Apparat zur Herstellung von Blockbildern und Profilen; in: Kartogr. Nachr., 1966, S. 70–72

FORSTER, F.: Ein einfacher Apparat zum Zeichnen von Blockbildern und Stereo-Blockbildern; in: Jb. d. Schweizer. Sekundarlehrerkonferenz 1968

FRANK, H.: Kybernetische Grundlagen der Pädagogik, Bd. I: Angewandte Kybernetik; Bd. II: Angewandte kybernetische Pädagogik und Ideologie; Baden-Baden ²1969

FREBOLD, G.: Profil und Blockbild; Braunschweig 1951

FREGIEN, W.: Plädoyer für flexible Programmierungsmodelle im Fach Erdkunde; in: GR, 21. Jhg., 1969, S. 230–232

FREY, G.: Gruppenarbeit in der Volksschule; Stuttgart 1965

171

FREY, G.: Zur Frage der Arbeitsanweisungen im Erdkundebuch; in: UH, 22. Jhg., 1971 a, S. 93

FREY, G.: Zur Sprache in geographischen Lehrbüchern; in: UH, 22. Jhg., 1971 b, S. 139–140

FREY, G.: Zur Frage der Arbeitsanweisungen im Erdkundebuch; in: UH, 23. Jhg., 1972, S. 189–190

FRIESE, H. W.: Wirtschaftsgeographie im Unterricht; in: EU, H. 2, Stuttgart 1963

FRIESE, H.W.: Zur Didaktik der Geographie; in: GR, 21. Jhg., 1969, S. 93–95

FRIESE, H.W.: Grund- und Leistungskurse der gymnasialen Oberstufe (Vorwort); in: BGR, H. 3, 1973, S. 1–2

FRIESE, H. W.: Atlas und Curriculum; in: FRIESE, H. W./SCHREIBER, T.: List Großer Weltatlas, Lehrermaterialien; München 1976, S. 5–9; [2]1980

FUCHS, G.: Überlegungen zum Stellenwert und zum Lernproblem des topographischen Orientierungswissens; in: HFG, 1. Jhg., 1977, H. 3, S. 4–24

FUHR, R.: Der Tageslichtprojektor im Erdkundeunterricht; in: GR, 20. Jhg., 1968, S. 480–481

FUHRICH, H./GIECK, G.: Der Gruppenunterricht; Ansbach 1952

GÄRTNER, H.: Bibliographie Sachunterricht der Primarstufe; Paderborn 1976

GAGNÉ, R.: Die Bedingungen menschlichen Lernens; Hannover [2]1970

GAUDE, P./TESCHNER, W. P.: Objektivierte Leistungsmessung in der Schule; in: Berliner Studien zur Bildungsplanung und Bildungsreform, Bd. 2. Frankfurt/Main 1970

GAUERKE, W. D.: Planung eines Freizeitzentrums in Hamburg. Ein Beispiel für projektorientierten Unterricht in der Studienstufe des Gymnasiums; in: BGR, 7. Jhg., 1977, S. 244–258

GEIGER, M. (Hg.): Super-8-Filme im Geographieunterricht. Erfahrungen und Anregungen für die Unterrichtspraxis; Bad Heilbrunn 1980

GEIPEL, R.: Erdkunde – Sozialgeographie – Sozialkunde; Frankfurt 1960

GEIPEL, R.: Die Geographie im Fächerkanon der Schule. Einige Überlegungen zum Problem des geographischen Curriculums; in: GR, 20. Jhg., 1968, S. 41–45

GEIPEL, R.: Industriegeographie als Einführung in die Arbeitswelt; Braunschweig 1969, [2]1975

GEIPEL, R.: Das Raumwissenschaftliche Curriculum-Forschungsprojekt; in: Materialien zu einer neuen Didaktik der Geographie, H. 1; Hg. vom Lenkungsausschuß des Raumwissenschaftlichen Curriculum-Forschungsprojektes des Zentralverbandes Deutscher Geographen (RCFP); München 1974, S. 6f. und 18–22; Wiederabdruck in: SCHULTZE, A., Dreißig Texte . . . ; [5]1976, S. 359–370

GEIPEL, R.: Didaktisch relevante Aspekte der Geographie aus der Sicht der Sozialgeographie; in: BAUER, L./HAUSMANN, W. (Hg.): Geographie; München 1976, S. 50–59

GEIPEL, R.: Das RCPF, Ziele und Erfahrungen; in: ERNST, E./HOFFMANN, G. (Hg.): Geographie für die Schule; Braunschweig 1978, S. 56–62

GEISSLER, G.: Das Problem der Unterrichtsmethode; Weinheim [8]1970

GEIST, P.: Die Zahl in der Erdkunde, ihre Bedeutung und ihr Einsatz im Unterricht; in: Neue Wege zur Unterrichtsgestaltung; 14. Jhg., 1963, S. 2–14

GERBERSHAGEN, P.: Das Bild im Erdkundeunterricht; in: BERTLEIN, H. u. a.: Das Bild als Unterrichtsmittel; München 1971, S. 91–102

172

GERLACH, S.: Die Großstadt als Thema eines fächerübergreifenden Erdkundeunterrichts; in: EU, H. 6, Stuttgart 1967

GERLACH, S.: Erdkunde in der Sekundarstufe I; Darmstadt 1976

GERLACH, S.: Die Umformung des Geographieunterrichts. Ein Rückblick auf die Entwicklung der Fachdidaktik in den letzten anderthalb Jahrzehnten; in: BGR, 7. Jhg., 1977, S. 34–38

GERNER, B. (Hg.): Das exemplarische Prinzip; 1963; 4. erg. Aufl. Darmstadt 1970

GIERLOFF-EMDEN, H. G./SCHROEDER-LANZ, H.: Luftbildauswertung; Mannheim 1970

GLÖCKEL, H.: Begriff und Aufgabe der Fachdidaktik; in: Geschichte in Wissenschaft und Unterricht, 1976, S. 146–157

GLÖCKEL, H./ENGELHARDT, W. D. (Hg.): Einführung in das Kartenverständnis; Bad Heilbrunn 1973

GLÖCKEL, H./ENGELHARDT, W.: Zusammenstellung wichtiger Überlegungen und Maßnahmen zur Einführung in das Kartenverständnis; in: ENGELHARDT, W./GLÖCKEL, H. (Bearb.): Wege zur Karte; Bad Heilbrunn 1977, S. 160–173

GOWING, D.: Ziele in neuer Sicht; in: WALFORD, R. u.a.: EU, H. 22, Stuttgart 1975, S. 71–77

GRAU, W.: Beiträge zur Exkursionsdidaktik; in: BAUER, L./HAUSMANN, W. (Hg.): Geographie; München 1976, S. 266–272

GRAU, W.: Dias und Diaserien im lernzielorientierten Geographieunterricht; in: GIU, 1. Jhg., 1976 b, S. 83–86

GRAU, W./HÖFLING, R.: Das Nördlinger Ries – ein Objekt geowissenschaftlicher Forschung; München 1978

GRIMM, CH.: Einwände gegen ein Planspiel. Eine Replik auf Heiko Steffens Unterrichtsversuch; in: WPB, 22. Jhg., 1970, S. 312–313

GROBE, G.: Karte und Symbolverständnis; in: DG, 7. Jhg., 1975, S. 69–73

GRÖSCHEL, H. (Hg.): Erdkunde im Unterricht; München 1965

GROSSERT, M.: Wir untersuchen unseren Boden; in: US, 1955

GROTELÜSCHEN, W.: Die Stufen des Heimat- und Erdkundeunterrichts in der Volksschule; in: DDS, 57. Jhg., 1965, S. 366–370

GROTELÜSCHEN, W./SCHÜTTLER, A. (Hg.): Dreimal um die Erde; Erdkundeschulbuch in 3 Bänden; Berlin 1968–1972

GROTELÜSCHEN, W.: Der Atlas im Erdkundeunterricht früher und heute; in: GROTELÜSCHEN, W. u.a. (Hg.): Geographie und Atlas heute – Beiträge zum Erscheinen des Atlas Unsere Welt, Große Ausgabe; Hannover 1970

GRÜMER, K.-W.: Techniken der Datensammlung 2: Beobachtung; in: SCHEUCH, K. E./SAHNER, H. (Hg.): Studienskripten zur Soziologie; Stuttgart 1974

GÜRTLER, A./WOLF, L.: Zeichnen im erdkundlichen Unterricht; 5 Hefte, Worms 1965

GÜSSEFELDT, J.: Die Bedeutung von Modellen in der Forschung und in der Lehre der Geographie; in: GR, 31. Jhg., 1979, S. 322–326, 331

HAACK, E.: Arbeit mit Karte und Kompaß; Berlin (DDR) [5]1967

HAAS, A.: Anregungen zur Durchnahme eines Kausalprofils in der 9. Klasse; in: GR, 10. Jhg., 1958, S. 269–272

HAAS, H. D./SCHRÖDER, M./SCHWEIZER, G.: Die Anwendung von Planspielen im Geographiestudium. Erfahrungen über das Planspiel »Streit in Antalya«; in: GR, 25. Jhg., 1973, S. 444–447

HABRICH, W.: Umweltforschung in der Schule; in: GR, 24. Jhg., 1972, S. 30–33

HABRICH, W.: Umweltprobleme, Umweltplanung und Umweltschutz als curriculare Elemente des neuzeitlichen Erdkundeunterrichts; Ratingen 1975

HABRICH, W.: Aufgaben der Stadtplanung und Raumordnung als Gegenstand eines Leistungskurses der Geographie im gesellschaftswissenschaftlichen Aufgabenfeld der S II; Kastellaun 1976

HAGEL, J.: Geographische Aspekte der Umweltgestaltung; in: GR, 24. Jhg., 1972, S. 20–29

HAGEN, D.: Planspielmethode in der Geographie. Diskussionsbeitrag zu einer Form der Lehrerausbildung; in: BGR, 1974, H. 4, S. 56–64

HAGGETT, P.: Changing Concepts in Economic Geography; in: CHORLEY, R./HAGGETT, P.: Frontiers in Geographical Teaching; London ²1970

HAGGETT, P.: Geography. A modern Synthesis; New York 1972

HAHN, R.: Die neuen Lehrpläne – eindeutige Rampenstruktur oder beginnende Verwirrung? In: GR, 26. Jhg., 1974, S. 402–407

HAHN, R.: Wachsender Bedarf des Zeitungslesers an geographischen Kenntnissen als (Heraus)Forderung an das geographische Curriculum . . .; in: HFG, 1. Jhg., 1977, H. 1, S. 54–72

HALFEN, G./KUROWSKI, E./SCHREIBER, T.: Umwelterkunden und Umwelterschließung durch und für die Schüler; in: HALFEN u. a. (Hg.): Wir und unsere Umwelt. Sachunterricht für das 2. Schuljahr. Lehrerband; München 1978, S. 10–14

HANISCH, M.: Zahl und Statistik in der Erdkunde; in: WPB, 16. Jhg., 1964, S. 223–231

HARD, G.: Wie wird die Geographie/Erdkunde überleben? Perspektiven auf eine zukünftige Geographie an Hochschule und Schule; Skripten zum Studium der Geographie und ihrer Didaktik Nr. 1; Bonn 1972; Wiederabdruck in: PW, 28. Jhg., 1974, S. 422–435, S. 470–476

HARD, G.: Die Geographie. Eine wissenschaftstheoretische Einführung; Berlin/New York 1973

HARD, G.: Didaktik 1–4; in: BARTELS, D./HARD, G.: Lotsenbuch für das Studium der Geographie als Lehrfach; Bonn/Kiel 1974

HARDMANN, J./HEIM, K./POESCHEL, H.-C./RIEDMÜLLER, H.: Programmiertes Lernen im Erdkundeunterricht; EU, H. 9, Stuttgart 1969; ²1972

HARDMANN, J.: Welche geographischen Stoffe eignen sich besonders für die Programmierte Unterweisung? In: EU, H. 9, Stuttgart ²1972, S. 18–49

HARDMANN, J.: Das Tropenklima (Unterrichtsprogramm); Stuttgart 1972b

HARTLEB, P.: Atlasarbeit mit dem Westermann-Schulatlas, Große Ausgabe, Reihe Grundfertigkeiten Geographie; Braunschweig 1977

HARMS, H.: Fünf Thesen zur Reform des geographischen Unterrichts; Leipzig 1895; Auszug in: SCHULTZE, A. (Hg.): Dreißig Texte zur Didaktik der Geographie; Braunschweig; 5. neubearb. Aufl. 1976, S. 46–49

HAUBRICH, H.: Zur Deduktion und Operationalisierung von Lernzielen, in: BGR, 1972, H. 2, S. 28–35

HAUBRICH, H.: Sich erholen (Programm); Braunschweig 1970, ²1973

HAUBRICH, H.: Fußgängerbereiche (Planspiel); Braunschweig 1974a

HAUBRICH, H./SCHRETTENBRUNNER, H.: Am Verkehr teilnehmen (Programm); Braunschweig 1974

HAUBRICH, H.: Zur Theorie und zum Einsatz geographischer Planspiele; in: HAUBRICH, H.: Westermann-Planspiel. Theorie und Einsatz; Braunschweig 1975

HAUBRICH, H.: Wohnen (Programm); Braunschweig 1976

HAUBRICH, H.: Planspiele im Geographieunterricht, dargestellt am Beispiel »City-Absperrung«; in: SCHULTZE, A. (Hg.): Dreißig Texte zur Didaktik der Geographie; Braunschweig ⁵1976b, S. 308–318

HAUBRICH, H. u.a.: Konkrete Didaktik der Geographie; Braunschweig 1977

HAUBRICH, H.: Projekte (S. 170–173); Induktives und deduktives Verfahren (S. 188–189); Schulfunk (S. 280–281); Schulfernsehen (S. 282–283); alle in: HAUBRICH, H. u.a.: Konkrete Didaktik der Geographie; Braunschweig 1977

HAUBRICH, H.: Geographische Planspiele in der Diskussion; in: ERNST, E./HOFFMANN, G. (Hg.): Geographie für die Schule; Braunschweig 1978, S. 240–246

HAUS, E.-E.: Die Karte im Sachunterricht. Einführung in den Stadtplan; in: Lehrmittel aktuell, 3. Jhg., 1977, S. 34–37

HAUS, E.-E.: Das Fach Welt- und Umweltkunde in Klasse 5/6 der Orientierungsstufe Niedersachsens; in: GR, 30. Jhg., 1978, S. 390–394, 399–401

HAUSMANN, G./WITTERN, J.: Streit in Antalya; Essen o.J.

HAUSMANN, W.: Exemplarischer Erdkundeunterricht in der Mittelschule; in: Pädagogische Handreichungen für die Mittelschule; Paderborn 1961

HAUSMANN, W. (Hg.): Planspiele: City-Absperrung, Wohnsiedlung, Flurbereinigung; in: Welt und Umwelt; Braunschweig 1972–1974

HAUSMANN, W.: Der sozialgeographische Ansatz (S. 52–55); Die curriculare Entwicklung (S. 56–59); in: HAUBRICH, H. u.a.: Konkrete Didaktik der Geographie; Braunschweig 1977

HAUSMANN, W./RICHTER, D.: Didaktische Einführung in den Diercke Weltatlas; in: Diercke-Handbuch; Braunschweig 1976, S. 17–22

HEBELL, F.K.: Die Herstellung eines Reliefs; in: WPB, 3. Jhg., 1951, S. 71–76

HECKHAUSEN, H.: Förderung der Lernmotivation und der intellektuellen Tüchtigkeiten; in: ROTH, H. (Hg.): Begabung und Lernen; Stuttgart ⁸1972, S. 193–228; ⁹1974

HEILAND, H. (Hg.): Didaktik und Lerntheorie; Bad Heilbrunn ²1973

HEIM, K.: Programmiertes Lernen im Erdkundeunterricht; in: HARDMANN, J. u.a.: Programmiertes Lernen im Erdkundeunterricht; EU, H. 9, Stuttgart ²1972, S. 3–5

HEIMANN, P./OTTO, G./SCHULZ, W.: Unterricht. Analyse und Planung; Hannover ⁵1970

HEINRICHS, H. (Hg.): Lexikon der audiovisuellen Bildungsmittel; München 1971

HEINRICHS, H.: Der didaktische Ort des Schulfunks; in: NESTEL-BEGIEBING, M. (Hg.): Schulfunk Köln. Wege und Ziele; Köln 1972, S. 65–80

HEINRICHS, H.: Bereich Tageslichtprojektion; in: HEINRICHS, H.: Audio-visuelle Praxis in Wort und Bild. Geräte. Technik. Methode; München 1972b, S. 191–208

HENDINGER, H.: Ansätze zur Neuorientierung der Geographie im Curriculum aller Schularten; in: GR, 22. Jhg., 1970, S. 10–18

HENDINGER, H. u.a.: Grundlagen des Klimas – seine Bedeutung für den Menschen. Lehrgang für die Gesamtschule; in: BGR, 1972, H. 2, S. 46–57

HENDINGER, H.: Lernzielorientierte Lehrpläne für die Geographie; in: GR, 25. Jhg., 1973, S. 85–93

HENDINGER, H.: Lernzielorientierte Lehrpläne und Projekte. Widerspruch oder gleichberechtigte Intention? in: HENDINGER, H. (Hg.): Projekte im Geographieunterricht der Sekundarstufe II; BGR, 7. Jhg., 1977, S. 242–243

HENDINGER, H.: Landschaftsökologie; Braunschweig 1977b

HENDINGER, H.: Stellung und Bedeutung der Landschaftsökologie im Curriculum; in: ERNST, E./HOFFMANN, G. (Hg.): Geographie für die Schule; Braunschweig 1978, S. 148–154

HENTIG, H. v.: Die neuen Ziele und die alte Mentalität; in: LICHTENSTEIN-ROTHER, I. (Hg.): Schulleistung und Leistungsschule; Bad Heilbrunn 1971, S. 35–43

HETTNER, A.: Das länderkundliche Schema; in: Geogr. Anzeiger Gotha; 33. Jhg., 1932, S. 1–6

HEYN, E.: Die Betriebsbesichtigung; in: GR, 6. Jhg., 1954, S. 477–479

HEYN, E.: Zur Betrachtung von Landschaftsbildern; in: NWU, 1969, S. 341–353

HEYN, E.: Lehren und Lernen im Geographieunterricht; Paderborn 1973; [2]1975

HILPERT, K.: Modelle des Geographieunterrichts in der Orientierungsstufe; Donauwörth 1974a

HILPERT, K.: Modelle des Geographieunterrichts in der Hauptschule; Donauwörth 1974b

HINRICHS, E.: Bildbetrachtung; in: BAUER, L. (Hg.): Erdkunde im Gymnasium; Darmstadt 1968, S. 575–578

HINRICHS, E. (Hg.): Der Atlas im Erdkundeunterricht; EU, H. 11; Stuttgart 1970

HÖFER, W.: Die demoskopische Umfrage als Unterrichtsmittel für die Behandlung des Heimatortes; in: GR, 26. Jhg., 1974, S. 41–47

HÖLLHUBER, D.: Theorie und Praxis des Planspiels. Am Beispiel des Planspiels für die Kollegstufe: Gegenwärtige Veränderungen der landwirtschaftlichen Betriebssituation in der Bundesrepublik; in: BGR, 6. Jhg., 1976, H. 2, S. 47–56

HOFFMANN, G.: Physiogeographie in der Oberstufe; in: GR, 20. Jhg., 1968, S. 451–457

HOFFMANN, G.: Sextaner arbeiten am Globus; in: GR, 23. Jhg., 1971, S. 277–278

HOFFMANN, G.: Einführung; in: WALFORD, R.: Lernspiele im Erdkundeunterricht; EU H. 14, Stuttgart 1972; [2]1974, S. 3–8

HOFFMANN, G.: Das raumwissenschaftliche Curriculum-Forschungsprojekt (RCFP); in: GR, 26. Jhg., 1974b, S. 153–154

HOFFMANN, G.: Zwischenbilanz (= Verband Deutscher Schulgeographen); in: GR, 27. Jhg., 1975, S. 350–356

HOFFMANN, G.: Der Weg der Curriculumdiskussion in der Geographie; in: ERNST, E./HOFFMANN, G. (Hg.): Geographie für die Schule; Braunschweig 1978, S. 46–55

HOFMEISTER, W.: »Streit in Antalya«: Die Bedeutung des Planspiels im Geographieunterricht; in: BGR, 1976, H. 2, S. 61–67

HORNBERGER, T.: Das Luftbild im Erdkundeunterricht; in: Film, Bild, Ton; 18. Jhg., 1968, H. 3, S. 6f.

HORNBERGER, T.: Zur Typologie des geographischen Films; in: Film, Bild, Ton; 20. Jhg., 1970, H. 5, S. 5f.

HÜBNER, H.-J./NICKEL, M.: Der Arbeitsprojektor im Erdkundeunterricht; EU, H. 21; Stuttgart 1975

IMHOF, E.: Gelände und Karte; Zürich ²1965

IMHOF, E.: Thematische Kartographie; Berlin/New York 1972

INGENKAMP, K. (Hg.): Die Fragwürdigkeit der Zensurengebung; Weinheim 1971; ³1973

ITTERMANN, R.: Physische Karte und Globus; in: BGR; 7. Jhg., 1977, S. 182–188

ITTERMANN, R.: Topographische Orientierungsmuster. Arbeitsmittel und Möglichkeiten zu ihrer Ausbildung und Sicherung; in: BGR, 7. Jhg., 1977, S. 188–192

JÄGER, H.: Transparente. Didaktische und methodische Überlegungen zu ihrer Verwendung im lernzielorientierten Geographieunterricht; in: BGR, 7. Jhg., 1977, S. 206–213

JÄGER, H.: Wir prüfen den Boden. Anschauliche Bodenkunde in Klasse 7 (Realschule); in: GIU, 2. Jhg., 1977, S. 320–328

JÄGER, H./KERSBERG, H./SCHÖNBACH, R.: Prozeßanalysen geographischen Unterrichts; Braunschweig 1980

JAKAT, U.: Der Medieneinsatz von Lichtbild und Unterrichtsfilm im Erdkundeunterricht aus der Sicht der Unterrichts- und Gesellschaftswirklichkeit; in: GIU, 2. Jhg., 1977, S. 329–334

JANSEN, U.: Probleme der Schülerexkursion; in: BGR, 7. Jhg., 1977, S. 80–86

JANSSEN, G./TIEMANN, K.: Projekt Stadtmodell; in: BGR 1974, H. 1, S. 16–25 (mit Planspiel-Vorschlägen!)

JENSCH, G.: Die Erde und ihre Darstellung im Kartenbild; Braunschweig 1970

JOHNSON, M.: Definitionen und Modelle in der Curriculumtheorie; in: ACHTENHAGEN, F./MEYER, H.L. (Hg.): Curriculumrevision – Möglichkeiten und Grenzen; München ²1971; ³1972

JONAS, F.: Lernziele in der Erdkunde; in: BGR 1971, S. 32–34

JONAS, F.: Die Geographie in der Gesellschaftslehre; in: GR, 25. Jhg., 1973, S. 156–159

JONAS, F.: Probleme der Stadt und Aufgaben der Stadtpolitik; Berlin 1973b

JONAS, F.: Rahmenplan für Geographie im gesellschaftswissenschaftlichen Aufgabenfeld der Sekundarstufe II (Grundkurs); in: Geographie in der Schule, Mitt.bl. d. Landesverbde Bremen, Hamburg, Niedersachsen u. Schleswig-Holstein in Verb. Dt. Schulgeographen e. V.; August 1976, Nr. 14, S. 5–6

JOPPICH, G.: Versuche im Erdkundeunterricht; in: Die Schule, 1949

JOSWIG, H.: Landschaftsmodelle aus Styropor; in: GR, 22. Jhg., 1970, S. 78–80

KELL, A.: Didaktische Matrix; in: BLANKERTZ, H. u.a.: Curriculumforschung. Strategien, Strukturierung, Konstruktion; Essen 1971, S. 35–52

KETZER, G.: Der Film im Erdkundeunterricht; EU, H. 15, Stuttgart 1972

KIRCHBERG, G.: Funktionale Analyse einer Industriestadt. Ein Unterrichtsmodell zur Arbeit mit Statistik am Beispiel Ludwigshafen/Rhein; in: BGR, H. 3, 1973, S. 15–23

KIRCHBERG, G.: Informelle Tests zu »Welt und Umwelt«; Braunschweig, zu 5. Schj.: 1973b; zu 6. Schj.: 1974; zu 7. Schj.: 1976

KIRCHBERG, G.: Der Lernzielbereich »Topographie« im geographischen Lehrplan. Versuch der Strukturierung einer vernachlässigten Lehrplansäule; in: HFG, 1. Jhg., 1977, H. 3, S. 25–44

KIRCHBERG, G.: Informelle Tests im Geographieunterricht; in: GIU, 2. Jhg., 1977a, S. 142–150

KIRCHBERG, G.: Lernzielkontrolle; in: HAUBRICH, H. u. a.: Konkrete Didaktik der Geographie; Braunschweig 1977b, S. 299–324

KIRCHBERG, G.: Ziele im Geographieunterricht der Sekundarstufe I; in: HFG, 1. Jhg., 1977c, H. 1, S. 87–100

KIRCHBERG, G.: Psychologische Aspekte des Geographieunterrichts; in: HAUBRICH, H. u. a.: Konkrete Didaktik der Geographie; Braunschweig 1977d, S. 97–115

KISTLER, H.: Zur Entwicklung neuer Lehrpläne. Das Verfahren in Bayern; in: GR, 25. Jhg., 1973, S. 141–148

KISTLER, H.: Der Erdkundeunterricht in der Kollegstufe; München 1974

KLAFKI, W.: Didaktische Analyse als Kern der Unterrichtsvorbereitung; in: DDS, H. 10, 1958, S. 450–471; Abdruck in: ROTH, H./BLUMENTHAL, A. (Hg.): Didaktische Analyse. Hannover ²1962, ¹⁰1969, S. 3–34

KLAFKI, W.: Das pädagogische Problem des Elementaren und die Theorie der Kategorialen Bildung; Weinheim 1959, ⁴1967

KLAFKI, W.: Die didaktischen Prinzipien des Elementaren, Fundamentalen und Exemplarischen; in: HEILAND, H. (Hg.): Didaktik und Lerntheorie; Bad Heilbrunn 1968, S. 50–70 (Auszug)

KLAFKI, W. u. a.: Erziehungswissenschaft 2. Eine Einführung; Funk-Kolleg, Frankfurt/Hamburg 1970

KLAFKI, W.: Studien zur Bildungstheorie und Didaktik; Weinheim 1970b

KLAFKI, W.: Curriculum – Didaktik; in: WULF, CH. (Hg.): Wörterbuch der Erziehung; München/Zürich 1974, S. 117–128

KLAFKI, W.: Zum Verhältnis von Didaktik und Methode; in: ZFP, 22. Jhg., 1976, S. 77–94

KLAUS, D.: Erdfernerkundungsverfahren durch Satelliten und ihre geographischen Anwendungsmöglichkeiten; in: GR, 28. Jhg., 1976, S. 357–367

KLINK, H.-J.: Naturräumliche Gliederung des Ith-Hils-Berglandes; Art und Anordnung der Physiotope und Ökotope; Bad Godesberg 1966

KLINK, H.-J.: Geoökologische und naturräumliche Gliederung – Grundlagen der Umweltforschung; in: GR, 24. Jhg., 1972, S. 7–19

KNAB, D.: Lehrer und Lehrplan; in: BETZEN, K./NIPKOW, K. (Hg.): Der Lehrer in Schule und Gesellschaft; München 1971, S. 222–234

KNAB, D.: Konsequenzen aus der Curriculum-Problematik; in: ACHTENHAGEN, F./MEYER, H. L. (Hg.): Curriculumrevision – Möglichkeiten und Grenzen; München 1971b, S. 159–177

KNÜBEL, H.: Landschaft und Mensch. Die beiden Stoffkerne des Erdkundeunterrichts; in: US, 7. Jhg., 1952, S. 724–726

KNÜBEL, H.: Exemplarisches Arbeiten im Geographieunterricht; in: GR, 9. Jhg., 1957, S. 56–61

KNÜBEL, H.: Exemplarisches Arbeiten im Erdkundeunterricht; Braunschweig 1960, ³1963

KNÜBEL, H.: Programmierter Erdkundeunterricht; in: GR, 16. Jhg., 1964, S. 366–375 (m. Programm: Die Nordsee)

KNÜBEL, H.: Dänemark – ein länderkundliches Unterrichtsprogramm; in: GR, 20. Jhg., 1968, S. 65–70

KNÜBEL, H.: Der Landschaftsquerschnitt. Das Flächen- und Übersichtsprofil; in: BGR, 7. Jhg., 1977, S. 176–180

KNÜBEL, H.: Die Arbeit in Grund- und Leistungskursen für Geographie; in: BGR, 9. Jhg, 1979, S. 254–257

KOCH, E.: Zur Gruppenarbeit im Erdkundeunterricht; in: GR, 4. Jhg., 1952, S. 494–499

KOCH, R.: Medium Schulfernsehen in der Unterrichtsplanung. Zur Theorie und unterrichtlichen Praxis des Schulfernsehprogramms Weltkunde; in: GIU, 2. Jhg., 1977, S. 369–373

KOCH, R./WEINREUTER, E.: Schulfernsehen Weltkunde. Ein Beitrag zur Realisierung lernzielorientierter Geographielehrpläne; in: BGR, 7. Jhg., 1977, S. 221–223

KOCH, R./SCHÄFER, R.: Erdkundeunterricht mit dem Medium Schulfernsehen. Beispiel: Versorgung im Hochgebirge; in: GIU, 2. Jhg., 1977, S. 195–199

KOCHAN, D. (Hg.): Allgemeine Didaktik – Fachdidaktik – Fachwissenschaft. Darmstadt ²1972

KÖCK, P.: Didaktische Funktion der Programmierten Information; in: KÖCK, P.: Didaktik der Medien; Donauwörth 1974, S. 124–132

KÖCK, H.: Die lernzielorientierte Unterrichtsvorbereitung; in: GIU, 1. Jhg., 1976, S. 106–118

KÖCK, H.: Zur Problematik der Auswahlantwortaufgaben in lernzielorientierten geographischen Klassenarbeiten; in: GR, 29. Jhg., 1977a, S. 51–60

KÖCK, H.: Ziele des Geographieunterrichts seit 1945; in: HFG, 1. Jhg., 1977b, H. 1, S. 3–53

KÖCK, H./MEIER-HILBERT, G.: Anwendung statistischer Verfahren im Geographieunterricht; in: HFG, 1. Jhg., 1977, H. 2, S. 68–123

KÖNIG, E./RIEDEL, H.: Unterrichtsplanung als Konstruktion; Weinheim 1970

KONOPKA, H.-P.: Die experimentelle Erarbeitung physisch-geographischer Grundlagen im Erdkundeunterricht; in: GIU, 2. Jhg., 1977, S. 248–251

KOPP, F.: Das Verhältnis der Allgemeinen Didaktik zu den Fachdidaktiken; in: Vierteljahresschrift für wissenschaftliche Pädagogik, 38. Jhg., 1962, S. 138–153; Wiederabdruck in: HEILAND, H. (Hg.): Didaktik und Lerntheorie; – gekürzt! – 2. neubearb. Aufl., Bad Heilbrunn 1973, S. 130–139

KOSMELLA, CH.: Die Entwicklung des »länderkundlichen Verständnisses«. Untersuchungen zu grundlegenden Voraussetzungen für den Geographieunterricht im Grundschulalter; München 1979

KRÄMER, J.: Die Einführung in das Kartenverständnis; in: WPB, 17. Jhg., 1965, S. 309–321; Wiederabdr. in: GLÖCKEL, H./ENGELHARDT, W.D. (Hg.): Einführung in das Kartenverständnis; Bad Heilbrunn 1973, S. 30–50

KRÄMER, J.: Einführung in das Kartenverständnis – aber wozu? in: WPB, 18. Jhg., 1966, S. 177f.; Wiederabdr. in: GLÖCKEL, H./ENGELHARDT, W.D. (Hg.): Einführung in das Kartenverständnis; Bad Heilbrunn 1973, S. 57–62

KRAMP, W.: Hinweise zur Unterrichtsvorbereitung für Anfänger; in: ROTH, H./BLUMENTHAL, A. (Hg.): Didaktische Analyse; Hannover ²1962, ¹⁰1969, S. 35–67

KRATHWOHL, D.R./BLOOM, B.S./MASIA, B.B.: Taxonomie von Lernzielen im affektiven Bereich; Weinheim/Basel 1975; vgl.: KRATHWOHL, D.R./BLOOM, B.S./MASIA, B.B.: A Taxonomy of Educational Objectives, Handbook II: The Affective Domain; New York 1964

179

KRAUSS, H.: Der Unterrichtsfilm. Form, Funktion, Methode; Donauwörth 1972

KREUZER, G. (Hg.): Didaktik der Geographie; Hannover 1980

KROSS, EF.: Geographie im Sachunterricht der Primarstufe; in: ERNST, E./HOFF-MANN, G. (Hg.): Geographie für die Schule; Braunschweig 1978, S. 110–114

KROSS, E.: Geographiedidaktische Strukturgitter – Eine Bestandsaufnahme; Braunschweig 1979

LAMPARTER, E.: Betriebserkundung – aber wie? In: UH, 22. Jhg., 1971, S. 177–185

LAMPE, F.: Das Zeichnen im Erdkundeunterricht (1929); Wiederabdr. in: BAUER, L. (Hg.): Erdkunde im Gymnasium; Darmstadt 1968, S. 494–495

LANZL, A.: Der Fragebogen im Geographie-Leistungskurs der Oberstufe. Eine Möglichkeit der Einführung statistischer Arbeitsmethoden; in: BGR, 8. Jhg., 1978, S. 25–30

LEHMANN, H.: Konstruktion von Blockdiagrammen; in: Geographisches Taschenbuch 1951/52; Bad Godesberg 1952, S. 395–397

LEHMANN, O.: Das Experiment im Geographieunterricht; Berlin (DDR) 1964

LEHRPLAN FÜR DIE GRUNDSCHULE IN BAYERN, 1.–4. Jahrgangsstufe; Donauwörth 1971

LEHRPLANENTWURF ERDKUNDE ORIENTIERUNGSSTUFE; Hg.: Kultusministerium Rheinland-Pfalz; Grünstadt 1973

LENZEN, D./MEYER, H.: Das didaktische Strukturgitter – Aufbau und Funktion in der Curriculumentwicklung; in: LENZEN, D. (Hg.): Curriculumentwicklung für die Kollegschule. Der obligatorische Lernbereich; Frankfurt 1975, S. 185–251

LESER, H.: Landschaftsökologie; Stuttgart 1976

LEUSMANN, Ch.: Die Bestimmung geographisch-instruktureller Einstellungsdimensionen von Schülern am Gymnasium; in: SCHRETTENBRUNNER, H. u.a.: Quantitative Didaktik der Geographie, Teil I; Stuttgart 1976, S. 87–98; = EU, H. 24

LEUSMANN, CH.: Quantifizierung auch in der Schulgeographie? In: HFG, 1. Jhg., 1977, H. 2, S. 3–14

LIENERT, G.: Testaufbau und Testanalyse; Weinheim 1967, [3]1969

LILJE, G.: Probleme der Wasserwirtschaft in der Bundesrepublik Deutschland. Ein Unterrichtsmodell in der 10. Klasse; in: GR, 26 Jhg., 1974, S. 48–54

LISON, E./MAIER, G.: Neue didaktische Perspektiven im Geographieunterricht der Sekundarstufe II; Landesinstitut für Schulpädagogische Bildung Nordrhein-Westfalen (Hg.); Informationen zur Lehrerfortbildung, H. 12, Düsseldorf (März) 1976

LORENZ, K.: Die Rückseite des Spiegels. Versuch einer Naturgeschichte menschlichen Erkennens; München [3]1973

MAGER, R.F.: Lernziele und programmierter Unterricht; Weinheim/Basel/Berlin 1965

MANTHEY, U.: Der Einsatz von Planspiel und Unterrichtsprogramm. Erarbeitung des Stadtverkehrs am Erfahrungsraum des Schülers. Ein Planspiel für die 7. Klasse; in: BGR, 1976, H. 2, S. 23–30

MARAS, R.: Sachunterricht oder Heimatkunde? – keine Alternative; in: DG, 7. Jhg., 1975, S. 675–680

MATERIALIEN ZU EINEM LEHRPLAN (CURRICULUM) GEOGRAPHIE; Kultusministerium Baden-Württemberg 1973

180

MAYER, F. u.a.: Diercke-Handbuch; Braunschweig 1976

MAYER, G.: »Streit in Antalya« im Schulversuch. Erfahrungen in einer 8. Hauptschulklasse; in: BGR, 1976, H. 2, S. 57–60

MAYER, M.: Einführung in das Kartenverständnis – aber wie? In: WPB, 16. Jhg., 1964, S. 204f.; Wiederabdr. in: GLÖCKEL, H./ENGELHARDT, W.D. (Hg.): Einführung in das Kartenverständnis; Bad Heilbrunn, 1973, S. 17–29

MAYER, M.: Einführung in das Kartenverständnis – aber wie? Antwort an Julius Krämer; in: WPB, 18. Jhg., 1966, S. 75f.; Wiederabdr. in: GLÖCKEL, H./ENGELHARDT, W.D. (Hg.): Einführung in das Kartenverständnis; Bad Heilbrunn 1973, S. 51–56

MEFFERT, E.: Die geographische Schülerexkursion und Betriebserkundung. Formen des Praxisbezuges in einem neuen Curriculum; in: ERNST, E./HOFFMANN, G. (Hg.): Geographie für die Schule; Braunschweig 1978, S. 233–239

MEIER, L.: Die Behandlung von sozialgeographischen Themen im Geographieunterricht. Beispiel: Die Stellung von Gastarbeitern in der BR Deutschland; in: GIU, 1. Jhg., 1976, S. 241–248

MESSNER, R.: Funktionen der Taxonomien für die Planung von Unterricht; in: BLOOM, B.S. u.a.: Taxonomie von Lernzielen im kognitiven Bereich; Weinheim/Basel 1972, S. 227–251

MEYER, E.: Das erdkundliche Relief; in: LS, 9. Jhg., 1954

MEYER, E.: Der Gruppenunterricht; Worms 1954b

MEYER, E.: Praxis des Exemplarischen; Stuttgart 1962

MEYER, E.: Wie Bildungsfernsehen bildungswirksam werden könnte; in: AV-Praxis, 1974, H. 9, S. 5–9

MEYER, H.L.: Das ungelöste Deduktionsproblem; in: ACHTENHAGEN, F./MEYER, H.L. (Hg.): Curriculumrevision – Möglichkeiten und Grenzen; München ²1971, S. 106–132

MEYER, H.L.: Trainingsprogramm zur Lernzielanalyse; Frankfurt/M. ²1975

MEYER, H.L./OESTREICH, H.: Anmerkungen zur Curriculum-Revision Geographie; in: GR, 25. Jhg., 1973, S. 95–103

MEYER-WILLUDA, E.: Der neue Erdkundeunterricht; Frankfurt/M. 1953, ⁴1966

MEYNEN, E.: Bauregeln und Formen des Kartogramms; in: Geographisches Taschenbuch 1951/52; Bad Godesberg 1952, S. 422–432

MEYNEN, E.: Die kartographischen Strukturformen und Grundtypen der thematischen Karte; in: Geographisches Taschenbuch 1970/72; Wiesbaden 1972, S. 304–318

MITTELSTÄDT, F.-G.: Stadtgeographie in Deutschen Schulatlanten; in: GUD, 6. Jhg., 1978, S. 102–120

MÖLLER, CH.: Technik der Lernplanung. Methoden und Probleme der Lernzielerstellung; Weinheim ³1971, neubearb. ⁴1973

MÖLLER, CH. (Hg.): Praxis der Lernplanung; Weinheim 1974

MÖLLER, CH.: Strategien der Lernplanung; in: MÖLLER, CH. (Hg.): Praxis der Lernplanung; Weinheim 1974, S. 23–54

MONHEIM, R.: Fußgänger und Fußgängerstraßen in Düsseldorf. Zur Feldarbeit im Geographieunterricht; in: BGR, 1973, H. 3, S. 56–64

MÜCKE, D.: Reiseplanung – ein Planspiel – 7. Klasse; in: BGR, 1976, H. 2, S. 13–22

MÜLLER-TEMME, E.: Die Beurteilung von Schülerleistungen im Fach Erdkunde; in: GR, 19. Jhg., 1967, S. 269–271

181

MÜNZINGER, W.: Luftverschmutzung. Bericht über ein Unterrichtsprojekt in der Sekundarstufe I einer Gesamtschule; in: BGR, 9. Jhg., 1979, S. 108–114

MUUSS, U.: Lehrbücher im Geographieunterricht; in: GR, 28. Jhg., 1976, S. 107–108

NEBEL, J.: Das Fernsehen im Dienste des aktuellen Geographieunterrichts; in: HFG, 2. Jhg., 1978, H. 2, S. 23–40

NEBER, H. (Hg.): Entdeckendes Lernen; Weinheim/Basel 1973, [2]1975

NEEF, E.: Die theoretischen Grundlagen der Landschaftslehre; Gotha 1967

NEEF, E.: Der Stoffwechsel zwischen Gesellschaft und Natur als geographisches Problem; in: GR, 21. Jhg., 1969, S. 453–459

NESTEL-BEGIEBING, M. (Hg.): Schulfunk Köln. Wege und Ziele; Köln 1972

NEUGESTALTUNG DER GYMNASIALEN OBERSTUFE. Vorläufiges Grundprogramm für das gesellschaftswissenschaftliche Aufgabenfeld; Der Senator für Schulwesen, Berlin 1973

NEUKIRCH, D.: Gedanken zum Planspiel im Geographieunterricht; in: BGR, 1976, H. 2, S. 1–4, 64–66

NEUKIRCH, D. (Hg.): Geographieunterricht als Feldarbeit; in: BGR, 7. Jhg., H. 2

NEWE, H.: Der exemplarische Unterricht als Idee und Wirklichkeit; Kiel 1960, [2]1961

NEWE, H.: Die Neugeburt der Geographie als Bildungsfach; in: GR, 14. Jhg., 1962, S. 105–108

NEWIG, J.: Zum Einstieg im Unterricht: Der psychologische Aspekt; in: GR, 24. Jhg., 1972, S. 63–65

NEWIG, J.: Wozu taugt der Globus im Unterricht? In: BGR, 5. Jhg., 1975, H. 1, S. 21–24

NIEMZ, G.: Objektivierte Leistungsmessung im Erdkundeunterricht; in: GR, 24. Jhg., 1972, S. 102–107

NIEMZ, G.: Verfahren zur Beurteilung von Schülerleistungen in lernzielorientierten geographischen Tests; in: UH, 24. Jhg., 1973, S. 552–564

NIEMZ, G.: Quantitative fachdidaktische Forschung und Curriculumevaluation; in: BGR, 7. Jhg. 1977, S. 121–127

NIEMZ, G.: Projektarbeit im Geographieunterricht; in: BGR, 8. Jhg., 1978, S. 146–153

NIEMZ, G. (Hg.): Experimenteinsatz im Geographieunterricht; in: BGR, 9. Jhg., 1979, H. 4

NIPKOW, K. E.: Allgemeindidaktische Theorien der Gegenwart. Gegenstandsfeld und Theoriebegriff; in: ZFP, 14. Jhg., 1968, S. 335–365

NOLZEN, H.: Einfache Planspiele für den Erdkundeunterricht am Beispiel umweltbezogener Themen; GUD, 1974, H. 3, S. 4–9

NOLZEN, H.: Kernkraftwerk (Planspiel); Braunschweig 1976

NOLZEN, H.: Planspiele als geographische Unterrichtsform. Bemerkungen zum Planspiel »Kernkraftwerk« .. ; in: GR, 28. Jhg., 1976b, S. 337–338

ODENBACH, K.: Phantasielandkarten. Ein Versuch über die Entwicklung des geographischen Denkens; in: Zeitschrift für pädagogische Psychologie, 44. Jhg., 1943, S. 63–78

ODENBACH, K.: Gefahren im arbeitsteiligen Gruppenunterricht; in: WPB, 3. Jhg., 1951, S. 442–447

ODENBACH, K.: Über kindliche Phantasielandkarten; in: WPB, 9. Jhg., 1957, S. 217–226

ODENBACH, K.: Das Planspiel; in: WPB, 17. Jhg., 1965, S. 553–561

OERTER, R.: Moderne Entwicklungspsychologie; Donauwörth [8]1969, [14]1974, [16]1976

OTREMBA, E.: Das Spiel der Räume. Aufgaben der Länderkunde; in: GR, 13. Jhg., 1961, S. 130–135

OTREMBA, E.: Gedanken zur geographischen Beobachtung; in: Moderne Geographie in Forschung und Unterricht; Hannover 1970, S. 59–69

OTREMBA, E.: Gegenwartsprobleme der Geographie im Hochschulstudium; in: Geographie und Atlas heute. Beiträge zum Erscheinen des Atlas Unsere Welt, Große Ausgabe, hg. v. W. Grotelüschen u.a., Hannover 1970b, S. 11–18

OTTO, G.: Fachwissenschaft und Fachdidaktik; in: KOCHAN, D.C. (Hg.): Allgemeine Didaktik – Fachdidaktik – Fachwissenschaft; Darmstadt 1970, S. 209–231

PAFFEN, K.: Das Wesen der Landschaft; Darmstadt 1973

PARTZSCH, D.: Zum Begriff der Funktionsgesellschaft; in: Mitteilungen des deutschen Verbandes für Wohnungswesen, Städtebau und Raumplanung 1964, H. IV, S. 3–10

PAULY, F.: Ursachen und Folgen der Trennung von Arbeitsplatz und Wohnort. Projektorientierter Unterricht mit sozialgeographischem Schwerpunkt in einem 6. Schuljahr; in: BGR, 7. Jhg., 1977, S. 39–46

PETERSSEN, H.W.: Zur Erfassung situativer Voraussetzungen für didaktische Entscheidungen; in: DDS, 1973a, S. 173–180

PETERSSEN, H.W.: Didaktik als Strukturtheorie des Lehrens und Lernens; Ratingen/Kastellaun/Düsseldorf 1973b

PFEIFER, G.: Die Stellung der Geographie in der Öffentlichkeit und in der Schule; in: GR, 21. Jhg., 1969, S. 289–298

PFROMMER, F.: Westermann Schulatlas. Lehrerband; Braunschweig 1971

PIAGET, J./INHELDER, B.: Die Entwicklung des räumlichen Denkens beim Kinde; Stuttgart 1971

POESCHEL, H.-C.: Hunger – ein Weltproblem. Eingreifprogramm Erdkunde; Stuttgart 1971

POESCHEL, H.-C.: Programmierte Unterweisung in der Hauptschule. Gedanken zum Eingreifprogramm »Ägypten und der Nil«; in: HARDMANN, J. u.a.: Programmiertes Lernen im Erdkundeunterricht; EU, H. 9, 1969, [2]1972, S. 6–17

POPP, W.: Wege zur Vorbereitung des Kartenverständnisses; in: WPB, 17. Jhg., 1965, S. 466–476

POPPER, K.: Objektive Erkenntnis. Ein evolutionärer Entwurf; Hamburg [2]1974

PREIS, H.: Zur Anwendung mathematisch-statistischer Verfahren in der Geographie; in: HFG, 1. Jhg., 1977, H. 2, S. 15–30

PULS, W.W.: Umwelt – Gefahren und Schutz; in: Informationen zur politischen Bildung, Nr. 146, Bonn 1971

PULS, W.W. (Hg.): Umweltgefahren als Thema des Geographieunterrichts; in: BGR, 1975a, H. 2

PULS, W.W. (Hg.): Umweltgestaltung als Thema des Geographieunterrichts; in: BGR, 1975b, H. 4

RADIGK, W.: Tageslichtschreibprojektor (Stichwortartikel); in: HEINRICHS, H. (Hg.): Lexikon der audio-visuellen Bildungsmittel; München 1971, S. 284–287

Rahmenrichtlinien im Vorsemester und in der Studienstufe; in: Freie und Hansestadt Hamburg, Behörde für Schule, Jugend und Berufsbildung. Richtlinien und Lehrpläne, Bd. IV; Oberstufe der Gymnasien, Teilband 3; Regensburg 1974

Rahmenrichtlinien Sekundarstufe i, Gesellschaftslehre; Der Hessische Kultusminister (Hg.) o. O., o. J. (1972)

Ramm, K./Planer, G.: Vom Sandkasten zur Karte; München ⁴1968

Rassmann, K.: Die Wirkung eines zielgerichteten Einstiegs auf Verlauf und Ergebnis des Erdkundeunterrichts; in: UH, 22. Jhg., 1972, S. 498–525

Rauch, M.: Bücher und Mappen für Erdkunde – kritisch betrachtet; in: UH, 20. Jhg., 1969, S. 27–34, S. 113–125, S. 153–164

Rauch, M.: Einführung in das Kartenlesen. Unterrichtsmodell Einführung in das Kartenlesen, zugleich Bericht über didaktische Entwicklungsforschung in Beispielen – Lehrerheft zum Schülerkurs; = EU, Sonderheft 4, Stuttgart 1976

Rauchfuss, D.: Zuzugssperre für Ausländer. Ein Planspiel in einem geographisch orientierten Oberstufenkurs im Fach Politische Weltkunde; in: BGR, 6. Jhg., 1976, H. 2, S. 38–46

Reimers, M.: Leistungsmessung im Erdkundeunterricht; in: GR, 20. Jhg., 1968, S. 347–350

Reimers, M.: Die Verwendung von Kurzprogrammen. Beispiel: »Klima des Oberrheinischen Tieflandes«; in: GR, 21. Jhg., 1969, S. 232–234

Rhode-Jüchtern, T.: Didaktisches Strukturgitter für die Geographie der Sekundarstufe II. Ein praktisches Instrument für Unterrichtsplanung und -legitimation; in: GR, 29. Jhg., 1977, S. 340–343

Richter, D./Hausmann, W.: Der neue Diercke Weltatlas im lernzielorientierten Geographieunterricht; Braunschweig 1974

Richter, D.: Arbeiten (Programm); Braunschweig 1975

Richter, D.: Lernzielorientierter Erdkundeunterricht und Säulenmodell: Zum vertikalen didaktischen Gefüge physisch-geographischer Lerninhalte im lernzielorientierten Erdkundeunterricht der Sekundarstufe I; in: GR, 28. Jhg., 1976, S. 235–341

Richter, D.: Gesellschaftsrelevanz des Geographieunterrichts (S. 64–65); Karte – Atlas (S. 238–241); Geographie als Zentrierungsfach (S. 122–125); alle in: Haubrich, H. u. a.: Konkrete Didaktik der Geographie; Braunschweig 1977

Richter, D.: Integration oder Koordination in einem Lernbereich »Gesellschaft«; in: Haubrich, H. u. a.: Konkrete Didaktik der Geographie; Braunschweig 1977b, S. 66–73

Richter, D.: Der Lernzielbereich »Sich orientieren« im Geographieunterricht der Sekundarstufe I; in: GIU, 2. Jhg., 1977c, S. 42–47

Richtlinien, Lehrpläne – Geographie, Baden-Württemberg 1973; vgl.: Materialien zu einem Lehrplan, 1973

Richtlinien und Lehrpläne für die Grundschule, Baden-Württemberg, Sachunterricht 1975: vgl.: Arbeitsanweisungen für die Grundschule in Baden-Württemberg – in: Amtsbl. d. KM Baden-Württemberg, 24. Jhg., Sonderr. 1, Stuttgart, 22. 8. 1975

Richtlinien und Lehrpläne für die Grundschulen in Bayern 1971, Neufassung 13. XI. 1975: vgl.: Lehrplan, ferner: Richtlinien

RICHTLINIEN FÜR DEN UNTERRICHT IN HEIMAT- UND SACHKUNDE (Neufassung der allgemeinen . . .); in: Amtsbl. Bayer. Staatsmi. f. Unterr. u. Kultus, Nr. 21 (13. XI. 1975), 1975, S. 1900–1902

RICHTLINIEN, LEHRPLÄNE, ERDKUNDE SI, BAYERN (Hauptschule, Gymnasium) 1976: vgl. Curricularer Lehrplan . . .

RICHTLINIEN UND LEHRPLÄNE GEOGRAPHIE, KOLLEGSTUFE, BAYERN 1975: vgl. Curricularer Lehrplan für Erdkunde in der Kollegstufe

RICHTLINIEN, LEHRPLÄNE – GEOGRAPHIE, BERLIN; vgl.: Neugestaltung der gymnasialen Oberstufe . . . Berlin 1973

RICHTLINIEN, LEHRPLÄNE – GEOGRAPHIE, HAMBURG, vgl.: Rahmenrichtlinien Erdkunde im Vorsemester und in der Studienstufe, 1974

RICHTLINIEN, LEHRPLÄNE SEKUNDARSTUFE I, GESELLSCHAFTSLEHRE, HESSEN 1972; vgl.: Rahmenrichtlinien . . .

RICHTLINIEN UND STOFFPLÄNE FÜR DIE VOLKSSCHULE, NORDRHEIN-WESTFALEN; Hg.: Der Kultusminister des Landes Nordrhein-Westfalen, Ratingen 1963

RICHTLINIEN UND LEHRPLÄNE FÜR DIE GRUNDSCHULE IN NORDRHEIN-WESTFALEN; Die Schule in Nordrhein-Westfalen, eine Schriftenreihe des Kultusministers, H. 42; Ratingen 1973

RICHTLINIEN UND LEHRPLÄNE FÜR DIE HAUPTSCHULE IN NORDRHEIN-WESTFALEN; Die Schule in Nordrhein-Westfalen, eine Schriftenreihe des Kultusministers, H. 32; Ratingen 1973

RICHTLINIEN, LEHRPLÄNE, REALSCHULE, NORDRHEIN-WESTFALEN; vgl.: Empfehlungen für den Unterricht . . . 1973

RICHTLINIEN, LEHRPLÄNE, SEKUNDARSTUFE II, ERDKUNDE, NORDRHEIN-WESTFALEN; vgl.: Empfehlungen für den Kursunterricht . . . , 2. Ausgabe 1973

RICHTLINIEN UND LEHRPLÄNE FÜR DIE REALSCHULE IN NORDRHEIN-WESTFALEN, ERDKUNDE; Die Schule in Nordrhein-Westfalen. Eine Schriftenreihe des Kultusministers, Heft 3301, Köln 1978

RICHTLINIEN, LEHRPLÄNE, GYMNASIUM/SI – ERDKUNDE, NORDRHEIN-WESTFALEN 1978; vgl.: Vorläufige Richtlinien und Lehrpläne (Köln 1978)

RICHTLINIEN, LEHRPLÄNE, ORIENTIERUNGSSTUFE, RHEINLAND-PFALZ 1973; vgl.: Lehrplanentwurf Erdkunde, Orientierungsstufe

RICHTLINIEN, LEHRPLÄNE, ERDKUNDE/GEMEINSCHAFTSKUNDE, RHEINLAND-PFALZ, 1974; vgl.: Entwurf zum Curriculum Gemeinschaftskunde . . .

RIEDLER, R.: Schulfunk und Schulpraxis; München 1976

RIEDMÜLLER, H.: Programmierung des Lernstoffes im Erdkundeunterricht. Zum Aufsatz von G. BEER; in: GR, 21. Jhg., 1969, S. 227–230

RIEDMÜLLER, H.: Maßnahmen zur Verbesserung der Agrarstruktur. Ein Diskussionsbeitrag zum Thema Programmiertes Lernen im Erdkundeunterricht; in: HARDMANN, J. u. a.: Programmiertes Lernen im Erdkundeunterricht; EU, H. 9, 1969; 2. verb. Aufl. Stuttgart 1972, S. 50–104

RITTER, G.: Das Lichtbild im Erdkundeunterricht; EU, H. 12, Stuttgart [2]1972

RITTER, G.: Zur Didaktik geographischer Geländearbeit mit Studenten; in: RITTER, G./SCHREIBER, T. (Hg.): Geographische Exkursionen an Hochschule und Schule; München 1976, S. 6–23

ROBINSOHN, S.B.: Bildungsreform als Revision des Curriculums; Neuwied/Berlin 1967, [2]1969, [4]1972

ROEHRS, H. (Hg.): Didaktik; Frankfurt 1971

Rössler, T.: Zahlen im Erdkundeunterricht; in: GR, 10. Jhg., 1958, S. 304–307

Rössler, T.: Einige Arten des Einstiegs; in: GR, 20 Jhg., 1968, S. 346–347

Roth, H.: Pädagogische Psychologie des Lehrens und Lernens; Hannover 1962

Roth, H. (Hg.): Begabung und Lernen. Ergebnisse und Folgerungen neuer Forschungen; Stuttgart 1969, [8]1972, [9]1974

Roth, H.: Lernziele und Lernzielkontrolle; in: Deutscher Bildungsrat; Empfehlungen der Bildungskommission: Strukturplan für das Bildungswesen; Stuttgart 1970, S. 78–90; [3]1971, [4]1972

Roth, H.: Stimmen die deutschen Lehrpläne noch? In: Achtenhagen, F./Meyer, H. L. (Hg.): Curriculumrevision; München 1971, S. 47–56

Roth, H.: Einleitung und Überblick; in: Roth, H. (Hg.): Begabung und Lernen; Stuttgart [9]1974

Ruppert, K./Schaffer, F.: Zur Konzeption der Sozialgeographie; in: GR, 21. Jhg., 1969, S. 205–214

Salzmann, W./Brosowski, G.: Physikalische Experimente im Geographieunterricht. Ein Beitrag zur Notwendigkeit fächerübergreifenden Unterrichts; in: BGR, 7. Jhg., 1977, S. 217–220

Samel, J. U.: Statistische Schaubilder im Erdkundeunterricht; in: EU, H. 4, Stuttgart 1966, S. 27–33

Sander, J.-H.: Didaktische Reflexionen zum Einsatz des Sandkastens im geographischen Unterricht; in: SMG, 1. Jhg., 1973, S. 290–293

Sandrock, A./Dahm, C.: Grundschüler arbeiten mit dem Globus; in: GR, 25. Jhg., 1973, S. 151–155

Schacht, S./Schreiber, T.: Verallgemeinern; in: Scholz, G./(Hg.): Instrumentelle Lernziele im naturwissenschaftlichen Sachunterricht der Grundschule; Bochum 1978, S. 196–221

Schäfer, G.: Die Entwicklung des geographischen Raumverständnisses im Grundschulalter. Ein Beitrag zur Curriculumdiskussion; Diss., PH Rheinland; Köln 1980

Schäfer, H. H.: Anwendbarkeit des Arbeitsunterrichts in der Erdkunde; in US, 5. Jhg., 1950

Schäfer, P.: Transparent und Projektor im Geographieunterricht. Didaktische Struktur und methodischer Einsatz von Transparenten für die OH-Projektion; in: Allendorf, O./Wiese, J.: Taschenbuch der Overhead-Projektion; Köln 1972, S. 103–111

Schäferhenrich, B./Stapper, H.-P.: Gruppenunterricht in der Geographie. Theorie und Praxis; in: BGR, 7. Jhg., 1977, S. 196–201

Schaffer, F.: Prozeßhafte Perspektiven sozialgeographischer Stadtforschung – erläutert am Beispiel von Mobilitätserscheinungen; in: Münchner Studien zur Sozial- und Wirtschaftsgeographie, Bd. 4, 1968, S. 205 ff.

Schanz, G.: Tests im Erdkundeunterricht; in: EU, H. 18, Stuttgart 1973 a

Schanz, G.: Der Einsatz informeller Tests im Erdkundeunterricht; in: GR, 25. Jhg., 1973 b, S. 22–29

Schanz, G.: Zur Bewertung von Erdkundeschulbüchern; in: GR, 29. Jhg., 1977, S. 84–89

Scheuerl, H.: Die exemplarische Lehre, Sinn und Grenze eines didaktischen Prinzips; Tübingen 1958

Schickhoff, I.: Schulgeographisch relevante statistische Verfahren und ihre

Transformation auf die kognitiven Niveaustufen; in: HFG, 1. Jhg., 1977, H. 2, S. 31–67

SCHLAGBAUER, A.: Arbeitsformen im Erdkundeunterricht; in: GRÖSCHEL, H. u.a.: Erdkunde im Unterricht; München 1965, S. 22–33

SCHLÄGER, J.: Die Landschaft im Modell; in: WDS, 18. Jhg., 1965

SCHMACK, E.: Zur Diskussion über Vor- und Nachteile der programmierten Instruktion; in: PR, 23. Jhg., 1969, S. 792–805

SCHMIDT, A.: Die Erdkundestunde; Wuppertal 1970

SCHMIDT, A.: Der Erdkundeunterricht; Bad Heilbrunn ⁴1970b, 5. neubearb. Aufl. 1976

SCHMIDT, A.: Unterrichtsbeispiele zur Erdkunde. 20 Modelle aus 2 Jahrhunderten; Bad Heilbrunn 1977

SCHMIDT, K.L.: Geographische Lernzieldiskussion – konkret; in: LS, 27. Jhg., 1972, S. 431–436

SCHMIDT, K.L.: Ziele im geographischen Lernbereich der Primarstufe; in: HFG, 1. Jhg., 1977, H. 1, S. 73–86

SCHMIDTKE, K.-D.: Geographische Modelle im Sandkasten oder der Wiederbelebungsversuch eines traditionellen Arbeitsmittels; in: GIU, 2. Jhg., 1977, S. 293–299

SCHMITHÜSEN, J.: Die Aufgabenkreise der Geographischen Wissenschaft; in: GR, 22. Jhg., 1970, S. 431–437

SCHNASS, F.: Der Erdkundeunterricht; Bad Godesberg 1957; = SCHNASS, F./GERBERSHAGEN, P.: Der Erdkundeunterricht ³1964

SCHNEIDER, S.: Das Luftbild als Hilfsmittel in der geographischen Arbeit; in: EU, H. 10, Stuttgart 1969, ² 1972, S. 5–22

SCHÖLLER, P.: Rückblick auf Konzeptionen der Geographie; in: GR, 29. Jhg., 1977, S. 34–38

SCHOLL, U.: Frustriert die moderne Geographiedidaktik unsere Schüler und Lehrer? Eine Befragung über neue Schulerdkundebücher; in: GIU, 2. Jhg., 1977, S. 343–352

SCHOLZ, G.: Theorien und Modelle zur Unterrichtsvorbereitung. Kritische Anmerkungen zu den Konzeptionen von H. Roth, W. Klafki u. P. Heimann; in: UH, 23. Jhg., 1972, S. 349–361

SCHOLZ, G.: »Curriculum«, »Exemplarisches Lehren und Lernen«, »Fach«, »Lernziel«, »Methode«, »Schule«, »Schulpädagogik«, »Unterrichtsartikulation«, »Unterrichtsprinzip«; in: IPFLING, H.-J. (Hg.): Grundbegriffe der pädagogischen Fachsprache; München 1974

SCHOLZ, G./BIELEFELDT, H.: Schuldidaktik; München 1978

SCHOLZE, H.: Der Einzugsbereich einer Schule: Beispiel Sennestadt. Modelluntersuchungen zum Leistungsfach Geographie auf der Kollegstufe; in: BGR, 1973, H. 3, S. 3–14

SCHÖNICH, R.: Die Herstellung eines Schulreliefs; in: WDS, 11. Jhg., 1958, S. 135–136

SCHRAND, H.: Der Sachtext; in: BGR, 7. Jhg., 1977, S. 148–152

SCHRAND, H.: Geographie in Gemeinschaftskunde und Gesellschaftslehre; = Geographiedidaktische Forschungen, Bd. 3; Braunschweig 1978

SCHRAND, H.: Neuorientierung in der Geographiedidaktik? Zur Diskussion um geographische Strukturgitter; in: GR, 30. Jhg., 1978b, S. 336–342

SCHRAND, H.: Probleme und Möglichkeiten geographiedidaktischer Strukturgitter; in: KROSS, E. u. a.: Geographiedidaktische Strukturgitter – Eine Bestandsaufnahme; Braunschweig 1979, S. 10–28; = Geographiedidaktische Forschungen, Bd. 4

SCHREIBER, T.: Harms Arbeitstransparente; Ausgewählte sozial- und wirtschaftsgeographische Themen an Beispielen aus Nordrhein-Westfalen. Erläuterungen zu einer Serie von 9 Fallstudien; München o. J.

SCHREIBER, T.: Fachunterricht im Sachunterricht der Grundschule? in: SH, 12. Jhg., 1972, Beilage, S. 3–12

SCHREIBER, T.: Zur Didaktik geographischer Geländearbeit mit Schülern; in: RITTER, G./SCHREIBER, T. (Hg.): Geographische Exkursionen an Hochschule und Schule; München 1976, S. 81–102

SCHREIER, H. (Hg.): Geographie im Primarbereich; in: BGR, 1976, H. 4

SCHRETTENBRUNNER, H.: Schülerbefragung zum Erdkundeunterricht; in: GR, 21. Jhg., 1969, S. 100–106

SCHRETTENBRUNNER, H.: Die Verwendung von curricularen Diaserien im Unterricht; in: Stadtgeographie in einem neuen Curriculum = Münchener geographische Hefte, Nr. 37, 1973, S. 18–20

SCHRETTENBRUNNER, H.: Multi-Medien-Paket Stadtsanierung; EU, H. 17, Stuttgart 1973 b

SCHRETTENBRUNNER, H.: In Gemeinschaften leben; Braunschweig 1971, ²1974

SCHRETTENBRUNNER, H.: Sich bilden (Programm); Braunschweig 1971, ²1975

SCHRETTENBRUNNER, H.: Überblick über psychologische Untersuchungen zum Raumverstänis; in: Geographie und Schule, 1. Jhg., 1979, H. 2, S. 32–34

SCHRÖDER, H.: Psychologie und Unterricht. Theorie und Praxis der Schulpsychologie, Bd. 11; Weinheim ³1974

SCHÜSSLER, K./SCHREIBER, T.: Harms Atlas »Deutschland und die Welt«. Lehrermaterialien zum Atlas; München 1977

SCHULTZE, A.: Das exemplarische Prinzip im Rahmen der didaktischen Prinzipien des Erdkundeunterrichts; in: DDS, 51. Jhg., 1959, S. 492–500

SCHULTZE, A.: Allgemeine Geographie statt Länderkunde; in: GR, 22. Jhg., 1970, S. 1–10

SCHULTZE, A.: Neue Inhalte, neue Methoden? Operationalisierung des geographischen Unterrichts; in: Verhandlungen des Deutschen Geographentages, Bd. 38, Wiesbaden 1972, S. 193–201

SCHULTZE, A.: Geographie als Integrationsfach und in Integrationsfächern; in: SCHULTZE, A. (Hg.): Dreißig Texte zur Didaktik der Geographie; Braunschweig, 5. neubearb. Aufl. 1976, S. 23–27

SCHULTZE, A. (Hg.): Dreißig Texte zur Didaktik der Geographie; Braunschweig, 5. neubearb. Aufl. 1976

SCHULTZE, A.: Zur Überwindung der Lernzielkrise; in: ERNST, E./HOFFMANN, G. (Hg.): Geographie für die Schule; Braunschweig, 1978, S. 84–91

SCHULTZE, J.: Die wissenschaftliche Erfassung und Bewertung von Erdräumen als Problem; in: Die Erde, 88. Jhg., 1957, H. 3/4, S. 193–223

SCHULZ, W.: Unterricht – Analyse und Planung; Hannover 1966

SCHULZ, W.: Unterrichtsplanung; in: DOHMEN, G./MAURER, F. (Hg.): Unterricht. Aufbau und Kritik; München 1968a, S. 63–67

SCHULZ, W.: Grundzüge der Unterrichtsplanung; in: DOHMEN, G./MAURER, F. (Hg.): Unterricht. Aufbau und Kritik; München 1968b, S. 57–63

SCHULZ, W.: Didaktische Ideologien von der »volkstümlichen Bildung« bis zum »exemplarischen Lehren und Lernen«; in: HASELOFF, O.W. (Hg.): Lernen und Erziehung; Berlin 1969

SCHULZ, W.: Aufgaben der Didaktik; in: KOCHAN, D.C. (Hg.): Allgemeine Didaktik – Fachdidaktik – Fachwissenschaft; Darmstadt 1970, S. 403–440

SCHULZE, H.: Alexander Weltatlas. Gesamtausgabe. Einführung in Aufbau und Gestaltung; Stuttgart 1975

SCHUY, A. u. H.: Schüler befragen Schüler: »Wohnen« und »Sich erholen im Wohnumfeld«. Planung, Durchführung und Auswertung einer Fragebogenerhebung im Sachunterricht der Klasse 3; in: BGR, 9. Jhg., 1979, S. 86–91

SCHWEGLER, E.: Eine neue Konzeption für den Erdkundeunterricht; in: GR, 20. Jhg., 1968, S. 1–9

SCHWEGLER, E.: Gedanken zur Umgestaltung der Lehrpläne für den Geographieunterricht; in: GR, 21. Jhg., 1969, S. 468–470

SCHWEGLER, E.: Bemerkungen zum Umgang mit Zahlen im Geographieunterricht, in: GIU, 1. Jhg., 1976, S. 283–287

SCHWESER, O.: Der Einsatz naturwissenschaftlicher Experimente im Erdkundeunterricht. Ein Beispiel für die Jahrgangsstufe 5; in: GIU, 1. Jhg., 1976, S. 259–261

SCHWINN, K.: Die Herstellung eines erdkundlichen Reliefs; in: WPB, 18. Jhg., 1966, S. 175–176

SEELIG, G.F.: Arbeitsanweisung für objektivierte Leistungsprüfung; in: DDS, 62. Jhg., 1970, S. 51–60, S. 118–127

SKOWRONEK, H.: Psychologische Grundlagen einer Didaktik der Denkerziehung; Hannover [2]1970

SLATER, F.: Die Entwicklung von geographischen Fragestellungen bei Jugendlichen; in: EU, H. 24, Stuttgart 1976, S. 99–109

SOBOTHA, E.: Erderkunden gehört zur Erdkunde; in: BGR, 7. Jhg., 1977, S. 90–94

SPÄTH, H.-J.: Geoökologisches Praktikum; Paderborn 1976

SPERLING, W.: Kind und Landschaft. Das geographische Raumbild des Kindes; EU, H. 5, Stuttgart 1965

SPERLING, W.: Stellung und Aufgaben der Didaktik der Geographie im System der geographischen Wissenschaft und im Verhältnis zur Angewandten Geographie; in: GR, 21. Jhg., 1969, S. 81–88

SPERLING, W.: Psychologische und didaktische Überlegungen zum Luftbild als Arbeitsmittel in Grund- und Hauptschule; in: Bildmessung und Luftbildwesen, H. 5, 1970a

SPERLING, W.: Einige psychologische und pädagogische Fragen zur Einführung in das Kartenlesen und -verstehen. Ein Plädoyer gegen den Stufenatlas; in: EU, H. 11, Stuttgart 1970b, S. 41–50

SPERLING, W.: Literatur (zu: Atlas im Erdkundeunterricht); in: EU, H. 11, Stuttgart 1970c, S. 92–101

SPERLING, W.: Bibliographie (Thema: Schülerexkursion); in: EU, H. 13, Stuttgart 1971; [2]1973, S. 91–95

SPERLING, W.: Ein Beitrag zu psychologischen Fragen der Arbeit mit dem Luftbild im Schulunterricht; in: EU, H. 10, Stuttgart [2]1972, S. 36–52

SPERLING, W. (Bearb.): Kartenlesen und Kartengebrauch im Unterricht. Eine

Bibliographie; in: Nachrichtenblatt der Vermessungs- und Katasterverwaltung Rheinland-Pfalz, 17. Jhg., 1974, Sonderheft

SPERLING, W.: Topographisches Wissen in der Geschichte der Schulgeographie; in: HFG, 1. Jhg., 1977, H. 3, S. 45–52

SPERLING, W.: Karten- und Luftbildinterpretation als instrumentale Lernziele; in: ERNST, E./HOFFMANN, G. (Hg.): Geographie für die Schule; Braunschweig 1978, S. 226–232

SPERLING, W.: Geographiedidaktische Quellenkunde. Internationale Basisbibliographie und Einführung in die wissenschaftlichen Hilfsmittel, Ende 17. Jh. – 1978; Duisburg 1978b; = Beih. BIP-Report, H. 4

SPETHMANN, H.: Dynamische Länderkunde; Breslau 1928; Nachdruck Kiel 1972

SUTOR, B.: Plädoyer für einen pluralen Ansatz in den Curricula politischer Bildung; in: Curriculum – Entwicklung zum Lernfeld Politik; Schriftenreihe der Bundeszentrale für politische Bildung, H. 100; Bonn 1974, S. 11–20

STAATSINSTITUT FÜR SCHULPÄDAGOGIK MÜNCHEN: Katalog instrumentaler Groblernziele; vgl. HAUBRICH, H. u.a.: Konkrete Didaktik der Geographie; Braunschweig 1977, S. 25–27

STÄNDIGE KONFERENZ DER KULTUSMINISTER DER LÄNDER DER BUNDESREPUBLIK DEUTSCHLAND: Vereinbarung über die Neugestaltung der gymnasialen Oberstufe in der Sekundarstufe II vom 7. Juli 1972; Neuwied 1972

STEIN, CH.: Landnutzung und Landflucht in Kenia. Die Funktion von Planspiel und Debatte im Rahmen eines lernzielorientierten Unterrichts über Probleme der Dritten Welt; in: GR, 28. Jhg., 1976, S. 325–337

STEINLEIN, B./KREIBICH, V.: Wie erneuern wir die Schulgeographie? Ein Modell: Das High School Geography Project der USA; in: GR, 21. Jhg., 1969, S. 221–226

STENZEL, A.: Die Thematik geographischer Schulfunksendungen und das exemplarische Arbeiten im Erdkundeunterricht; in: KNÜBEL, H. (Hg.): Exemplarisches Arbeiten im Erdkundeunterricht; Braunschweig 1960, S. 66–71

STENZEL, A.: Stufen des Exemplarischen; in: GERNER, B. (Hg.): Das exemplarische Prinzip; Darmstadt [5]1972, S. 58–75

STÖCKER, K.: Neuzeitliche Unterrichtsgestaltung; München 1960

STÖCKER, K.: Die Problematik des Fach- und Gesamtunterrichts; in: Handbuch für Lehrer II; Gütersloh [2]1961

STONJEK, D.: Schulfunk – Das vergessene Medium im aktuellen Erdkundeunterricht; in: HFG, 2. Jhg., 1978, H. 2, S. 41–62

STORKEBAUM, W. (Hg.): Zum Gegenstand und zur Methode der Geographie; Darmstadt 1967

STÜCKRATH, F.: Kind und Raum; München [2]1963, [3]1968

STÜCKRATH, F.: Televisuelle Erdkunde; in: BGR, 1976, H. 1, S. 20–25

TAYLOR, J. L./WALFORD, R.: Simulationsspiele im Unterricht; Ravensburg 1974

THEISSEN, U.: Erdkundeunterricht in Fallstudien. Unterrichtsplanung und Analyse; Kastellaun 1976

THIERER, M.: Kreuzthal – eine strukturschwache Gemeinde im Allgäu; in: BGR, 7. Jhg., 1977, S. 259–270

THIERSCH, G.: Zeichnen im Erdkundeunterricht; EU, H. 3; Stuttgart 1963

TIEMANN, K.: Entscheidungsspiel: »Kleingartenanlage oder Park«?; in: BGR, 1974, H. 1, S. 22–24

190

TIETZE, G.: City-Umbau als Herausforderung an junge Bürger. Ein Unterrichtsbeispiel aus Wolfsburg für die Sekundarstufe II; in: BGR, 7. Jhg., 1977, S. 271–288

TRIBIAN, H.: Ein Staudamm für Lumumbia? Ein kurzes Planspiel für die Einführungsphase der Sekundarstufe II; in: BGR, 6. Jhg., 1976, H. 2, S. 31–37

TSCHAMPEL, H.: Lernprogramm »Beleuchtung der Erde«; in: GIU, 1. Jhg., 1976, S. 162–171

UHLIG, H.: Organisationsplan und System der Geographie; in: Geoforum, 1. Jhg., 1970, H. 1, S. 19 f.

VENESS, T.: The contribution of psychology; in: GRAVES/NORMAN (Hg.): New Movements in the Study and Teaching of Geography; London 1972, S. 75–82

VERBAND DEUTSCHER SCHULGEOGRAPHEN: Bedeutung und Aufgabe des Erdkundeunterrichts an den höheren Schulen; in: GR, 11. Jhg., 1959, S. 30–32

VERBAND DEUTSCHER SCHULGEOGRAPHEN. Arbeitsgruppe »Grundsatzfragen«: Tagung der Arbeitsgruppen des Verbandes . . . ; in: GR, 22. Jhg., 1970, S. 333

VERBAND DEUTSCHER SCHULGEOGRAPHEN: Geographie in der Kollegstufe. Empfehlungen der Arbeitsgruppe »Lehrpläne«; in: GR, 23. Jhg., 1971, S. 481–492

VERBAND DEUTSCHER SCHULGEOGRAPHEN: Vereinheitlichung der Lehrpläne auf Bundesebene. Arbeitstagung am 17./18. 11. 1972 . . . (H. FUNK); in: GR, 25. Jhg., 1973, S. 122–123

VERBAND DEUTSCHER SCHULGEOGRAPHEN: Zwischenbilanz (G. HOFFMANN); in: GR, 27. Jhg., 1975, S. 350–356; und: Zum Bildungsauftrag der Geographie; S. 356–360

VÖLKEL, R.: Erdkunde heute; Frankfurt/M. 1961

VOGEL, A.: Der Bildungswert des Erdkundeunterrichts in der Volksschule. Ein Beitrag zum ganzheitlichen Unterricht; Ratingen 1967

VOGEL, A.: Unterrichtsformen I; Ravensburg 1974

VOGEL, A.: Unterrichtsformen II; Ravensburg 1975

VOIGT, H.: Geoökologische Schüleruntersuchungen. Theorie und Praxis geographischer Feldarbeit im Unterricht; Paderborn 1980

VOLKMANN, H.: Lehrwerke für den Geographieunterricht in der Sekundarstufe I. Kriterien zu ihrer Beurteilung; in: GR, 28. Jhg., 1976, S. 242–247

VORLÄUFIGE RICHTLINIEN UND LEHRPLÄNE FÜR DAS GYMNASIUM – SEKUNDARSTUFE in NORDRHEIN-WESTFALEN; in: Die Schule in Nordrhein-Westfalen; Eine Schriftenreihe des Kultusministers; H. 3408; Köln 1978

WAGENHOFF, E.: Prozesse innerer Differenzierung der mitteleuropäischen Stadt. Ein Beitrag zum Erdkundeunterricht in der Sekundarstufe I; in: EU, Sonderheft 2; Stuttgart 1975, S. 7–39

WAGENSCHEIN, M.: Zum Begriff des Exemplarischen Lehrens; in: ZFP, 2. Jhg., 1956, S. 129–153

WAGNER, H.: Statistik und Diagramm. Basiswissen Geographie/Mathematik für Schüler von Haupt- und Sonderschulen; in: GR, 31. Jhg., 1979, S. 257–261

WAGNER, J.: Der erdkundliche Unterricht; Hannover [2]1955

WAGNER, R.: Erdkundliche Reliefarbeiten aus Ytongplatten; in: GR, 22. Jhg., 1970, S. 76–78

WALFORD, R./HOFFMANN, G.: Lernspiele im Erdkundeunterricht; EU, H. 14, Stuttgart [2]1974

WALTER, H./EDELMANN, I.: Pragmatische Unterrichtsplanung; Braunschweig 1979

WEICHHART, P.: Geographie im Umbruch; Wien 1975

WEIGT, E.: Die Geographie; Braunschweig [5]1972

WEINERT, F.E. u.a.: Pädagogische Psychologie; Weinheim/Basel 1976;

WEIS, H.J.: Ein kritischer Vergleich österreichischer und bundesdeutscher Geographielehrbücher; in: Wiener Studienbehelfe 1; Wien 1975

WEMBER, B.: Objektiver Dokumentarfilm? In: Didaktische Modelle. Sekundarstufe I und II; Berlin 1972

WENDELER, J.: Standardarbeiten. Verfahren zur Objektivierung der Notengebung; Weinheim 1969

WENIGER, E.: Didaktik als Bildungslehre, Teil I u. II; 6.–8. bzw. 4.–6. Aufl. Weinheim 1965

WESTPHALEN, K.: Praxisnahe Curriculumentwicklung. Eine Einführung in die Lehrplanreform Bayerns; Donauwörth 1973

WILL, C.: Die Einführung in das Kartenverständnis; in: Hamburger Lehrerzeitung, 1937, S. 347f.; Wiederabdruck in: GLÖCKEL, H./ENGELHARDT, W.D. (Hg.): Einführung in das Kartenverständnis; Bad Heilbrunn 1973, S. 85–92

WILHELM, T.: Die erziehungswissenschaftliche Diskussion über die Aufgaben der Didaktik; in: Der Gymnasialunterricht, Reihe III, H. 6, 1966; Wiederabdruck in: KOCHAN, D.C. (Hg.): Allgemeine Didaktik – Fachdidaktik – Fachwissenschaft; Darmstadt [2]1972, S. 353–384

WILLMANN, O.: Didaktik als Bildungslehre; Braunschweig 1882; Wien/Freiburg [7]1968

WINDHORST, H.W.: Die Waldländer der gemäßigten Breiten; Paderborn 1972

WINKLER, E.: Induktion und Verifikation in der Geographie; in: Verh. d. Schweizer. Naturforschenden Gesellschaft; Bern 1958, S. 187–191

WINKLER, K.: Die Herstellung von geographischen Reliefs; in: WPB, 5. Jhg., 1953, S. 307–309

WIRTH, E.: Zwölf Thesen zur aktuellen Problematik der Länderkunde; in: GR, 22. Jhg., 1970, S. 444–450

WITTE, A. (Hg.): Handbuch zur Arbeitsprojektion; Schwäbisch Gmünd [2]1974

WITTERN, J.: Zur didaktischen Einordnung von Planspielen als offen strukturierte Unterrichtsmittel. Das Beispiel: »Streit in Antalya«; in: GR, 25. Jhg., 1973, S. 439–443

WITTERN, J.: Mediendidaktik, ihre Einordnung in eine offen strukturierte Entscheidungstheorie des Lehrens und Lernens. Bd. I u. II; Opladen 1975

WITTERN, J.: Didaktik des Planspiels; in: BGR, 1976, H. 1, S. 56–60

WITTIG, E.: Geographieschulbuch und Freizeitverhalten. Eine erziehungswissenschaftliche Studie; Kulmbach 1975

WOCKE, M.F.: Möglichkeiten und Grenzen der Gruppenarbeit im Erdkundeunterricht; in: WPB, 9. Jhg., 1957, S. 271–284

WOCKE, M.F.: Exemplarischer Erdkundeunterricht. Begriffsbildung und Praxis; in: DDS, 50. Jhg., 1958, S. 163–171

WOCKE, M.F.: Das Problem des exemplarischen Erdkundeunterrichts; in: DDS, 54. Jhg., 1962, S. 578–587

WOCKE, M.F.: Die Erdkunde; in: BLUMENTHAL u.a. (Hg.): Handbuch für Lehrer, Bd. II; Gütersloh [2]1966, S. 335–356

WOCKE, M.F.: Heimatkunde und Erdkunde; Hannover [7]1968

WOCKE, M.F.: Das Lichtbild im Erdkundeunterricht; in: WOCKE, M.F. u.a.: Film und Bild im geographischen Sachunterricht; Hannover 1973, S. 9–22

ZEPP, J.: Rheinische Landschaften im Unterricht; in: GR, 2. Jhg. 1950, S. 387–394

ZIECHMANN, J.: Curriculum-Konstruktion. Theorie und Praxis in der Bundesrepublik; Bad Heilbrunn 1973

ZIELINSKI, J.: Lernprogramme (S. 198–204), Programmierter Unterricht (S. 231–237), Verbundsysteme (S. 331–333); alle in: HEINRICHS, H. (Hg.): Lexikon der audio-visuellen Bildungsmittel; München 1971

Kompendium Didaktik

Herausgegeben von Heinz-Jürgen Ipfling, Hermann Maier und Günter Scholz.
Diese Reihe vermittelt in preiswerten Bänden und in knapper Darstellung einen klaren Überblick über den Stand der Didaktik heute. Sie ist nicht auf eine bestimmte Schulart festgelegt, berücksichtigt aber den stufenspezifischen Aspekt.

Achill Wenzel
Anfangsunterricht
128 Seiten. Pbck. DM 14.–

Franz Rindfleisch
Bildende Kunst
140 Seiten. Pbck. DM 14.–

Herbert Vossen
Chemie
140 Seiten. Pbck. DM 14.–

Ernst Nündel
Deutsch
120 Seiten. Pbck. DM 14.–

Gertrud Walter
Englisch
140 Seiten. Pbck. DM 14.–

Reinhard Dross
Evangelische Religion
Ca. 120 Seiten. Pbck. ca. DM 14.–

Theo Schreiber
Geographie
196 Seiten. Pbck. DM 16.–

Irmintraut Richarz
Haushaltslehre
Ca. 120 Seiten. Pbck. ca. DM 14.–

Hermann Maier
Mathematik
128 Seiten. Pbck. DM 14.–

Klaus Füller
Musik
140 Seiten. Pbck. DM 14.–

Herbert Druxes – Gernot Born –
Fritz Siemsen
Physik
Ca. 120 Seiten. Pbck. ca. DM 14.–

Dieter Grosser
Politische Bildung
126 Seiten. Pbck. DM 14.–

M.-A. Bäuml-Roßnagl
Sachunterricht in der Grundschule:
Naturwissenschaftlich-technischer
Lernbereich
192 Seiten. Pbck. DM 16.–

Günter Scholz – Heinz Bielefeld
Schuldidaktik
212 Seiten. Pbck. DM 18.–

Gerhard Hecker
Sport
128 Seiten. Pbck. DM 14.–

Preisänderungen vorbehalten

Ehrenwirth

Karlheinz Filipp

Geographie und Erziehung

Zur erziehungswissenschaftlichen Grundlegung der Geographiedidaktik

168 Seiten Pbck. DM 22.– Best.–Nr. 02063-1

„Auch für die Geographiedidaktik gilt, daß bisher Selbstverständliches
fragwürdig geworden ist und auch forschungswürdig werden sollte. Mit
der Curriculumdiskussion ist freilich nicht alter „Unsinn" neuem „Sinn"
entgegenzustellen. Man sollte sich vielmehr darauf besinnen, daß auch
die traditionelle Geographie lernzielorientiert war. Dieser Lernzielorientierung geht die Arbeit von Karlheinz Filipp in einer erziehungswissenschaftlich interessierten Traditionsauslegung nach in der Absicht,
für die gegenwärtige Diskussion um Curricula und Lernziele im Geographieunterricht neue fruchtbare Perspektiven zu ermitteln.
Karlheinz Filipp weist das Aufgabenfeld des Geographiedidaktikers als
Ort aus, wo sowohl der Geograph wie der Erziehungswissenschaftler
gefordert ist, und zwar speziell im Blick auf die funktionale Erziehung,
den „heimlichen Lehrplan" affektiver und außerschulischer Geogra-
phievermittlung."

Saarländischer Lehrerinnen- und Lehrerverb.

Preisänderungen vorbehalten

Ehrenwirth Verlag München